하느님, 당신은 누구십니까

하느님, 당신은 누구십니까
: 트랜스-휴먼과 탈-종교 시대의 대화 신학

2015년 10월 1일 인쇄
2015년 10월 6일 발행

엮은이 | 변선환아키브
지은이 | 김승철 김정숙 박광수 박영식 박일준 서동은 신익상 이한영 장의준
펴낸이 | 김영호
펴낸곳 | 도서출판 동연
등   록 | 제1-1383호(1992. 6. 12.)
주   소 | 서울시 마포구 월드컵로 163-3(우 03962)
전   화 | (02) 335-2630
팩   스 | (02) 335-2640
이메일 | yh4321@gmail.com

ISBN 978-89-6447-287-3 93200

일아─雅 변선환 20주기 추모논문집

하느님, 당신은
누구십니까

트랜스-휴먼과 탈-종교 시대의 대화 신학

변선환아키브 | 엮음

김승철 김정숙 박광수 박영식 박일준
서동은 신익상 이한영 장의준 | 함께 씀

동연

화보로 보는 —雅 변선환

정동제일교회 (은퇴식)

학장 재직시

감신 학장 퇴임식 (학생회 주최)

드류 졸업식 사진

신옥희 선생님과 함께

강의 사진

94년5월26일 강연

대학원 강의실

감신대 설교사진

一雅 변선환 박사 연보

1927년 9월 23일	평안남도 진남포 출생
1945년	평양 상공학교 기계과 졸업
1948년	평양성화신학교 입학
1951년	부산 감리교신학교 입학
1952년 5월	예산지방 봉산감리교회 개척
1953년 11월	감리교신학교 졸업. 육군 종군목사로 입대
1960년 2월	한국신학대학 대학원 졸업(M. Th.). 이화여자고등학교 교목
1964년 3월	감리교신학대학, 국제대학 강의, 이화여자대학교 기독교학과에서 철학, 현대문학, 현대신학 강의
1967년	5월 미국 Drew 대학교 신학부 졸업(S. TM.)
1967년 7월	감리교신학대학교 전임강사로 취임(조직신학 강의), 서울대학교 종교학과, 대학원에 출강
1976년 2월	스위스 Basel 대학교 신학부 졸업(Dr. Theol.)
1987년 1월	미국 Drew 대학교 Vosbough 초빙 교수로 초대받아 아시아 신학과 아시아 기독론 강의
1987년	10월 감리교신학대학교 대학원 원장. 한국조직신학회 회장 KNCC 신학위원. 크리스찬아카데미 신학위원장 역임
1988년	감리교신학대학교 학장
1991-92년	한국기독교학회 회장
1994년	국제아시아 철학종교학회 고문
1995년 8월 8일	소천(향년 69세), 유족으로는 부인 신옥희 여사와 네 아들이 있다.

머리글

일아(一雅) 변선환 선생님 서거 20주기를 맞아 변선환 아키브는 21세기 변화하는 시대 상황 속에서 변선환의 신학적 몸짓들을 재해석하는 과정의 일환으로 학술서『하느님, 당신은 누구십니까: 트랜스-휴먼과 탈-종교 시대의 대화 신학』을 출판하게 되었다. 이는 종교재판이라는 비극적 사건(1993년의 출교 처분) 이후 한국 개신교 정치의 희생양이라는 소극적 반응을 넘어서서, 이제 그의 신학이 급속히 변화하고 있는 21세기 지구/한반도 상황에 여전히 의미가 있는 것인지를 신학적으로 검토하는 작업이다.

본서의 저술 작업에 참여한 학자들은 변선환 선생님의 제자들도 있지만, 이제 20년이라는 세월이 흐르면서 어느덧 그와 직접적인 접촉을 갖지 못한 채 신학적 연구 전통으로 변선환이라는 학자를 글로 만난 학자들의 글들이 다수 포함되어 있다. 이는 한국 신학 연구의 흐름 속에서 주목할 만한 변화이자, 새로운 시대의 여명을 알리는 전조가 되기도 한다. 비극적 사건의 희생양이라는 감정적 반응을 넘어서서, 이제 냉철한 신학적 사유를 통해 그의 사상을 재검토하는 시대가 되었다는 의미가 되기도 하면서, 이제 우리는 변선환 선생님이 남겨주었던 화두, 아시아 신학 혹은 '종교해방신학'이라는 주제에 대해서 신학적으로 응답을 하는 시기에 접어들었기 때문이다.

본서에서는 변선환의 신학을 '대화의 신학'을 주제로 탐문해 보고자

하였다. 변선환의 신학에 대한 여러 가지 별칭들이 있지만, 그 중 '대화'
는 그의 신학을 형성하는 큰 줄기 담론이었다. 여기서 대화는 단지 말의
교환 작용을 넘어서서, 서로를 변화시키는 만남의 사건으로 발전해 나
아가는 것을 포함한다. 먼저 1부를 구성하는 박영식과 서동은은 변선환
신학의 대화 상대자로 '신 담론'을 삼았다. 박영식은 변선환의 하느님
이해란 "절망과 좌절과 고통과 죽음이라는 실존의 어두운 측면을 배제"
하는 것이 아니라, 오히려 드러냄으로써, 현실적 삶을 탈존(ex-istence)
의 지평으로 예인하고 있음을 주목한다. 이는 삶의 고통 속에서 고통을
넘어서는 길을 하느님과의 대화를 통해 찾는 방식이다. 서동은은 변선
환의 이름을 ×표 하는 방식으로 변선환을 현존케하는 글을 쓰고 있다.
야기 세이찌의 장소의 신학을 하이데거적으로 해석하면서, 즉 존재
(Sein)에서 현존재(Dasein)로 철학적 사유의 자리를 옮긴 하이데거처
럼, 서동은은 하느님의 자리를 교회 내/외의 경계에서 찾는 것이 아니
라, 우리가 살아가는 삶의 구체적인 일상의 자리에서 하느님의 자리를
찾아보고자 한다.

2부의 저자들은 변선환의 신학이 여전히 유효할 수 있는가를 묻는
다. 기독교의 배타적 절대성을 넘어서기를 강조하던 변선환의 신학 방
법론은 역설적으로 자신의 방법에 대한 절대적 신봉이 아니었겠는가를
도발적으로 던지면서, 장의준은 레비나스의 타자성의 윤리에 비추어
변선환의 대화 방법론이 '말해진 것의 끊임없는 철회'를 통해 진정한
타자에 이를 수 있는 가능성을 묻는다. 한편 박일준은 기술과학 시대의
트랜스-휴머니즘을 주제로 변선환의 신학이 인간과 기계의 공생과 대
화 가능성을 탐문한다.

3부의 저자들은 불교와의 대화라는 주제 속에서 변선환의 신학을

조명한다. 박광수는 원불교 학자로서 기독교의 로고스와 원불교의 일원상 간의 소통가능성을 조명하면서, 미완으로 그치고 만 대화를 재개할 것을 촉구한다. 이한영은 불교와의 대화를 축으로 변선환의 신학에서 대화 방법론의 발전 여정을 일별하면서, 우리 시대에 변선환의 대화신학이 새롭게 자리매김될 수 있는 지평, 그것은 곧 종교는 '해방'임을 주장한다. 김승철은 종교와 과학을 상대로 변선환의 신학이 대화 가능성을 넓혀갈 수 있을 것인지를 '불교적 그리스도교 신학'의 지평에서 조망해 주고 있다.

4부의 저자들은 2015년의 현실 속에서 변선환 신학의 지평을 새롭게 모색하는데, 우선 신익상은 세월호 사건 속에서 종교해방신학의 가능성을 모색한다. 민중의 아픔과 고통 속에서 해방으로서의 종교를 주장하던 변선환의 함성을 따라, 세월호 유족의 함성과 절규 속에서 신학의 자리를 모색하고자 하는 것이다. 김정숙은 변선환의 신학이 가난한 민중, 가난한 아시아인, 혹은 한국적 토착화의 이야기로 전환 전개될 가능성을 모색한다. 그녀는 이러한 단초를 변선환이 도스토옙스키와 카뮈 그리고 니체 등이 작품들을 다루는 전개를 통해 찾아가면서, 하나님의 임재와 현존이 멀게만 느껴지는 시대 우리가 어떻게 다시 하나님을 신학적으로 찾아갈 것인지를 매우 설득력 있게 드러내 주고 있다.

어느덧 20년의 세월이 흘렀다. 그 긴 시간 동안 우리는 길을 찾고 있었다. 교단 정치의 희생양이라는 자위적 해석에도 불구하고 우리는 변선환의 신학이 신학적으로 심판 받았다는 무의식적 세뇌를 받고 있었다. 그 20년을 돌아보며, 이제 우리가 변선환의 신학을 넘어설 담론들을 성찰하고 발전시켜 왔는지를 반성하며, 책을 펴낸다. 변선환 선생님은

'너희는 나를 징검다리 삼아 넘어가라'고 제자들에게 역설했었지만, 우리는 그를 넘기는커녕, 그가 열어놓은 길을 따라 더 멀리 나아가려는 시도조차 하지 않은 채 주저앉아, 좌절과 슬픔으로 무능하고 무기력하게 세월을 보내온 것은 아닌지 돌이켜본다. 이제 우리에게 필요한 것은 '변선환'이라는 개인의 신학적 담론이 아니라, 변선환이라는 신학자가 끝까지 일구어내고자 했던 것, 즉 아시아적 상황을 가슴에 품은 한국적 신학이다. 지구촌 자본주의가 전 세계의 차이를 자본화 상업화하면서, 역설적으로 획일적인 제국을 창출해 나아가고 있는 이때, 한국적이라는 것은 더 이상 민속 현상학적 특이성에 함몰되지 않고, 지구촌의 민중들을 해방하는 담론으로 제시될 때가 도래하였다는 말이다. 우리'만'의 담론이 아니라, 모두를 위한 신학 담론으로 말이다. 소위 감신-주의자였던 변선환 선생님 영전에서 오늘의 학교 현실이 마음 아프게 다가온다. 신앙과 학문의 균형을 경건함으로 올곧게 지키고자 하셨던 그분의 바람이 지켜지지 못하는 것 같아 무거운 책임감을 통감한다.

본서의 출판을 준비하면서, 많은 이들의 도움과 손길이 있었다. 일일이 거론하지 못하지만, 그 모든 손길에 마음 깊이 머리 숙여 감사를 드린다. 본서를 출판하는데 밑거름이 된 〈다종교, 다문화 시대, 대화의 길을 묻다: 변선환 신학의 21세기적 조명〉을 주관해준 KCRP(한국종교인평화회의) 대화위원회에 깊은 감사를 드린다. 또한 20년을 올곧게 변선환 아키브를 후원해 온 유족들, 특별히 신옥희 선생님과 본서의 출판을 기꺼이 맡아준 동연출판사 사장 김영호 선생님에게 특별한 감사를 드린다.

2015. 10.

변선환 선생님 20주기 추모 준비위원회와 변선환 아키브

차례

4부: 세월호 그 이후 신학 이야기

1부
하느님이 머무시는 곳

하느님, 당신은 누구십니까
― 일아 변선환의 하느님 이해

박 영 식
(서울신학대학교)

1. 들어가는 말: 한 신학자의 열정과 고뇌

개인적으로 일아 변선환 선생님을 뵌 적도 없고, 멀리서나마 그 분의 강의를 들은 적도 없다. 그러기에 그 분의 사상을 이해하고 글로 정리하는 일이 더욱 어렵게 느껴진다. 따라서 먼저 '일아 변선환의 하느님 이해'라는 거창한 주제가 실은 내 자신의 역량과 자질의 한계로 세밀하게 드러나지 못했음을 고백하고 싶다. 아무쪼록 이 글의 내용이 튼실하지 않아 흔들거리지만 그래도 다음 행보를 위해 밟고 지나갈 수 있는 그런 정도의 디딤돌이 되었으면 하는 바람이다.

뒤늦게 글을 통해 만난 선생님은 단순히 책상머리에서 복잡하고 난해한 신학사를 얌전하고 깔끔하게 정돈해 주는 그런 '샌님'이 아니라 제자를 향한 사랑과 시대를 향한 고뇌를 온 몸으로 받아 토해내는 열정

박영식 | 하느님, 당신은 누구십니까 17

의 신학자로 느껴진다. 그에게 신학은 과거를 복원하는 작업도 아니고 과거로 회귀하는 운동도 아니다. 위대했던 신학자들, 예컨대 아우구스티누스, 아퀴나스, 루터, 칼뱅, 웨슬리, 슐라이어마허, 바르트, 불트만, 틸리히는 우리 시대의 신학을 그려나갈 수 있는 중요한 발판이요 디딤돌이 될 수는 있겠지만, 우리 시대 신학의 정점(頂點)이 될 수 없다. 선생님은 신학의 거장들 어깨에 걸터앉아 먼 미래를 응시하고자 한다. 그의 글을 읽을 때마다 그의 시선이 요동하고 있음을 감지한다. 그는 모든 문제를 한꺼번에 해결할 수 있는 어떤 결론에 도달하기 보다는 시대의 문제점을 오롯이 그려내고, 어쩌면 이를 통해 새롭게 열릴지도 모를 미래의 문에 이르는 실마리를 어렴풋하게나마 그려주는 것을 자신의 사명으로 삼고 있는 듯하다. 그런 점에서 그는 진정 도상(途上)의 신학자요, 나그네 신학(theologia viatoris)의 수행자였다고 감히 말하고 싶다.

이처럼 그에게 중요한 것은 과거의 신학이 아니라, 오늘날의 신학이었다. 진정 그에게 신학이란 사유 작업은 항상 현재를 축으로 하여 과거와 미래를 엿본다. 이때, 신학은 정돈하고 복원하는 작업이 아니라 우리 시대의 현장을 함께 숨 쉬며 고뇌하는 학문이었다. 오늘날의 신학은 동시에 앞으로 전개될 미지의 미래를 위한 신학이었다. 선생님은 단순히 교회를 위한 신학자를 넘어 우리 시대를 위한 신학자이고자 했다. 아니, 그는 진정 교회의 신학자임에 틀림이 없다. 왜냐하면 적어도 교회를 위한 신학자이기 위해서는 교회가 당면한 시대를 정직하고 성실하게 검토하지 않으면 안 되기 때문이다.

선생님의 이러한 전체적인 관심을 염두에 두면서, 본 글에서 나는 그의 하느님 이해를 추적해 나가고자 한다.[1] 선생님의 하느님 이해는

---

1) 무엇보다도 본 논문은 『그리스도론과 신론』(변선환 전집 5)(천안: 한국신학연구소,

오늘날 하느님 신앙의 향방을 묻는 물음과 결부된다. 우리 시대의 당면한 문제 앞에 정직하고 성실하게 답변하고자 하는 우리 시대의 신학자로서 그가 고민하는 것은 오늘날 교회가 우리 시대 앞에서 지적으로 정직하며 성실하게 고백해야 할 하느님 신앙을 찾는 작업이 아니었던가. 하느님 신앙 없는 기독교가 불가능하듯이, 하느님 언설 없는 신학은 불가능하다. 과연 선생님은 오늘날 참으로 기독교가 고백해야 할 하느님 신앙을 어떻게 그려내고 있을까?

무엇보다도 신학(theology)은 좁은 의미에서 그리고 본래적인 의미에서 하느님 사유이며, 하느님 언설이다. 하느님에 대해 말하고자 할 때, 우리는 도대체 어떤 하느님을 생각하는 것일까? 특히 기독교 신학은 아무런 출발점 없이 지적 무중력 상태에서 '신'에 대해 사유하기 보다는 먼저 성서의 하느님에 주목한다. 구약성서와 신약성서 속에 계시된 하느님, 성서의 증언을 따라 역사 속에 활동하셨던 하느님, 성서의 증인들이 경험하고 표현했던 그 하느님의 이야기를 기독교 신학은 먼저 주목하지 않을 수 없다. 하지만 이러한 신학의 출발점은 곧 도전적인 질문에 봉착하게 된다. 과연 성서의 하느님이 참으로 온 인류의 하느님일 수 있는가? 또한 성서의 하느님이 참으로 우리 시대의 하느님일 수 있는가? 성서의 하느님이라는 독특성이 어떻게 보편성을 확보할 수 있는가 하는 물음에 직면하여 초기의 기독교 신학은 당시 보편성을 지니고 있던 철학적 사변과 언어를 수용할 수밖에 없었고, 이로 인해 성서의 하느님은 철학자들의 신, 형이상학의 신과 동일시되는 과정을 거칠 수밖에 없었다.[2]

1998) 중 제3부에 등장하는 네 편의 논문을 중심으로 작성되었음을 밝힌다. 본문에서는 인용구를 "전집5: 쪽수"의 형식으로 표시했다.

2) 이러한 과정에 대해서는 Etienne Gilson, *God and Philosophy* (New Haven: Yale

성서의 하느님과 형이상학의 신을 동일시하거나 '철학자들의 신'의 틀 속에서 성서의 하느님을 이해할 때, 종교로서의 기독교는 보편성을 확보할 수 있었고, 소위 세계 종교로서 발돋움할 수 있는 발판을 마련하게 되었는지도 모른다. 하지만 이와 더불어 기독교가 잃어버린 것은 무엇일까? 성서의 하느님에 함축되어 있는 독특성은 형이상학적 신의 보편성 안에 희석되거나 흡수되어 버리지 않았는가? 더구나 니체에 의해 '신의 죽음'이 선언된 우리 시대는 하이데거의 진단 대로 "이중의 부재의 시대"에 직면하게 되었다(전집5: 221). 즉, 형이상학의 신은 더 이상 존재할 수 없게 되어 버렸고, 도래해야 할 신은 여전히 부재한 시대가 바로 우리 시대인 것이다. 그러면 어떻게 해야 할 것인가? 기존의 형이상학을 완전히 해체하고 성서의 하느님을 새롭게 구성해야 할 신학적 모험이 필요하지 않을까?

앞에서 언급한대로 선생님의 하느님 이해를 추적해 나가고자 하는 본 소고는 그가 문제 삼고 있는 신론은 무엇인지 그리고 그가 우리 시대에 제시하고 있는 신론은 무엇인지를 드러내고자 한다.

2. 하느님 신앙의 어려움

선생님은 오늘날 우리는 마치 "니체, 맑스, 다윈, 아인슈타인이 살지 않았던 것처럼 살 수는 없다"(전집5: 224)고 단언했다. 다시 말하면 우리 시대는 인간의 무지와 약함에 기대어 신을 말할 수 있는 그런 시대도

University Press, 1992)와 Wilhelm Weischedel, *Der Gott der Philosophen Bd.1* (München: dtv, 1979) 참조.

아니며, 고대와 중세를 이어온 형이상학적 전통에 막연히 의존할 수 있는 그런 시대도 아니다. 그리스 형이상학에 기대어 설립된 고전 유신론의 거울에 비춰보면, 오늘날은 분명 무신론의 시대로 보일 수밖에 없다. 하지만 지적으로나 윤리적으로 성실하고자 하는 무신론자의 눈빛은 그 어느 신학자의 눈매보다 날카롭게 신을 향하고 있다는 것이 선생님의 진단이다. 무신론의 시대이지만 동시에 신에 대한 목마름이 있는 시대이며, 하지만 신의 부재를 체감할 수밖에 없는 시대라는 복잡하고 복합적인 시대 진단 속에서 선생님은 니체와 도스토옙스키를 통해 이러한 진정성 있는 무신론이 무엇을 말하고 있는지를 듣고자 하며, 이를 통해 오늘날 하느님 신앙의 향방을 모색하고자 한다. 먼저 니체와 도스토옙스키를 통해 드러난 하느님 신앙의 문제점이 무엇인지를 살펴보도록 하자.

1) 니체 ─ "신은 죽었다!"

선생님은 니체의 '신 죽음'의 선언을 가볍게 여기지 않는다. 주지하다시피, 니체는『즐거운 학문』에서 무심한 광장의 사람들에게 신의 죽음을 선언하는 광인의 이야기를 전한다.

"그대들은 밝은 오전에 등불을 켜고 시장을 돌아다니며 끝없이 외치던 저 광인으로부터 듣지 못했는가? 〈나는 신을 찾고 있다! 나는 신을 찾고 있다!〉 ─ 거기엔 신을 믿지 않는 자들 중 많은 사람이 모여 있었기에 그는 큰 비방거리가 되었다. 그가 뭘 잃어버렸나? 한 사람이 말했다. 그가 아이처럼 길을 잃었는가? 다른 사람이 말했다. (…) 광인이 그들 가운데 끼어들며 그의 시선으로 그들을 꿰뚫어보았다. 〈신은 어디로?〉 그는 외쳤다. 〈나는 그대들에게 이것을 말하고자 했다! 우리가 그를 죽였다 ─ 그대들과 내가! 우리 모두는 살인자다! 그러나 우리는 어떻게 이 일을 저질렀는가? 어떻게 우리는 바다를 삼킬 수 있었는가? 누가 우리에게 스펀지를 줘서 전체 지평선을 말끔히 지워버렸는가? 우리가 이 지구를 태양에서 해방시켰을 때, 우리는 무엇을 했단 말인가? 지구는 이제 어디로 움직이는가? 우리는 어디로 움직이는가? 태양에서 떨어져 나가는가? 우리는 계속해서 추락하지 않을까? 뒤로, 옆으로, 앞으로 모든 방향으로? 위와 아래가 여전히 있는가? (…) 신은 죽었다! 신은 죽은 채로 있다! 우리가 그를 죽였다! 모든 살인자 중의 살인자인 우리가 어떻게 우리를 위로할까? 세상이 지금까지 가졌던 가장 거룩한 것 그리고 가장 힘 있는 것, 그것이 우리의 칼에 의해 피를 흘렸다."[3]

신을 찾고 있지만, 동시에 신의 살인자가 된 광인의 시대, 이 시대는 어디로 가야 할지 향방을 알 수 없는 시대이다. 우리는 도대체 왜 신을 죽였으며, 스스로 방향을 잃고 추락하는 상황을 선택하게 되었을까? 도대체 니체가 죽음을 선고한 그 신은 과연 누구이며 무엇이란 말인가? 니체의 신 죽음이 기독 교회의 하느님의 죽음임을 누구도 부인하기 어렵다. 하지만 선생님은 여기서 좀 더 엄밀하게 따져 물으며, 니체에 의해 사망진단을 받은 신이 기독교화된 서구의 역사 속에서 통용되어 오던 신이지, 성서적 계시에 근거한 참된 기독교의 하느님은 아니라고 역설한다.

---

3) Friedrich Nietzsche, *Werke in drei Bänden. Band 2: Die Fröhliche Wissenschaft* (München: Hanser, 1954), Nr. 125.

"니체가 신을 죽었다고 하였을 때, 그것은 성서적 계시의 기독교적인 신을 믿을 수 없다는 것이 아니라, 플라톤과 헤겔, 철학자의 신과 낡은 교리의 신학적 사변이 만든 신이 죽었다는 것이다"(전집5: 225).

기독 교회의 신과 성서의 하느님, 서구의 사상사에서 주목되었던 형이상학의 신과 예수 그리스도의 하느님, 기독교의 교리를 통해 그려진 신과 기독교 신앙의 하느님 사이의 구분은 과연 가능한 것인가? 하지만 이러한 그의 해석은 하이데거와 게오르그 피히트가 이해한 니체 해석과 일맥상통한다(전집5: 244-245 참조). 이들은 신 죽음에 관한 니체의 선언이 기독 교회의 신을 의미할 뿐 아니라 플라톤 이후의 서구 형이상학에 대한 종언을 의미한다고 이해하고 있다. 이처럼 선생님은 '성서적 계시의 기독교적 신'과 '형이상학적 신학의 신' 사이를 구분하고 있다.4)

과연 이 둘은 어떻게 구분될 수 있을까? 이러한 구분을 통해 선생님이 돌파하고자 하는 난관은 무엇이며, 새롭게 열어놓고자 하는 가능성은 무엇인가? 종교개혁 신학이 '오직 성서'를 외치면서 기독 교회의 전통과 성서의 메시지를 날카롭게 대립시키려 했듯이, 선생님은 기존의

---

4) 아마 선생님은 이러한 구분의 가능성을 하이데거에게서 배운 듯하다. 그는 하이데거의 『숲길』을 인용하면서 신학과 신앙, 그리스도교와 그리스도교의 정신을 구분한다. 그리고 니체의 비판이 전자에 대한 비판에 해당된다고 보았다(전집5: 245); 하이데거는 "서양의 형이상학이 (…) 존재론인 동시에 신학"이라고 보면서 "형이상학은 존재-신-론이다"라고 말했다. 더 나아가 그는 다음과 같이 단언한다: "신학이 그리스도 신앙의 신학이든 철학의 신학이든, 이러한 신학을 그것의 근원적인 유래로부터 경험하고 있는 사람이라면, 그는 오늘날 사유의 영역에서 신에 대하여 침묵하는 것이 좋다. 그 까닭은, 형이상학의 존재-신론적 성격이 (앞으로의) 사유를 위해서는 의문스러운 것이 되었기 때문이다." (마르틴 하이데거, 『동일성과 차이』(서울: 민음사, 2000), 46-47; 하이데거의 신론에 대해서는 신상희, 『하이데거와 신』(서울: 철학과현실사, 2007) 참조; 또한 탈형이상학적 신학의 길에 대해서는 심광섭, 『신학으로 가는 길』(천안: 한국신학연구소, 1996) 참조.

기독교화된 형이상학의 신 또는 형이상학화된 기독교의 신과 성서에 계시된 살아계신 하느님 사이를 날카롭게 대립시키고 있다. 여기서 나는 그의 신학적 사유의 정수를 본다. 앞서 언급했듯이 그는 무비판적으로 교회 전통에 서서 과거에 통용되던 신학 논리를 그대로 유통시키거나 이를 복원하려고 애쓰기 보다는, 교회와 신학이 직면한 현재의 난간을 예의주시하면서 성서적 메시지의 근원으로 돌아가 현재와 미래를 위한 신학적 모험을 감행한다. 신학적 모험을 위해 일차적으로 감내해야 할 고통이 있다면, 그것은 다름 아닌 니체를 따라 '철학자의 신과 낡은 교리의 신학적 사변이 만든 신의 죽음'을 수용하는 고통일 것이다.

이처럼 선생님은 니체의 신 죽음 선언에 화들짝 놀라 저항하거나 불쾌한 듯 무조건 거부하기 보다는 오히려 그 속뜻을 되살려 적극적으로 수용한다. 사실 니체를 비롯한 현대 무신론에 대한 신학적 수용은 오늘날에도 즐겨 허용되지 않는다.5) 그렇다면 이러한 수용은 무엇을 의미하는가? 무신론에 대한 나약한 항복이나 신앙의 포기를 뜻하는가? 아니면, 니체의 무신론을 심도 있게 분석하여 그 속에 감춰져 있는 신학적 진실을 오롯이 드러내려는 해석학적 숙고인가? 선생님의 의도는 아무래도 후자라고 보아야 할 것이다. 그는 니체의 무신론을 수용함으로써 극복하고, 이를 통해 새로운 하느님 신앙의 가능성을 엿보고자 한다.

하지만 선생님이 모든 무신론에 대해 수용적인 태도를 보이는 것은 아니다. 그가 비판하는 무신론은 무엇이며, 긍정하는 무신론은 무엇인가?6) 선생님은 니체와 같은 "지성적 무신론자들"은 단순히 신에 대해

---

5) 예컨대, 나사렛대학의 김성원 교수는 『신은 허구의 존재인가?』(서울: 대한기독교서회, 2003)에서 니체를 비롯하여 마르크스, 프로이트, 포이어바흐, 뒤르켐 등을 심도 있게 이해하고 대화하기보다는 성급한 비판만 가하고 있다.
6) 서구의 현대 무신론의 다양한 유형에 대해서는 Horst Georg Pöhlmann, *Der Atheismus*

부정하고 제멋대로 살고자 하는 "속물근성을 가진 대중적 무신론자들"과는 다르다고 말한다. 또한 지성적 무신론자들은 실로 신을 진지하게 찾는 자들이며 "종교에 대하여 가장 관심이 많은 친구들"이라고 평가한다(전집5: 225). 어째서 이런 평가가 가능한가? 그에 따르면, 속물근성의 대중적 무신론자들은 "양심이 마비된 어리석은 무신론자", 자기의 욕망을 채우고자 하는 신의 형상을 가진 이웃들조차 무시해 버리는, 실상은 자본의 우상숭배자라고 할 수 있지만, 지성적 무신론자들은 "슬기로운 무신론자"이며 "그 마음에 신에 대한 향수와 갈증으로 가득 차" 있는 "예민한 양심"의 소유자들이다(전집5: 229). 니체의 "신의 죽음의 선언은 단순한 부정을 위한 부정이 아니라 정열적으로 살아계신 하느님을 갈급하며 찾는 목마른 사슴과 같은 갈증이 그 속에 불타오르고 있는 것이다"(전집5: 227).

선생님의 이러한 니체의 무신론에 대한 긍정을 보다 심도 있게 이해하기 위해서는 앞서 인용된 짧은 문구에 다시 주목해야 한다. 그는 니체의 '신 죽음'이 "플라톤과 헤겔, 철학자의 신과 낡은 교리의 신학적 사변이 만든 신"의 죽음을 의미한다고 진단했다(전집5: 225). 플라톤과 헤겔에 이르기까지 지속되어 온 형이상학화된 철학자들의 신이란 도대체 무엇을 말하는가? 이 신은 왜 성서에 계시된 살아계신 하느님과 다른가?

널리 알려져 있듯이 플라톤은 당시 시인들의 신화(神話)에 대해 비판적인 입장을 보이며, 신에 대한 언설이 신의 본질을 드러내야 한다고 보았다. 시적 신학에서 철학적 신학으로의 전환이 시작된 셈이다. 이에 따라 플라톤은 최초로 신에 대한 규정을 정립한다. 이 규정에 따르면,

---

oder der Streit um Gott (Gütersloh: Gerd Mohn, 1977) 참조.

신은 선하며 또한 불변한다. 선의 근원이며 최고의 선 자체인 신은 모든 선의 원인이 된다. 하지만 최고선 자체인 신에게 변화가 일어난다는 것은 스스로 최고선의 자리에서 이탈하는 것이 될 것이다. 따라서 신은 불변해야 한다. 신의 불변성은 플라톤 이후에 지속되는 고대 형이상학의 전통에서 가변적인 시간성과 구분되는 신의 영원성으로 이해된다. 이후 그의 제자인 아리스토텔레스에 의해, 신은 모든 운동의 원인이면서도 그 자신은 어떤 것에 의해 움직여지지 않는 존재로 규정된다. 따라서 신은 불변하는 존재, 부동의 존재이면서도 모든 운동자의 제1원인(prima causa)으로 자리매김 된다. 모든 존재하는 것들이 신에 의해, 그에 의존하여 존재하게 된다면, 자기 밖에 어떤 원인을 가질 수 없는 신의 존재는 '스스로' 존재할 수밖에 없다. 따라서 신은 자기원인(causa sui)이며 자존적 존재(esse a se)이며, 이후 여타의 존재자와는 구분되는 존재자체(esse ipse)라 불린다. 플라톤과 아리스토텔레스에 의해 규정된 신의 본질은 향후 기독교 신학에서도 그대로 수용된다. 기독교의 교리 전통은 하느님의 영원성, 불변성, 자족성에 대한 언급뿐 아니라, 그 개념에 대한 이해에서도 형이상학의 전통을 따르고 있다.[7] 하지만 이렇게 규정된 철학자들의 신은 과연 우리의 삶의 현실과 교통할 수 있을까? "자기원인"으로서, 자기 밖에 어떤 원인자를 가질 수 없는 신은 과연 인류의 아픔을 통감할 수 있는가? 신앙의 기도는 과연 자기원인인 신의 보좌를 흔들 수 있는가?[8]

---

7) Wilhelm Weischedel, *Der Gott der Philosophen Bd.1*, 48-59 참조.

8) 다시 하이데거를 인용한다. "이 가장 근원적인 원인이 자기 원인이 되는 그런 원인이다. 이것이 철학에서 문제시되는 신에 대한 합당한 명칭이다. 이러한 신에게 인간은 기도할 수도 없고 제물을 바칠 수도 없다. 자기 원인 앞에서 인간은 경외하는 마음으로 무릎을 꿇을 수도 없고, 또 이러한 신 앞에서 그는 음악을 연주하거나 춤을 출 수도 없다." 마르틴 하이데거, 『동일성과 차이』, 64-65.

선생님에게 기독교화된 형이상학의 신, 또는 형이상학화된 기독교의 신 개념은 니체의 '신 죽음' 선언과 함께 극복되어야 할 대상으로 파악된다. 다시 말하면 니체는 단순히 기독교회의 신을 포함하여 모든 형이상학적 신의 죽음을 선언하였는데, 형이상학의 신은 역사적 시간과 현실과는 무관한 초월성과 자족성, 영원성, 불변성을 그 특징으로 하고 있다. 하지만 이러한 형이상학의 신이 서구 기독 교회의 신 이해를 포괄한다고 하더라도, 진정 성서의 하느님과 동일시될 수는 없다. 그에 따르면, 그리스의 신 개념과 성서의 하느님 이해는 동일시될 수 없으며, 그 갈림길은 출애굽기 3장 14절의 번역에서 또렷이 드러난다.

"불행하게도 기독교는 헬레니즘 유대교에서 시작된 헬라의 존재론적 사고의 영향 아래 오랫동안 기독교의 하느님을 존재자체(ipsum esse, being itself)와 동일시하여 왔다. 출애굽기의 저 유명한 '나는 스스로 있는 자'라는 말을 번역할 때, 하느님을 70인역에서 ὁ ὤν이라고 하였으나 '있음'을 뜻하는 헬라의 ὄν과 히브리어의 hāyāh는 본질적으로 다른 의미를 가진다. '나는 hāyāh하기 때문에 나는 hāyāh한다'고 히브리어로 말할 때 그것은 초감성적인 형이상학의 세계에 계신 존재 자체(esse a se)인 것이 아니라 역사적 현실에 실존하시는 하느님의 은총의 행위에 응답하는 아브라함과 이삭과 야곱의 하느님 〈우리를 위하시는 하느님〉(Deus pro nobis et pro me)이라는 말이다. 그러므로 기독교의 하느님은 Ontology(存在論)로 설명될 수 없고 hayatology에서만 설명된다. 하느님은 우리의 로고스와 원리와 만나는 분이 아니라 파토스와 심정에서 만나 주시는 분이시다"(전집 5: 225-226).

선생님은 성서의 하느님과 형이상학의 신의 동일시를 '불행'이라고 표현했다. 무엇보다 주목할 점은 성서의 하느님은 추상적인 개념들로 표현되기보다는 구체적인 인격의 하느님으로 고백되고 있다는 점이다. 더구나 성서의 하느님은 이성적 추론이나 관념이 아니라 감성적 차원 또는 실존적 차원에서 구체적인 인격과 만남을 가진다는 점이 주목되어야 한다. 성서의 하느님은 그리스의 존재론적 범주가 아니라 역사적 범주인 생성과 연관해서 이해되어야 한다.9)

선생님은 성서에 계시된 하느님에 근거하여 니체 이전의 서구 형이상학이 상정해 놓은 신과 결별할 수 있었을 뿐 아니라, 이 형이상학적 신에 대한 니체의 죽음 선언도 과감하게 수용할 수 있었다. 그렇다면 진정 서구의 존재론, 곧 형이상학에 의존한 신 개념은 왜 오늘날 더 이상 통용될 수 없게 된 구체적인 전환점은 무엇인가? 지난 19세기까지 통용되어 오던 신 개념이 갑자기 죽음의 선고를 받고 더 이상 우리와는 무관한 존재가 될 수밖에 없었던 이유는 무엇일까? 진정 성서의 살아계신 하느님은 서구 형이상학의 신 개념에 의해서는 조금도 포착될 수 없는 존재였을까? 이러한 물음을 가지고 나는 선생님의 도스토옙스키에 대한 신학적 해석으로 넘어가고자 한다.

2) 도스토옙스키 ─ 허무주의의 막다른 골목

선생님은 도스토옙스키를 통해 니체의 무신론 너머에 어렴풋하게

---

9) 주지하다시피, 오늘날 구약학계에서 이 본문에 소개된 야웨의 이름은 더 이상 존재, 자존성과 같은 그리스 철학적 의미로 이해되지 않고, 오히려 "활동", "구원의 현존"과 "약속"을 함축하는 의미로 해석된다. 베르너 슈미트/ 차준희 옮김,『구약신앙: 역사로 본 구약신학』 (서울: 대한기독교서회, 2007), 158-159 참조.

개방된 새로운 신앙의 향방을 모색하고자 한다. 이러한 그의 진단은 니체와 도스토옙스키의 사상적 연관성을 언급하면서 도스토옙스키의 작품의 도처에서 유럽의 니힐리즘의 형상화를 발견했던 발터 니그(Walter Nigg)의 진단과 상통한다.[10] 니그에 따르면, 도스토옙스키는 그의 초기 작품 『지하로부터의 수기』에서 말년의 작품 『까라마조프네 형제들』에 이르기까지 기존의 도덕적 가치관과 형이상학적 체계를 송두리째 던져버리고 그 자신조차도 심연에서 헤어 나오지 못하는 허무주의적 인간들을 문학적으로 형상화하고 있다. 이들은 그의 작품 『까라마조프네 형제들』에 묘사된 것처럼 "〈동시에 두 개의 심연〉, 즉 〈우리 머리 위에 자리 잡은 최고의 이상을 간직하고 있는 심연과 우리가 발밑에 내려다볼 수 있는 가장 추악한 잔인성을 간직하고 있는 심연〉을 소유하고 있는 이율배반적인 성격의 인간들이다."[11] 도스토옙스키는 허무주의적 인간을 단순히 어리석은 인간이나 혐오할 존재라 파악하지 않았으며, 이미 자기 자신이 허무주의적 인간이었음을 실토하고, 허무주의의 실체를 밖에서가 아니라 안에서 찾고자 했다.[12] 하지만 결정적으로 다른 작가들과는 달리, 그는 스스로 악의 구렁텅이에 빠져 들어가고자 하지 않으며 오히려 "언제나 허무적인 것을 신적인 관점에서" 바라보고 있었다.[13] 즉, 도스토옙스키는 "꾸준히 허무주의의 극복을 자기 사상의 지표"로 삼았다.[14]

---

10) 발터 니그/ 강희영, 임석진, 정경석 옮김, 『예언자적 사상가』 (왜관: 분도출판사, 1991), 특히 209-233 참조.
11) 앞의 책, 226.
12) 앞의 책, 230.
13) 앞의 책, 224.
14) 앞의 책, 232.

선생님은 발터 니그와 마찬가지로 도스토엡스키에게서 허무주의의 한계와 그 극복을 엿보고자 한다. 이를 위해서는 우선 니체의 신 죽음 선언에 내포된 사상사적 의미를 분명하게 되새겨볼 필요가 있다. 니체의 무신론은 앞서 언급했듯이 플라톤 이후 서구를 지배하던 형이상학적 신에 대한 죽음을 선고한다. 이는 영원과 시간의 엄격한 격리를 통해 신의 영역과 인간의 영역을 분리시켜 놓은 고전 유신론에 대한 심판이었다. 이러한 심판이 불가피했던 이유를 선생님은 인간 자유의 선언에서 찾는다. 신의 절대 통치와 인간의 자유의 확장은 대립적이고 모순적이며, 이제 "세계를 소유하는 역사의 주"(전집5: 246)가 되고자 하는 인간에 의해 형이상학의 신은 자신의 고유한 피안의 영역보다 더 멀리 밀려나고 말았다는 것이다. 신의 부재는 이제 자유로운 인간의 현존을 의미한다. 니체와 도스토엡스키 모두 이 사실을 분명하게 표현하고 있다. 신이 존재하지 않는다면, 모든 것이 허용된다.[15]

영원의 자리에서 가변적인 시간의 영역에 살고 있는 역사적 존재들을 지배하고 통제하던 피안의 신적 존재에 대한 저항과 항거를 넘어, '우리가 그를 죽였다'는 고백이 암시하듯 이제 피조물들은 스스로의 자유를 쟁취하기 위해 신에 대한 살해를 감행한 것이다. 동시에 인간의 주체성과 자율성을 확증하기 위한 이러한 도발의 책임은 이미 형이상학적 신 자신에게서도 찾을 수 있다. 왜냐하면 기독교화된 형이상학적 신은 인간의 모든 운명을 자신의 손아귀에 움켜쥐고 있는 존재였기 때문이다. 예지와 예정, 전능의 관념들이 펼쳐놓은 그물 안에서 인간은 한갓 꼭두각시에 불과할 뿐이며, 인간만이 아니라 세상 전체가 신에 의해 조정되는 기계에 불과하다.

---

15) 앞의 책, 219. 각주 17.

뿐만 아니라 형이상학의 신은 인간의 자리, 연약성과 불안과 죽음의 자리에 돌입할 수 없는 추상적이고 피안적인 존재였다. 결핍이 없는 완전한 존재인 신은 결핍적 존재의 아픔을 이해할 수 없으며, 영원성과 불변성에 머물러 있는 존재는 유한성과 가변성의 굴레에서 신음하는 인간에게 연민을 느낄 수가 없다. 이처럼 인간의 영역과 무관했던 신의 통치는 공허한 관념이며, 인간의 현실적 자유에 대해서는 이념적 억압으로 작용했음이 틀림없다. 따라서 니체의 선언에 내포된 의미―"감각적인 세계를 넘어서는 초감각적인 형이상학의 하느님, 차안적인 것과는 상관없는 피안의 하느님 철학자 플라톤의 신은 끝장이 났다"(전집5: 246)―는 현실과 무관한 초감각적 세계의 폐기를 선언한 감각적 세계의 반란이며 무의미한 신적 현실을 벗어던져버린 인류의 자유와 독립의 선언으로 이해된다.

하지만 신의 죽음과 함께 약속된 인간의 자유와 존엄성은 과연 현실적으로 쟁취될 수 있으며 유지될 수 있는가? 선생님의 진단에 따르면, 니체의 무신론을 수용하면서도 이를 극복하지 않으면, 인류에겐 온전한 구원이 불가능하다. 왜냐하면 니체의 신 죽음은 피안적이고 관념적이면서도 억압적이던 신 관념의 폐기를 선언함과 동시에, 이와 함께 주어진 새로운 시대적 현실의 도래, 곧 니체 자신의 평가에 따라 "최고의 가치가 가치라는 것을 잃었다는 것, 목표가 상실되었다는 것, 왜라는 데 대답을 잃은 것"(전집5: 261)을 뜻하기 때문이다. '신'과 동일시되던 진리, 궁극적 목표, 최고선, 최고의 가치가 신의 죽음과 함께 폐기됨으로써 그동안 인간이 딛고 서 있던 토대 자체가 붕괴되어 버린 니힐리즘을 맞이하게 된 것이다. 가시적이든 비가시적이든 형이상학적으로 설정된 근거(Grund)를 폐기처분하고 나니 이제 남은 것은 디딜 곳 없는 심연(Ab-grund)뿐이다. 모든 존재의 터전이 사라지고 없다는 점에서 최후의 근거 없는 근거는 무(Nichts)라고 할 수 있다. 그렇다면 과연 인간은 이러한 심연의 무에서 자유와 존엄성을 현실적으로 획득할 수 있을까? 이제 인간은 끝없이 펼쳐진 광활한 대양 한가운데서 어디를 향해 나아가야 하는 것일까? 니체의 무신론이 "속물적 근성의 무신론"과는 달리 "예민한 양심"을 소유한 것은 이러한 허무주의적 현실을 정확히 직시하고 고발할 뿐 아니라 현실 속에서 새로운 돌파구를 고뇌하고 있기 때문이다.

신과 진리와 가치와 의미와 향방을 송두리째 폐기해 버린 인간이 당면한 문제, 곧 형이상학적 신을 처단한 이후에 인간이 당면할 수밖에 없는 근원적인 사태로서의 문제를 선생님은 두 가지로 압축한다. 첫째는 "선악의 구별의 문제"이며, 둘째는 "자유의 문제"이다(전집5: 270). 니체의 무신론을 끝까지 밀고 나갈 때, 즉 기존의 형이상학적인 체계와 가치관을 치열하게 부정하고 해체해 버릴 때, 이제 선과 악을 구별할 수 있는 잣대로 삼을 수 있는 것은 무엇인가?16)

선악의 피안에서 도덕이 폐기되어 버린 상태에서 결국 주어지는 것은 인간성 상실임을 선생님은 도스토옙스키의 소설에서 읽어낸다. 예컨대 『죄와 벌』에서 그려진 대로, 자신의 합리적 판단에 의해 실행되었던 라스콜리니코프의 노파 살인이 그것이다. 신의 죽음과 함께 인간은 자신을 돌아볼 거울을 파괴해 버린 셈이 되며, 자기 자신이 그려낸 그림 속에서 자기 자신을 무한히 긍정할 뿐이다. 심지어 그것이 타인의 삶을

---

16) 프로타고라스가 인간을 만물의 척도라고 주장했다면, 철학적 신학의 시초인 플라톤에겐 "신"이 "만물의 척도"였다(Nomoi 716c): Walter Sparn, *Leiden-Erfahrung und Denken* (München: Chr. Kaiser, 1980), 146에서 재인용. Wilhelm Weischedel, *Der Gott der Philosophen Bd.1*, 48이하 참조.

파괴하는 살인자의 모습이라고 할지라도 말이다.

더 나아가 도스토옙스키의 소설 속에서 스스로가 역사의 주인이며 심판자가 된 인간은 자신의 자유를 철저하게 긍정하고 주장한다는 의미에서 살인뿐 아니라 자살도 허용하게 된다. "자살은 신에게서 벗어난 인간이 절대적 자유를 가졌음을 확인하는 최후의 행위이다"(전집5: 342). 신의 죽음과 더불어 선언된 자유는 곧 자의(恣意)로 변질되어 타인에 대한 사랑과 연민의 자리를 남겨두지 않을 뿐 아니라 자살로 귀결된다. 도스토옙스키를 통해 선생님이 내린 결론은 니체의 허무주의와 무신론이 최종 종착점이 될 수는 없다는 사실이다. 인간을 위해 신의 죽음이란 고지(高地)를 올라서야 했다면, 이제 인간을 위해 다시 그 고지로부터 내려와야 한다.

그렇다면 선생님은 도스토옙스키의 소설에 대한 신학적 반성을 거쳐, 니체에 의해 사망 선고되었던 형이상학의 신으로 다시 복귀하자고 외치는 것일까? 그건 아니다. 우리는 마치 니체가 없었던 것처럼 살아갈 수는 없다. 우리는 왜 다시 형이상학의 신으로 돌아갈 수 없는가? 도스토옙스키의 소설 속에 등장하는 소위 신정론의 물음은 기존의 형이상학적 신으로 더 이상 복귀하는 것이 불가능하다는 사실을 명확히 보여준다. 신적 실재와 피조세계 사이에 조화와 상응을 강조하며, 단독적이며 절대적인 신적 통치를 강조해 왔던 기존의 형이상학화된 기독교의 가르침은 '조화 따윈 필요없다!'라는 이반 까라마조프의 외침 속에서 무의미한 것이 되어 버린다.[17]

---

17) 도스토예프스키/ 김학수 옮김, 『카라마조프네 형제들』(서울: 삼성출판사, 1986), 345: "나는 고상한 조화 같은 건 깨끗이 포기하겠어. 왜냐하면 그따위 조화는 구린내 나는 감옥에 갇혀 조그만 자기 가슴을 두드리며, 보상받을 길 없는 눈물을 흘리면서 '하느님'께 기도를 드린 그 불쌍한 어린애의 눈물 한 방울만한 가치도 없기 때문이지."

신의 죽음을 선언했던 니체도 어쩌면 자신의 삶 속에서 이러한 강렬한 경험에 휩싸였는지도 모를 일이다. 다섯 살 되던 해, 그는 아버지를 잃고 큰 충격에 빠졌다. 니체의 회고에 따르면, 그의 아버지는 시골 목사로서 예리한 지성과 따뜻한 감성을 지닌 완전무결했던 36세의 아버지였다. 그런 아버지를 잃어버린 사건은 니체에게 모든 것을 좌지우지하는 완전무결한 신의 존재를 더 이상 인정할 수 없도록 만들었을 것이다. 어쨌든 "고통은 무신론의 초석"[18)이라는 말은 사실이다. 서구의 사상사에는 고통의 가시 돋친 질문에 대해 신을 변호하려는 시도들이 있었다. 대표적으로 라이프니츠의 『변신론』을 언급할 수 있을 것이다.[19) 라이프니츠는 이 대작을 통해 신의 선함과 지혜가 세상의 현실과 조화를 이룬다는 사실을 역설하고자 했다. 이미 18세기 리스본의 대지진에 의해 그의 이론은 한갓 공상에 불과하다는 사실이 밝혀졌고, 이후 볼테르는 풍자소설 『깡디드』에서 이를 한껏 비웃었다.[20) 이제 도스토옙스키스의 소설 『까라마조프네 형제들』에서 무신론자 이반은 설령 신을 인정한다고 하더라도 어린아이의 무고한 고통과 죽음을 주목한다면 신이 만든 세상을 인정할 수 없으며, 신에 의한 어떠한 후속적인 보상도 무의미하다는 사실을 설파한다(전집5: 279-284 참조).[21)

---

18) Georg Büchner, *Dantons Tod* (Stuttgart: Reclam, 1997), 48: "사람들이 악은 부정할 수 있지만, 고통은 그렇게 할 수 없어. 이성만이 신을 증명할 수 있을 뿐, 감정은 그것에 반대하여 격분하지. 아낙사고라스 잘 들어봐. '내가 왜 고통을 당하지?' 이것이 바로 무신론의 초석일세."

19) 라이프니츠/ 이근세 옮김, 『변신론』 (서울: 아카넷, 2014)

20) 서구 신정론의 역사와 문제에 대해서는 박영식, 『고난과 하나님의 전능』 (서울: 동연, 2012) 참조. 라이프니츠의 신정론과 문제점에 대해서는 앞의 책, 140-174.

21) 발터 니그에 따르면, 도스토옙스키는 신정론의 문제에 가장 깊이 고민했던 인물이다. 그의 작품 『악령』에서 그는 이렇게 말한다: "이 '왜?'라고 하는 단 한 마디는 이미 창세기의 첫날부터 온 세상을 뒤덮고 있으며, 이 모든 창조물 자체가 날이면 날마다 '왜?'라는

니체에 의해 선언된 신의 죽음은 도스토옙스키의 소설을 통해 다시 한 번 확증되는 듯하다. 우리는 "니체, 맑스, 다윈, 아인슈타인이 살지 않았던 것처럼 살 수는 없다"(전집5: 224). 하지만 선생님은 도스토옙스키에게서 니체의 허무주의가 도달하는 막다른 골목을 또한 본다. 동시에 막다른 골목에 봉착했다는 것 자체가 열어주는 새로운 가능성을 엿본다. "니체의 궁극적인 말은 죽음이고 도스토예프스키의 최후의 말은 부활이다"(전집5: 275). 선생님에게 니체의 무신론은 허무주의를 사는 시대에 대한 날카로운 진단임에는 틀림없지만 그것이 이 시대를 치유할 수 있는 처방은 될 수 없었다. 왜냐하면 신 없는 인간의 자유는 자기 자신과 타인에 대한 파멸적인 유혹을 견딜 힘이 없기 때문이다. 그렇다고 옛 유신론으로 회귀할 수도 없다. 그렇다면 그가 새롭게 찾아나서는 신은 누구인가? 우리는 신을 어디서 어떻게 만나야 하는가?

3. 하느님 신앙의 새로운 가능성을 찾아서

하느님 언설로서의 신학은 플라톤 이후 신의 본질을 규명하고자 해왔다. 그리고 신의 본질규명으로서의 신학에서 가장 중요한 역할은 이성에 주어졌다. 인간의 로고스를 통해 신적 본질을 파악하는 작업을 통해 소위 철학적 신학이 시작된다. 하지만 이성을 앞세워 신적 존재를 규명하고자 하는 서구의 사상사는 니체의 신 죽음 선언과 함께 막다른 길에 도달했다고 할 수 있다. 인간 이성이 규정한 신은 더 이상 자유로운

의문의 주인공인 창조자를 찾아 헤매고 있다. 그런데도 모든 이 피조물이 여기에 대한 아무 대답도 얻지 못하고 있는 지가 벌써 7천 년이나 되었으니 도대체 어찌된 일인가"(발터 니그/강희영, 임석진, 정경석 옮김, 『예언자적 사상가』, 305-306에서 재인용).

하느님이라기보다는 인간 자신의 구미에 맞게 빚어낸 관념의 신이요 우상에 불과하며, 인간의 유한성을 무한히 초월하고자 하는 인간의 욕망이 그려낸 이상적 인간상의 거울에 불과했다. 하지만 인간 이상의 거울을 깨뜨리고 나니, 인간은 더 이상 자신의 얼굴을 바라볼 수도 없으며 자신에 대한 반성도 초월에 대한 욕망도 거세당한 향방 없이 떠도는 허무적 존재로 전락하게 되거나, 되레 신의 부재를 대신하는 자로 군림하게 된다. 그 최후의 귀결은 앞서 말했듯이 자살이었다.

여기서 선생님은 신의 존재 유무를 논하는 옛 유신론의 증명을 비판하며, 고전 유신론을 옹호하고자 했던 서구 사상사의 시도를 "관념적 유희"로 낙인찍는다. 이러한 관념적 유희가 만들어 낸 신은 실제 인간 실존에 아무런 부딪힘을 주지 못한다고 보았다. "이성에 의해서 신이 존재한다고 해도, 존재하지 않는다고 해도 그것으로 우리 인생에게 득(得)과 실(失)이 있는 것은 아니다"(전집5: 339). 그렇다. 선생님은 관념의 유희가 아닌, 인생에 아무런 득실을 줄 수 없는 허구적 존재가 아닌, 인간 존재와 실제로 맞부딪히는 성서의 살아계신 하느님에 대해 말하고자 한다. 이때 그는 옛 유신론의 논쟁에 다시 뛰어들기 보다는 신적 존재의 '행동'에 주목한다. 다시 말하면, 인간으로부터 신을 향해 나아가는 추론과 증명의 방식이 아니라 신으로부터 인간에게로 향해 다가오는 신앙과 실존의 길로 접어들고자 한다.

신은 인간에 의해 논의되거나 사유되어야 할 대상이 아니다. 주객도식의 사유와 언설에 의해 포착 가능한 대상이 아니기에 신은 이성의 빛에서 보면 무(無)일 수밖에 없다. 따라서 인간에 의해 소환되고 논의되고 구상된 존재로서의 신은 참으로 살아계신 하느님일 수 없다. 여기서 선생님은 신학의 가능성을 이성에서 찾지 않지 않고 "말로 다 표현할 수 없는 고뇌"를 안겨다주는 "신의 현실성"에서 찾는다. 그에게 하느님은 관념적 존재가 아니라 이미 인간 실존에 가까이 다가와 있는 존재, 아니 항상 인간의 "실존에 와 부닥치는" 존재로 이해된다(전집5: 330).

"인간은 궁극적 실재(신)에 대한 인간의 의식의 한계성 때문에 신의 존재나 본성에 대한 논의는 인간에게 무의미한 것이고 신의 자명한 소여성에서 출발하지 않을 수 없다"(전집5: 338-339). 여기서 신의 자명한 소여성이란 기존의 유신론이 전제했던 신적 존재의 자명성과는 다르다. 선생님이 신학의 출발점으로 삼은 신의 자명한 소여성은 신과 인간 실존의 관련성에서만 파악이 가능하다. 이미 가까이 와 있는 신적 존재는 그저 머물러 있는 존재가 아니라 인간 존재로 하여금 끊임없이 괴롭게 하며 방황하게 하는 존재다. 다른 말로 하면 신의 행위는 괴롭힘이다. 유신론자에게만 그런 것이 아니라 이미 무신론자에게도 신은 가까이 와서 그를 괴롭힌다. 인간의 이성에 의해서는 파악될 수 없는 무로서의 신은 신을 표상하여 자기 앞에 대상화하고자 하는 유신론자를 고통스럽게 만든다. 도리어 대상화될 수 없는 무로서의 신은 인간 존재의 무근거성을 드러냄으로써, 인간 존재의 근거로 설정되어 있던 모든 대상화된 신적 우상들을 철폐하며 되레 인간을 허무의 심연에 세운다. 이로 인해 신적 존재와 실존적으로 맞부딪힌 인간은 방황하고 고뇌하며 불안해할 수밖에 없다. 죄인임을 자각한 자만이 자신이 이미 용서받았다는 은총을 맛볼 수 있듯이 무의 심연에 괴로워하는 자만이 이미 와 계신 살아계신 하느님을 찾을 수 있다.

인간의 불안과 고뇌와 방황을 선생님은 신적 존재의 소여성, 곧 이미 와 있음(Dasein Gottes)과 결부시켜 읽음으로써 유신론과 무신론, 성과 속의 옛 대립과 경계를 철폐한다. 양 극단은 이미 신적 현존에 직면한 인간 실존의 각기 상이한 양태로서 이해될 수 있기 때문이다. 어쩌면 우리는 그가 다른 종교들의 진리 물음을 배타적으로 배척하기보다는 "우리의 생각을 뛰어넘은 성령의 역사에 의하여 모든 사람들에게 열려 있는 근원적인 물음"(전집5: 232)으로 파악할 수 있었던 그 신론적 근거를 여기서 발견할 수 있을 것이다. 하느님은 고뇌하게 하는 존재, 불안하게 하는 존재, 인간 존재를 뒤흔드는 존재로, 실존하고자 하는 모든 인간에게 이미 가까이 와 있다. 이처럼 신적 존재의 현존이 인간 실존에 불안과 고뇌와 방황의 역동을 일으킨다면, 이제 신적 존재는 인간 실존과 무관한 자리에 머물러 있는 자가 아니라 오히려 인간 현실 깊숙이 들어와 함께 고뇌하며 고통당하는 자로 이해될 수 있을 것이다. 신은 삶의 피안에서가 아니라 삶의 깊이에서 우리를 만난다.

이제 선생님은 삶의 깊이에서 우리를 만나는 신적 존재의 활동을 보다 선명하게 성서의 하느님 이해를 통해 제시하고자 한다. 여기서 그는 "우리 시대의 절망"을 "새로운 소망의 징조"로 볼 수 있게 하는 "십자가의 복음"에 집중한다. 이제 삶의 깊이에 들어와 인간 실존을 깨우치는 신은 예수 그리스도의 하느님으로 이해되는데, 예수 그리스도의 십자가를 통해 계시된 하느님은 "새로운 어떤 것이 무신적인 현대 세계의 중심 속에 들어"와 있음을 알린다. 십자가의 죽음 안에서 성서의 하느님은 "고난과 죽음 속에 스스로를 내던지셨다." 삶의 괴로움과 고뇌, 그리고 "죽음"은 신적 존재와 무관한 것이 아니라 오히려 "살아계신 하느님의 가능성"으로 이해된다(전집5: 252).

하느님의 죽음은 이제 죽음과 고통, 불안과 방황의 실존적 현실이 신과 대립되는 것이 아님을 드러낼 뿐 아니라 죽음을 포함하여 실존적 인간의 현실 전체를 하느님이 깊이 수용하셨다는 사실을 뜻한다. 이것이 바로 기독교가 말하는 구원이며 하느님 사랑의 핵심이다.

> "그리스도교 신앙은 예수 그리스도의 십자가의 죽음이야말로 모든 인간
> 을 위하여 하느님이 꼭 한 번 일으키신 구원의 행위라는 것을 사유의
> 출발점으로 삼고 있다. 신의 죽음의 사건이었던 예수 그리스도의 십자가
> 의 죽음을 통해, 끝없는 사랑을 가지고 스스로 고난과 죽음이라는 비극적
> 인 불행을 자유로 취하신 것이다"(전집5: 253).

사랑이신 하느님은 인간이 감내하지 못하고 적대시한 비극적인 불
행을 스스로 취하심으로써 구원의 길을 열어놓으신다. 하지만 여기서
말하는 구원의 길은 무엇을 의미하는가? 더 이상 비극적 불행이 존재하
지 않는, 인간 실존의 고통이 존재하지 않는, 피안적이고 피상적인 세계
를 향한 길인가? 고난과 죽음조차 자신의 가능성으로 끌어안으신 하느
님에 대한 신앙은 역으로 우리 자신도 이것을 이제 적대적인 것이나
낯선 것, 우상과 신비로 대할 것이 아니라, 하느님 안에 수용된 것으로,
사랑 안에서 언제나 받아들일 수 있는 것으로 긍정함으로써만 고난과
죽음을 극복할 수 있음을 의미한다. 인간 실존의 고뇌와 방황과 불안과
고통 그리고 죽음조차도 십자가의 복음 안에서는 긍정되고 수용된다.
여기에서 "인간은 고난 없이 신을 알 수 없다"고 말하며 "고난을 기뻐하
는 태도와 신과 구원의 문제를 결부"(전집5: 347)시킨 도스토옙스키에
대한 선생님의 수용과 철저화를 엿볼 수 있다.

이러한 선생님의 십자가 이해는 하느님이 고난당하는 민중과 함께
하신다는 표현으로 연결된다. 고난당하는 민중과 함께 하시는 하느님
은 단순히 고난을 제거하시는 분이 아니다. 고난의 무풍지대는 실존의

세계에는 존재하지 않는다. 오히려 민중과 함께 하시는 하느님은 자신의 고난을, 심지어 다른 사람의 고난까지도 넉넉히 짊어지게 하신다. 왜냐하면 고난을 짊어짐 자체가 하느님이 인류와 자신을 하나되게 하신 구원의 길이기 때문이다. 고난에 참여하는 이 실존적이며 신앙적인 결단을 통해서만 황무지에 핀 장미꽃이 보이기 때문이다. 고난의 길이 곧 생명의 길이다. 하느님이 인간 실존에 이미 와 계신 것처럼 하느님의 나라도 이미 여기에 와 있다. 따라서 선생님은 "나는 고난당한다. 그러므로 나는 존재한다"(전집5: 314)는 명제에 주목할 뿐 아니라 "참된 정신적인 사랑의 공동체, 소보르노스트"(전집5: 322)에 주목한다.

선생님의 하느님은 기독교 교리사의 한 귀퉁이에서 연역해 낸 존재도 아니며, 사변과 논리를 통해서 구상된 존재도 아니다. 그는 철저히 성서의 하느님 이해에서 출발하여 인간 실존과 충돌하는 살아계신 하느님을 드러내고자 했다. 그의 하느님은 인간의 현실과 철저히 대립된 자신의 자리에 갇혀 있는 형이상학적 존재가 아니라, 인간 실존의 불행을 자신의 것으로 끌어안으면서 고난당하는 민중과 함께 하는 십자가의 하느님이었다. 그 분은 사랑의 고통을 짊어짐으로써 고통을 사랑으로 극복할 수 있는 구원을 열어놓으신 하느님이다. 이 분을 그는 "살아계신 하느님, 아브라함과 이사악과 야곱의 하느님"이라고 고백한다(전집5: 251).

선생님의 신론은 인간 존재의 실존성을 전제하면서 성서와 실존의 연결고리를 그리스도의 십자가에서 찾는다는 점에서 그리스도 중심적이며, 십자가 신학적이다. 하지만 소위 교회와 교리의 논리에 갇혀 있는 폐쇄적인 신론은 아니다. 왜냐하면 십자가의 하느님은 동시에 모든 인간 실존에 이미 가까이 와 있기 때문이다. 그의 하느님은 초월적 피안에서 차안으로 돌입해 오는 초자연주의적 존재나 인간의 이성이 해명할 수 없는 곳에서 갑자기 소환되는 틈새의 신도 아니다. 기독교라는 종교의 담장 안에만 자신의 고유한 자리를 마련해 놓고 있는 그런 존재도 아니다. 그의 하느님은 모든 고뇌하는 실존에 이미 가까이 와 있으며, 실존의 고뇌와 불안과 죽음을 자신의 것으로 포용하고 계신, 속 깊고 품 넓은 하느님이시다. 참으로 살아계신 하느님은 예수의 십자가 죽음 안에서 고난당하고 죽임을 당하며, 이를 통해 인간 존재의 허무와 죽음과 고뇌를 자신의 것으로 담당하는 존재로 이해된다. "십자가에서 신은 예수와 함께 고난당하고 죽임당한 것이다. 그렇기에 십자가는 무의미성 한가운데서 밝혀지는 의미성이며 죽음의 관계 상실 한가운데서 새로운 신과의 관계가 생겨난 것이다"(전집 6: 329). 이제 구원은 실존 너머에서 찾을 것이 아니라, 실존의 무의미성과 고뇌, 그 안에 드리워져 있다.

4. 나가는 말

우리 시대는 무신론의 짙은 그림자가 일상화되어 버린 시대인 듯하다. 신의 밝은 은총을 낙관하기에 우리 시대의 슬픔이 너무나 깊고 크다. 신의 존재와 그 분의 은총보다 신의 부재와 버림받은 시대의 슬픔을 말하는 것이 오히려 한결 맘 편하다. 도대체 우리는 어떻게 하느님에 대해 말할 수 있으며 어떤 하느님을 말할 수 있을까? 우리 시대 신학의 제1 과제로서 우리 앞에 놓여 있는 이 물음에 선생님은 머리가 아니라 심장, 이론이 아니라 삶, 형이상학이 아니라 실존이 그 실마리가 될 수 있다고 말하는 듯하다. 그러면서 그는 머리와 이론과 형이상학이 만들어낸 신의 죽음을 니체로부터 듣고, 심장과 삶과 실존을 출발점으로 삼았던 도스토옙스키를 통해 새로운 출구를 열어놓는다.

선생님에게 절망과 좌절과 고통과 죽음이라는 실존의 어두운 측면을 배제하고 희망과 낙관과 환희와 행복에서 신의 모습을 발견하려는 일련의 시도들은 참다운 의미에서 무신론적이며, 우상숭배에 속한다. 그의 하느님은 절망과 좌절과 고통과 죽음이라는 실존의 깊은 어둠을 들춰냄으로써 인간을 참으로 실존하게 하고, 그럼으로써 인간을 참으로 구원한다. 이 하느님은 고전 유신론에서 그려진, 약함과 유한성과는 상관없는 관념적 초월자도 아니며, 인격과 실존을 배제한 채 객관적 자연과 역사에 대한 희망찬 약속만을 말하는 낙관의 신도 아니다.[22] 선생님의 하느님은 인간 존재를 참으로 실존하게 하시는 구원의 하느님이다.

여기서 '실존'이라는 단어는 객관적으로 관찰 가능한 삶의 부정성을 뜻하는 추상적 용어가 아니다. 여기서 실존은 동사적 의미로 읽어야 할 것이다. 실존한다는 것은 자신과 자신의 삶을 바로 자기 자신의 존재와 삶으로서 스스로 짊어지고 살아간다는 무한한 책임성의 의미로 이해되어야 한다. 이 무한한 책임성에서 회피하기 위해 인간은 온갖 우상을 만들어 내고, 그에게 책임을 떠넘기며 삶에서 자신을 빼내려고 하는지도 모른다. 하지만 예수 그리스도의 하느님은 인간이 도피한 죽음 속으로 자신을 던져 넣음으로써 종교와 유신론으로 도피한 평균적 인간의 우상숭배를 폭로하고, 죽음과 고통으로 오히려 우리를 초대한다. 하느

---

22) 몰트만 신학에 대한 비판은 『전집 6』, 11-21 중에서 특히 19-21 참조: "이 점에서 나는 소망을 잘못된 객관성에서 찾지 않고 신앙 실존의 자기이해의 표현으로 이해하여 〈믿음을 통하여 믿음에로 향하려고 하였던〉(through faith for faith) 불트만이 쿨만이나 판넨베르크, 몰트만보다 바로 소망을 이해했다고 본다"(21).

님은 실존의 괴로움이 예수 그리스도 안에서 하느님 자신에게도, 인간 자신에게도 낯선 것이 아님을 계시할 뿐 아니라, 오직 이 실존의 고통을 통해서만 실존의 참된 기쁨을 맛볼 수 있음을 말씀하신다. 실존의 고통을 실존의 기쁨으로, 좌절과 절망을 환희와 희망으로, 죽음을 생명으로 경험하는 신앙은 오직 예수 그리스도 안에서 죽임을 감내하신 하느님에 대한 신앙만으로 가능하다. 따라서 선생님은 "오직 예수 그리스도라는 초역사적이면서 역사적인 오직 하나의 점에서만 자신을 계시"(전집6: 243)하신다고 고백한다. 실존의 부정성을 있는 그대로 담아낼 수 있는 용기가 바로 신앙이며, 타인의 고통에 참여하는 힘이 곧 사랑이다. 여기서 하느님 신앙은 이제 관념이 아니라 실천으로 변화한다. 하느님을 신앙한다는 것, 그것은 곧 본회퍼와 마찬가지로 타자를 위한 존재가 되는 것을 뜻한다. "기독교가 말하는 인생의 참된 목적은 고난을 없이 하는 것이 아니라 예수의 사랑의 존재 양식에 참여하는 것이다"(전집7: 363).

정리하자면 선생님에게 하느님은 1) 인간의 현실과 동떨어진 또 다른 현실을 가진 초월자가 아니며, 초자연주의적 신이 아니다. 그의 신론은 기존의 유신론, 곧 기독교화된 형이상학적 신과는 궤를 달리한다. 2) 하느님은 이성과 관념으로 파악될 수 없으며, 사유와 언설의 객관적 대상으로 취급될 수 없다. 그런 식으로 신의 존재 유무를 논하는 것은 인간의 삶에 아무런 영향을 주지 못한다. 3) 하느님과 인간의 관계는 실존적이며, 이때 하느님은 고뇌하는 인간 존재에 이미 가까이 와 계신다. 인간 실존과 하느님의 연관성은 기존의 교리화된 신론 이전의 단계, 곧 인간 존재와 하느님의 근원적인 관계를 드러내고 있다. 4) 십자가의 하느님은 고뇌하는 실존으로 하여금 삶의 부정성을 하느님의 가능성으로 수용하게 하신다. 인간 실존에 참여하는 하느님은 인간의 고난과 죽음을 자신의 것으로 수용하는 사랑의 하느님이며, 이런 하느님에 대한 신앙은 곧 타인의 고통에 참여하는 사랑의 실천을 가능케 한다. 5) 하느님의 구원은 고통의 제거가 아니라 고통의 수용과 참여다.

선생님의 신론을 스케치하면서 나는 그의 신학이 참으로 다양하고 넓은 배경을 토대로 전개되고 있음을 알게 되었다. 신학자와 철학자뿐 아니라 현대의 여러 문학가와 선불교 학자에 이르기까지 그는 참으로 다양한 배경의 사람들을 신학함의 벗과 동행으로 삼고 있었다. 하지만 그의 신학이 서구적 사변 신학과는 달리 삶의 실존을 중시하고 있다면 틀림없이 그의 하느님 이해도 자신의 삶 토막과 깊이 연관이 되어 있을 것이라는 생각이 들었다. 물론 그의 하느님 이해가 다양한 학자들의 견해를 포용하면서 형성되고 있음을 간과할 필요는 없다. 하지만 그의 하느님 이해의 밑바탕에 놓여 있는 어떤 여성적인 포용성도 외면할 수 없었다. 예컨대, 그에게 하느님은 통치하고 다스리고 심판하는 이미지보다는 있는 그대로를 수용하고 품어 안고 함께 아파하는 여성적인 이미지를 지닌다. 더구나 예수의 십자가 죽음은 선생님에게 형벌과 대속이라는 전통적 교리의 틀 속에서 고착되어 있지 않다. 그에게 예수의 십자가 죽음은 인간의 부정성에 대한 하느님의 한없는 수용으로 이해되고 있다. 이 점에서 그의 하느님 이해는 형벌의 논리를 앞세운 가부장적 형상보다는 애틋한 모성적 형상을 지닌다고 하겠다. 나는 그의 모성적 신론이 어머니에 대한 회고와 맞닿아 있다는 사실을 알게 되었다. 못난 아들을 위해 새벽에 엎드려 기도하시던 어머니에 대한 그리움으로 그는 이렇게 고백한다. "당신 없는 오늘의 '나'를 도저히 생각할수 없다. 나는 어머니를 통하여 하나님을 보았다. 어머니는 내가 하나님, 사랑 자체이신 그 분(神)을 볼 수 있는 좋은 망원경이었다"(전집6: 341).

본 소고를 마치며 이런 견해를 언급하는 것은 선생님의 신론을 해명함에 있어, 어쩌면 내가 놓치고 있는 가장 큰 부분이 그의 삶이 아닌가 하는 생각 때문이다. 더구나 선생님의 신학은 서구 신학자들에 대한 날카롭고 예리한 분석과 비판을 담고 있을 뿐 아니라, 그 바탕에는 실존적 삶에 대한 깊은 통찰이 담겨 있음을 감지할 때, 그의 신학 또한 자신의 삶과 분리될 수 없다는 생각에 이르게 되기 때문이다.

신(神)의 장소에 대한 물음으로서의 신학

서 동 은

(경희대학교)

1. 거꾸로 된 신학: 교회 밖에는 구원이 없다
   (Extra ecclesiam nulla salus)?

지금 교회는 이문열의 소설『황제를 위하여』에 나오는 주인공처럼 세상 물정 모르고 자신만의 세계에 갇혀 있고, 교회 건축물의 좁은 창문 틈으로 세상과 마주하고 있다. 그러면서 밝은 빛 속에서 자유롭게 사는 세상 사람들을 향해 어두운 교회 안으로 들어와야 한다고 주장하고 있다. 독일 나치 정권을 피해서 스위스의 깊은 산 속으로 피해 숨어들어간 한 사람의 이야기가 있다. 그는 나치를 피해 숲 속에 숨어 들어가 혼자 살아남았다. 그는 전쟁이 끝나고 우연히 사람들에게 발견되었다. 사람들은 그의 사정을 듣고는 전쟁이 끝났으니 이제 밖으로 나와서 살아도 된다고 했다. 하지만 그는 이를 믿지 않고, 다시 산속으로 들어갔다.

그는 세상이 바뀌었음에도 여전히 이전의 세상 속에서 살아가고 있는 것이다. 오늘날 교회의 많은 성직자들은 예수를 "일요일의 아이돌(idol)"로 만들어 버림으로써 시대착오(anachronic)적이며 무(無)역사성의 세상 속에서 살고 있다.

기독교는 역사의 한 지점을 다른 모든 역사의 사건과 구별되게 배타적인 한 지점으로 고정시키고, 이곳에서만 역사성을 찾음으로써 다른 여타의 제도와 마찬가지로 편협한 이데올로기로 전락해 버렸다. 과거 역사적 예수/그리스도[1]의 일회성에 고정되어, 모두에게 기쁜 소식이 되어야 할 현재적, 미래적 예수-이야기(그리스도) 사건으로서의 역사성을 외면해 버렸다. 기독교의 계시 실증주의의 입장은 노아의 배 실재성 증명만큼이나 무모하게 과거에 집착해 있다. 이들은 역사의 한 지점을 절대시하고 신성시한다. 하지만 기독교의 역사성은 수학적인 한 점(點)으로서의 고착된 과거에서가 아니라, 다른 문화적 전통과의 대화 및 새로운 세계와 연관을 가질 때에만 그 가치를 발휘할 수 있다. 진정한 의미에서의 역사성은 시간의 불가역성이 아니라, 시간의 가역성 속에

---

1) 여기서 나는 기독교에서 고백하는 예수/그리스도의 의미를 두 가지로 해석함으로서 기존의 신학을 해체하고자 한다. 신학적으로 상식에 해당하는 이야기이지만 예수와 그리스도는 구별된다. 여기서 그리스도는 예수에 대한 메타적 사유에서 나온 개념이다. 다시 말해 후대 사람들이 역사적 예수에 대해 반성하면서 고백하는 신앙의 현실성으로서의 노에마이다. 이러한 의미에서 나는 예수에 대한 메타 이야기라는 의미로 그리스도의 의미를 사용하고자 한다. 이는 한편으로는 종교적 의미에서의 그리스도를 뜻하고, 그것이 인류 역사 가운데 등장하는 많은 이야기 가운데 하나라는 측면에서는 비종교적인 의미를 갖는다. 이 글에서는 역사적 유일회성을 지칭할 때에는 예수/그리스도로 표기하고 폭 넓은 의미에서 예수 그리스도 즉 예수와 그에 대한 메타작업으로서의 그리스도를 의미할 때에는 예수-이야기(그리스도)로 표기하고자 한다. 예수-이야기는 예수-그리스도라고 하는 특정한 역사와 문화적 배경에서 등장하는 하나의 메타 이야기만 존재하는 것이 아니라, 무수히 많은 사건으로서의 예수-이야기들이 존재함을 함축한다. 여기에서 유일회성으로서의 예수/그리스도는 예수-이야기(그리스도) 가운데 하나에 해당한다.

서 가능하다. 과거와 현재는 분리된 두 개의 점이 아니다. 공간적으로도 교회의 안과 밖은 분리된 두 개의 점이 아니다.

기독교는 신이 스스로 인간이 되었다는 복음을 다시 신성화 하여 배타적인 역사의 한 지점을 신성의 한 지점으로 고정함으로써 신의 계시의 장소를 교회에 한정시켜 버렸다. 그래서 인류 보편의 역사 가운데서 신의 모습이 나타날 가능성을 닫아 버렸다. 기독교는 교회를 경계로 하여 성(聖)과 속(俗)을 엄격하게 구분하고, 그에 따라서 선(善)과 악(惡)도 나눈다. 이러한 이원적 대립 구도에 의한 영역의 구분에 있어서는 유신론자들이나 이신론자(deist)들이나 같은 맥락에 서 있다. 이신론자들이 수학의 언어로 계시하는 신의 음성을 들은 후 신의 장소를 천상에 가둔 것처럼, 유신론자들은 신이 거주하는 장소를 역사의 한 지점 혹은 벽돌로 둘러쳐진 건축물에 제한시키고, 바깥 세상에 눈 감아 버렸다. 신이 인간이 되었다(incarnate)는 것은 세속의 한 복판에서 신이 걸어 다닌다는 뜻인데, 이에 대한 소식을 듣자마자 다시 신을 천상으로 보내 버린 것이다. 도스토예프스키의『카라마조프의 형제들』에 나오는 대심문관처럼.

칼 바르트의 신학이 이러한 대표적인 사례에 해당한다고 할 수 있을 것이다. 신의 시선에서 세상을 바라보는 관점에는 신이 주체이고, 인간은 언제나 객체로 머물러 있다. 여기에 거꾸로 된 주체, 거꾸로 된 신학이 있다. 이러한 신학은 하늘과 땅을 나눌 뿐 아니라, 교회와 세상을 나누어 대립을 구체화하고 적과 아군으로 나누어 갈등을 유발하며 폭력을 가져온다. 이러한 신학은 언제나 세상을 악의 축과 선의 축으로 나누어 전선을 형성하고 있다.[2] 우리는 결코 전지전능한 신의 시선을 가질

---

2) 아마르티아 센은 헌팅턴의 문명충돌론에 나오는 문화권에 대한 분류를 비판한다. 이슬람

수 없다. 인간은 유한하기에 다만 신이 살아있을 장소에 대해서 묻고 사유하면서 고민할 뿐이다.

예전이나 지금이나 교회는 교회 밖의 진리에 대해서 인정할 수 없었다. 그 이유는 교회 밖의 구원과 섭리를 인정하게 되면 진리에 대한 자신의 배타적 지배권이 흔들리기 때문이다. 역사적으로 보면 갈릴레이를 재판하던 교회는 이제 계몽주의와 근대과학의 자녀들에 의해서 재심을 받기에 이른다. 루터의 종교개혁이 만인사제설을 통해 가톨릭 사제의 배타적 독점을 깨트렸지만, 루터의 전통 역시 문제가 없는 것은 아니다. 루터는 당시의 자연과학적 성과를 인정하지 않았으며, '오직 믿음으로만'(sola fide)으로 세상을 이해하고, 이성을 배제함으로써 많은 문제를 가져오게 된다. 근대 이후의 자연과학은 이제 자신의 이성으로 기존의 종교를 충분히 재심사할 수 있는 위치에 이르게 되었음에도, 여전히 컴컴한 동굴(교회) 안에서 세상을 정죄하고 있다. 중세 시대에 교회가 자연과학에 배타적이었던 것처럼, 지금 교회의 신학은 인문학 곧 예술, 종교, 철학 등의 학문에 무지하며, 교회 바깥에 있는 사람들의 소리에 기울이지 않고, 오로지 '성스러운 장소'에서 신의 목소리만을 들으려고 하기에 사람들에게서 유리되고, 공감을 얻지 못하며, 죽은 유물 가운데서 누미노제를 느끼는 자폐적 세상에 갇혀 있다.

과 기독교 등으로 나누어 정체성을 구별할 경우, 각 문화에 사는 개인의 정체성을 일반화하여 원인 귀속 시키는 폭력이 가능해 질 수 있다고 말한다. 아마르티아 센, 『정체성과 폭력』, 이상환, 김지현 옮김, 바이북스, 2010. 89-112 참조.

2. 신(神)의 장소에 대한 물음

1) 깨달은 자로서의 그리스도 이야기(christo-logy)

칼 바르트(K. Barth)는 자유주의 신학의 전통에서 배웠음에도 불구하고, 이 방향에서 자신의 신학을 전개하지 않고, 전혀 다른 길을 간다. 하르낙(Adolf von Harnack)을 비롯한 당시 자유주의 신학은 신의 장소의 물음을 역사 속에서 찾았다. 자유주의 신학은 '역사 앞에서의 경외'(Ehrfurcht vor der Geschichte)를 말한다. 그들은 역사 한복판에서 신의 목적이 구현된다고 보았다. 이들에게 예수는 신의 역사적 목적 가운데 나타난 최고의 계시 담지자였다. 바르트는 성서에 대한 역사 비판학적 접근을 바탕으로 역사 가운데서의 신의 장소를 묻는 하르낙 등의 신학과는 반대로 성서 가운데 계시하신 신의 말씀만을 유일한 계시의 사건으로 받아들인다. 그는 역사 앞에서의 경외 대신에 신의 말씀을 내세우고, 인간의 의식에 기초한 신학 대신에 신의 계시를 내세운다. 바르트의 신학적 모토는 한 마디로 신이 성서에서 말씀하셨다는 사실을 증언하는데 있다. 신의 진리는 역사 가운데서 드러나는 것도 아니고, 인간의 경건한 의식에서 연역될 수 있는 것도 아니며, 무한자에 대한 철학적 개념에서 얻어질 수 있는 것도 아니다. 그는 신학자의 임무가 단지 성서에서 계시된 신의 말씀을 듣고 해석하는데 있다고 보았다. 그는 역사 비판학적 성서 해석이 자칫 인간적이고 자의적인 방법론이 될 수 있다고 보았다. 바르트는 성서 저자와 독자 사이의 역사적 거리와 간격이 전혀 존재하지 않고 투명하며, 인간은 유한하고 신은 무한하기에 질적인 거리가 있다고 주장하였다. 그에게 신은 전적 타자(totaliter

aliter)이다. 바르트는 이러한 신과 인간의 질적인 차이와 관련된 생각을 키에르케고르에서 배웠으며, 그의 철학은 새벽을 깨우는 아침의 닭 우는 소리와 같았다고 한다.

> "만일 내가 체계를 가지고 있다면 그것은 내가 키엘케고르의 소위 시간 과 영원의 '무한한 질적 차이'란 것의 부정적 및 긍정적 의미를 끝까지 지켰다는 것이겠다."3)

바르트는 신과 인간 사이의 접촉점 곧 신이 인간이 된(incarnate) 사건을 시간과 영원의 변증법 속에서 해결하려고 한다. 그는 예수/그리스도 사건이 질적으로 전혀 다른 알 수 없는 신의 세계가 인간의 현실에 수직으로 번개처럼 다가온 사건이라고 말한다. 번개처럼 다가왔기에 이 계시의 사건은 유한한 시간의 지점도 공간의 지점도 가지지 않는다. 이 사건은 사람들이 딛고 설 땅의 장소나 역사의 시간이 아니라, 수학적인 하나의 점(點)과도 같은 사건이다. 이러한 계시의 사실만이 신앙 대상이고, 인간이 자신의 의지로 뭔가를 하려고 하는 모든 행위는 종교이고, 일종의 우상숭배에 해당한다. 기독교 신앙 이외의 모든 종교는 인간이 신과 같이 되려는 반항에 해당한다. 바르트는 당시 자유주의 신학 사조를 위기로 간주하고, 위기를 넘어설 수 있는 대안을 계시 실증주의에서 찾았다. 이 과정에서 바르트는 성서를 인간의 책이 아니라 신의 거룩한 책, 계시의 책으로 보고, 인간적인 어떤 방법과 노력도 허락하지 않는 신학을 발전시켰다. 바르트에게 있어서 유일하게 역사적인 것이란 예수/그리스도의 계시 사건에서 번개처럼 등장한 점(點)적인 사건

---

3) 한국바르트학회 편, 『바르트 신학 연구』(대한기독교서회, 1970), 195에서 재인용.

뿐이다. 바르트는 이렇게 신의 장소를 유한한 인간과 다른 곳인 천상의 세계에 위치시킴으로써 구체적인 인간 문화의 삶과 터에서 신이 거주할 여지를 없애 버렸다. 그래서 인간이 신을 경험하는 길을 좁은 모래시계의 틈으로 좁혀 버렸다. 바르트와는 달리 역사적 인간의 행위의 한복판에서 신의 장소를 보려고 한 신학이 있다.

중세 신비주의 사상가 에크하르트는 '자기 비움'을 통해 누구나 다 신의 자녀가 될 가능성을 열어 놓았다. 그는 인간이 신의 아들로 탄생하는 사건을 그리스도의 탄생에 비유하고 있다. 그는 자신의 아집(Eigen-schaft)에서 벗어나 자기 비움(Abgeschiedenheit)을 통해 모두 신의 아들로 탄생할 수 있다고 보았다. 에크하르트 신학에서 핵심적인 위치를 차지하고 있는 것은 나의 영혼 안에서의 "신의 아들의 탄생"이라고 할 수 있다. 즉 내 안에서 예수 그리스도가 탄생하는 것이 가장 중요한 것이다. 신이 인간이 되신 이유는 에크하르트에게 있어 인간의 죄를 대속하기 위한 것이 아니라, 우리 모두가 신의 아들로 탄생하도록 하기 위한 것이다. 십자가에서의 신의 죽음은 우리가 세상에 대해서 죽고, 우리 안에서 예수와 똑같은 신의 아들 됨의 탄생을 위한 전거가 된다. 이처럼 에크하르트에게 있어 중요한 것은 나 자신이 신의 아들로 탄생하고 내가 신의 자녀가 되는 일이다. 그러므로 에크하르트에게 있어서 신의 아들의 탄생은 삼위일체의 내적 신비거나 혹은 한 특정한 인간에게만 일어난 예외적 사건이 아니라, 우리 모두의 사건이 되어야 한다. 그러므로 '신은 왜 인간이 되셨는가?'(cur deus homo)라는 신학의 고전적 질문에 대한 그의 대답은 간단하다. 모든 인간이 신이 될 수 있게 하기 위해서이다.[4]

---

4) 길희성, 『마이스터 엑카르트의 영성사상』(분도출판사, 2004), 237 참조.

그는 이단으로 정죄되었지만, 그의 신학은 오늘 우리에게 의미하는 바가 크다. 그는 과거의 예수/그리스도의 일회성을 넘어, 지금 여기 나에게서 일어나는 예수-이야기(그리스도)의 공시성을 강조한다. 그러니까 예수에 대한 해석은 이후 무수히 진행되는 그리스도 사건의 이야기(Kerygma)를 통해서 살아 있는 현존이 된다. 에크하르트의 신학은 루터의 신학에도 영향을 주었으며, 이에 따라서 인간 개인의 역사 속에서 실존적 결단을 통해 신에게 다가갈 수 있는 길을 열어 주었다. 신의 장소는 더 이상 천상이 아니라, 인간이 거주하는 인간 삶의 역사적인 곳이다. 신학자로서 순회 설교가로서 에크하르트는 신과 인간의 질적 차이를 강조하는 것이 아니라, 신과의 합일을 강조하고, 예수 그리스도를 본보기로 삼아(imitatio christi) 살아가는 오늘 나의 실존적 행위와 결단을 강조한다. 바르트는 신이 있고 신에 의해서 세상과 내가 존재한다고 생각하고, 그래서 내가 주체가 아니라 신이 주체라고 생각하지만, 에크하르트는 자기 비움을 통해 내 영혼 안에서 비로소 신이 탄생할 수 있다고 본다. 에크하르트에게 있어 주체는 어디까지나 '나'이다.

에크하르트는 구체적인 인간의 역사적 실존 가운데서 신의 장소를 보려고 하였다는 점에서 바르트의 입장과는 구별된다. 바르트에게 있어 신과 인간의 질적인 거리가 존재하는데 비해, 에크하르트에게 있어서는 이러한 거리는 거의 사라진다. 하지만 에크하르트 신학의 해석에도 논쟁점이 있다. 이것은 탄생 모티브와 돌파 모티브이다. 즉 에크하르트도 여전히 신과 인간의 차이를 아버지와 아들의 차이로 인정하느냐, 아니면 돌파(Durchbruch)를 통해서 아버지인 신과의 궁극적인 합일을 통해 이러한 이원적인 대립구도를 넘어섰는가 하는 점이다.5) 에

---

5) 에크하르트의 신학에는 이러한 이중성이 있다. 신과 아들의 유착된 관계로서의 합일이

크하르트와도 유사하게 인간 실존의 내재적인 초월을 강조하면서 불교적 관점에서 기독교와의 대화하면서 신의 장소를 묻는 시도가 있다.

야기 세이이치(八木誠一)는 그리스도 이야기를 분별지에 입각한 자아와 구별되는 참자아가 되는 과정으로 이해한다. 분별지에 따른 생물학적인 자아는 언제나 지배하려고 하고 자기 중심성에 고착되어 있는 자아라고 한다면, 참 자아로서의 그리스도는 자유로운 자아이면서 동시에 역사성의 토대가 되는 사건으로서의 자아이다. 야기는 갈라디아서 2장 20절에 있는 말 "하느님의 아들이 내 안에서 자신을 계시한다. 나는 죽고 그리스도가 내 안에 산다"라는 바울의 고백을 그리스도 사건의 전형으로 이해한다. 야기는 바울의 실존적 각성을 불교적 '깨달음'의 차원에서 수용하고 있다. 여기에는 교토학파의 사상가들이 자주 주목하는 빌립보서의 그리스도 찬가에 나오는 '자기 비움'(kenosis) 개념에 대한 해석이 전제되어 있다고 볼 수 있다.[6]

그의 신학의 목적이었는가 아니면 신성에로의 돌파모티브에서 알 수 있듯이, 신마저도 포기하는 절대적인 자기 부정의 신학으로 나아갔는가 하는 문제가 있다. 우에다는 이와 관련해서 독일에서 박사학위 논문을 쓴 바 있다. 독일신비주의 역사와 에크하르트의 탄생과 돌파에 관한 글로는 다음의 책에 나와 있는 니시다니와 우에다의 논문을 참조. 上田閑照 編, 『ドイツ神秘主義 硏究』, 創文社, 1982. 니시다니의 에크하르트 연구로는 다음의 책을 참조. 西谷啓治 著, 『神と絶對無』, 國際日本硏究所, 1971. 니시다니는 이 논문에서 에크하르트 신비주의와 선불교사상의 차이를 인정하면서도 에크하르트의 신학 사상이 기독교 불교 대화에 있어 가장 잘 부합한다고 본다. 이와 비슷한 사유의 방향에서 기독교와 선불교의 대화를 시도한 사상가가 가도와키이다. 이에 대해서는 다음의 책을 참조. 門脇佳吉, 『禪佛敎とキリスト敎神秘主義』(岩波書店, 1991).

6) 최근의 종교철학자들은 야기와 유사하게 그리스도를 절대화 하지 않고 역사 가운데서 등장했던 무수히 많은 성인 가운데 한 사람으로 보고 성육신(Incarnation)을 은유(metaphor)로 파악하고 있다. 이에 대해서는 다음을 참조. John, Hick, *Disputed Questions in Theology and the Philosophy of Religion*, Houndmills, 1933, 35-57; John, Hick, *The Metaphor of God Incarnate. Christology in a Pluralistic Age*, Louisville, 1933, 99-111. 이에 대한 폭넓은 논의로는 다음의 책을 참조. Leonard, Swidler,(ed.),

야기는 타키자와 카츠미(滝沢克己, 1909-1984)가 말하는 임마누엘로서의 제1의 접촉과 이를 자각하고 수용하여 신의 아들로서의 자각이 제2의 접촉으로서의 역사적 예수의 자각이었다고 보고 있다.[7] 이러한 제2의 접촉으로서의 자각은 이후 역사 가운데서 신의 아들이 되는 제3의 접촉의 전형이 된다고 보는 입장을 수용하면서 예수/그리스도의 유일성에 대한 기존의 입장을 비판적으로 고찰하고 있다. 여기서 야기는 예수 그리스도의 제2의 접촉에 강조점을 둔다. 사실상 아무리 신의 보편적 은총이 주어졌어도 이를 자각하는 새로운 결단의 순간이 없다면, 제1의 접촉도 사실상 존재하지 않게 된다.

그는 이렇게 말한다. "예수가 제일의 접촉에 눈뜨기 전에는 사실상 제일의 접촉이란 없었다고까지 말할 수 있다."[8] 이러한 사실에서 야기는 부활의 사건을 읽는다. 타키자와는 역사적 예수에서 그리스도로의 전환을 신성화로 이해한다. 여기에는 바르트적 요소가 여전히 남아 있다. 야기는 이것을 부활의 사건으로 이해하고 있다. 여기서 부활은 예수(의 참 자아)가 그리스도 사건을 통해 제3, 제4, 제5의 사건으로 재현될 수 있음을 뜻한다. 따라서 그리스도의 절대성 요구는 사라져야 한다고 그는 주장한다. 불교적 전통에서 보면 모두에게 불성이 있듯이, 모두 안에는 그리스도가 있는 것이다. 이를 자각하는 순간 부처가 되는 것이

Toward a Universal Theology of Religion, New York, 1987. 다나베는 신약성서에서 회개를 뜻하는 metanoia에서 그리스어의 meta+noesis에 어원을 두고 있다고 풀이하면서, 참회의 길로서의 철학의 길을 말하기도 한다. 이에 대해서는 다음의 책을 참조. 藤田正勝編, 『懺悔道として哲學』, 田辺元哲學選 II (岩波文庫, 2010).

7) 야기의 타키자와의 논쟁은 다음을 참조. 八木誠一, 『イエスの宗教』 (岩波書店, 2009), 29-31.

8) 야기 세이이치, 레너드 스위들러/이찬수 옮김, 『불교와 그리스도교를 잇다』 (분도출판사, 1996), 225.

며, 그리스도가 되는 것이다. 야기는 종교와 불교 두 종교 모두에서 분별
지를 넘어선 참 자아의 과정을 읽는다. 즉 그는 불트만의 신학의 배경이
기도 한 종교사의 관점 즉 불교와 기독교 안에서 신의 장소를 문제 삼고
있다. 야기의 이러한 사유는 대승불교 전통을 배경으로 하는 불교적
존재 이해에 근거를 두고 있다.

　야기는 프론트라는 개념을 동원해 불교적 연기의 세계관을 설명한
다. 그는 프론트 수여와 동화의 과정, 나와 주변, 나와 타자와의 공생적
관계에서 살아가는 유기체의 삶을 말한다.9) 나는 언제나 나의 주변 사
물 및 타인과의 관계의 그물망 가운데 있는 그 무엇이다. 나를 따로 떼어
서 생각하는 사고방식에 따라 분류하고 생각한다면 이 '나'는 실체적
유형에 입각해서 파악되는 '나'이다. 이러한 사유의 전형적인 예는 데카
르트의 철학에서 발견된다. 나를 따로 떼어서 생각하는 것에서 벗어나
상호 공생적 관계라고 하는 생명에 대한 이해에 이르렀다면 여기서 초
월의 프론트로의 이행이 일어난다. 여기서 이전의 생물학적 자아로서
의 몸은 여전히 남아 있지만, 새로운 몸으로서의 자아의 탄생이 일어난
다. 야기는 이러한 불교적 관점에서 바울을 이해하면서 기독교와의 접
점을 발견한다.10) 야기의 이러한 사유는 그 지향점의 차이에도 불구하

---

9) 야기의 프론트(Front)구조는 가다머의 지평(Horizont)개념과 유사하다. 그는 이를 불
　교의 연기적 세계관을 설명하는 모델로 도입하고 있는데, 가다머는 해석의 과정 자체에
　주목하여 해석을 통해 드러나는 존재 사건의 해석학적 정체성(Identitaet)에 관심한다.
10) 니시다는 『장소의 논리와 종교적 세계관』에서 "종말론적 평상저"라는 말을 사용하고
　있다. 평상저란 기본적으로 자기를 부정함으로서 (참된) 자기에 이름을 말하는 것이다.
　여기에 '종말론적'이라고 하는 기독교적 개념을 부가한 것은 죽음이라고 하는 자기부정
　성이 그 자체 안에 있음을 강조하기 위한 것이라 볼 수 있다. 절대부정 즉 긍정의 사실을
　말하기 위한 것이다. 하지만 니시다는 기독교적 의미에서의 대상적 종말론적인 것과는
　달리 내재적이고 초월적인 의미에서 "종말적 평상저"라는 말을 사용하고 있다고 말하고
　있다. 西谷啓治 編集,『西田幾多郎』, 現代日本思想大系 22. (筑摩書房, 1972), 427.

고 본질과 현상을 이원적으로 구분하여 사유하는 패턴에서 벗어나 사유하고자 하는 현상학적 사유와도 통한다. 노에마로서의 그리스도 사건이 일차적이며, 원 사실로서의 임마누엘(하나님이 우리와 함께 계시다)은 부차적이라고 보는 점 즉 제1의 접촉은 제2의 접촉을 통해서만 '사실'로서 드러날 수 있는 사건이 된다고 보는 점에서 그렇다. 야기의 신학은 신의 보편적 은총과 인간의 자유의지를 강조하는 감리교 신학과 연관을 가질 수 있다. 이는 또한 모두에게 불성(佛性)이 있고 이 불성에 대한 자각이 곧 깨달음이라고 이해하는 불교의 교리와 닮아 있기도 하다.

기존의 신학이 정신에 집중해서 시간성에 집중했다면, 야기의 장소적 기독론의 특징은 성서에 대한 실존적 이해 및 불교적 세계 이해를 바탕으로 구체적이고 종교적인 역사적인 현장으로서의 장소적 사건 즉 몸의 사건에 주목했다는 점에 있다고 할 수 있다.11) 야기의 신학은 신의

바로 이 점에서 기존의 기독교 이해와는 구별되는 니시다 나름의 독특한 기독교 이해가 있다. 정통 기독교에서 자주 비판하는 신비주의적 기독교 이해가 자리 잡고 있다. 니시다는 신과 인간을 두 개의 서로 다른 대상으로 전제한 상태에서 신과 인간 사이의 질적인 거리를 말하고, 신으로부터 인간을 설명해 가는 기존의 기독교 신학을 대상 논리에 입각해 대상적 이해라고 비판한다. 신과 인간은 기본적으로 떼어서 생각할 수 없는 "절대모순의 자기 동일"관계에 서 있다고 전제한다. 기존의 기독교 신학에서는 "신과 인간"의 대상적 이원성 그리고 신이 주체인데 비해서, 니시다의 기독교이해에서는 "신과 인간"의 관계가 그 초점이다. 신이 인간이 되었다는 것은 자기부정을 통해 진정한 자기로 거듭난 사건이기에, 자기 부정을 통해서 우리는 더욱더 신에게 가까이 다가갈 수 있다고 보는 것이다. 신은 나의 부정을 통해서 직접적으로 만나게 되는 역동적인 관계 그 자체이다. 니시다에게 있어 심령상의 사실이란 바로 이 관계 그 자체이며, 자각의 사실이다. 니시다에 따르면 신(神)을 개인의 체험 외부에 있다고 간주하고 대상으로 파악하면 이는 마법에 지나지 않는다. "거기에서 거기에로"라고 하는 평상저의 자각이 근원적인 사실이다. 그러니까 현실을 떠나서 별도로 종교라고 하는 특별한 세계가 존재하는 것이 아니고, 현실 그 자체가 곧 종교적 체험이라는 것이다.

11) 야기의 신학은 기본적으로 일본 교토학파의 사상과 그 맥을 같이한다고 할 수 있다. 그가 공(空)을 설명하면서 니시다니 케이지에 의존하고 있다고 밝히고 있듯이, 처음부터 불교적 세계관을 전제로 하여 이를 다른 종교 및 철학을 비판적으로 대화하려는 의도

장소 물음과 관련하여 기독교의 역사성을 실존적인 측면에서 파악할 뿐 아니라, 종교 문화적인 차원에서 이해할 수 있는 좋은 모범이 된다. 야기의 신학은 또한 바르트의 신학과 달리 역사성 및 신의 장소에 대한 물음을 개인의 실존적 초월에서 찾고 타종교로 그 외연을 확대하고 있다. 야기에게 와서 에크하르트에게 있어 논쟁점으로 남아 있는 신과 인간의 이원성 문제 및 역사성의 문제가 해소 된다. 과거의 역사적 일회적인 예수/그리스도는 더 이상 과거가 아니라, 오늘 현재의 실존적 문제 혹은 종교 간의 대화의 문제가 된다.

야기의 불교적 신학은 이 점에서 신 없는 신학의 가능성을 보여준다고 할 수 있다. 그의 신학은 개인의 '초월'을 강조하는 깨달음과 수행의 신학이라고 할 수 있다. 그는 깨달음에 따른 실천을 강조하지만 사회 경제적 제도적 악(惡)이나 국가 폭력의 문제에 대해서는 말하지 않는다. 물론 야기가 이러한 체험을 바탕으로 거룩한 공동체에 대해서 이야기 하기는 하지만, 일차적인 것은 '깨달음'에 있다. 야기의 불교적 신학(및 종교 간의 대화를 강조하는 대화 신학)의 약점은 문화적인 맥락에서의

가 강하게 남아있다. 이러한 사유의 패턴은 매우 국수적인 성격을 띠면서 나타난다. 일본은 서세동점의 시기에 아편전쟁을 매개로 서양 문물을 흡수한다. 하지만 어느 순간 서양을 배우려는 자세를 넘어 서양을 극복해야 한다는 방향으로 시선이 바뀐다. 일본형 오리엔탈리즘(Orientalism)인 옥시덴탈리즘(Occidentalism)을 넘어 자신의 문화에 대한 자신감을 바탕으로 서양의 사상과 비판적 대결을 한다. 하이데거에게 철학을 배우기 위해 유학을 떠난 와수지나 쿠키 등은 모두 서양을 배우기 위해서 라기 보다는 참조하기 위해서 간 것이다. 이러한 배경에서 나온 책들이 바로 교토학파 사상가들의 저서들이다. 이들은 선불교를 일본 고유의 전통으로 상정하고, 이것을 서양철학과 비판적으로 고찰하면서 체계화 한다. 야기가 연기적 세계관에 입각해 깨우침을 강조하면서 이에 입각하여 바울과 천태종 사상을 비교하는 것도 이러한 맥락에서 이해할 수 있다. 한국의 토착화 신학도 문제의식의 구도에서만 보면 이러한 범주에서 크게 벗어나지 않는다고 본다. 토착화 신학은 주로 한국적인 것을 찾고 이를 토대로 서양의 신학과 대결 및 대화하려는 시도였다고 본다.

사유에 정향된 나머지, 구체적인 역사 상황에서의 책임의식이 부족하다는 점이다.[12] 야기의 불교적 신학은 주로 분별지에 의한 자아와 분별지를 넘어선 참자아의 구도 즉 인도 철학 전통에서의 주제인 '깨달음'의 변증법에 주목하기 때문에 부당한 역사적 현실에 대해서는 책임적으로 응답하기 힘들다. 개인의 성화나 깨달음이 일차적인 관심사이기에, 과거의 이야기로서의 예수/그리스도를 단지 깨달음 차원에서 이해할 뿐, 구체적인 역사적인 상황에서의 예수-이야기(그리스도)를 대입시키기 힘들다. 여전히 종교 밖의 세계에서 일어날 수 있는 '초월'의 가능성에는 닫혀 있다고 할 수 있다. 즉 신의 장소를 종교(사)의 맥락에서만 보고 있는 것이다. 이는 바르트 및 에크하르트의 신학에도 해당된다. 하지만 예수-이야기(그리스도)는 나의 실존에만 한정해서는 안 된다. 세상에서 일어나는 역사적 사건을 예수-이야기(그리스도)와 유비적으로 이해하는 신학적 사유가 필요하다. 이 세상 한복판에서 일어나는 신의 장소를 발견해야 하는 과제가 여기에 있다. 종교사의 맥락에서 깨달음도 중요하지만, 구체적 역사의 사건에서의 예수-이야기(그리스도)에 대한 인식도 중요한 것이다.

2) 억울하게 희생된 예수-이야기(Jesus-logy)

구약성서에서의 희생 제사 전통은 신약성서의 히브리서 저자에 의해서 새롭게 재해석된다. 어린양을 잡아 신과 화해하려는 전통에 따라서 예수의 한 번의 희생으로 더 이상 제사가 필요 없게 되었다고 역설하

---

12) 변선환은 야기 세이이치의 신학을 평가하면서 신학이 엘리트의 정상회담과 같은 대화를 넘어서 역사적 현실가운데서 사회 변혁을 일으키는 신학의 되어야 함을 말하고 있다. 변선환아키브 편, 『변선환 전집 2』(한국신학연구소, 1997), 224-227 참조.

는 히브리서 저자는 희생 제사를 당연하게 여긴다. 아무도 희생 제사의 희생물의 입장에 대해서는 묻지 않는다. 왜 하필 어린양이? 왜 하필 이삭이? 왜 하필 예수가? 화해하기 위해서 아무런 죄 없이 왜 누군가가 희생양이 되어야 하는가? 왜 나치에 의해서 유대인이 억울하게 그렇게 많이 희생되었는가? 히브리서 저자는 역사적 예수의 십자가 사건을 구약의 희생 전승과 연관하여 재해석하고 있는데, 이는 매우 무책임한 처사이다. 마치 예수의 단 한 번의 희생을 믿기만 하면, 모든 것이 해결될 듯이 처리한다. 히브리서 저자의 믿음에는 구체적 실천이 부가되어야 한다. 단지 믿는 것이 아니라, 실천이 뒤 따른 책임적 행동이 있어야 한다. 단순한 믿음에만 호소하는 것은 사태를 너무 왜곡시킬 우려가 있다.

희생 제물은 자주 기득권자들이 존재하지 않는 것 같은 미천한 것을 희생 제물로 삼아 자신의 권력을 지속시키는 데 이용된다. 희생 제사를 통해 서로 화해하려는 두 주체는 권력자와 신이다. 여기서 신의 입장을 제외하면, 희생 제사를 수행하는 사람의 권력만 남는다. 희생자를 만들어 신과 교환 행위를 함으로써 인간의 권력이 공고화된다. 과거 제정일치 시대의 모든 권력자는 제의와 통치의 대표자였다는 점을 감안해 보면, 서양 근대 이전의 권력은 신의 대리자로서의 제의라는 이데올로기를 통한 권력이라고 할 수 있다. 억울한 희생을 발판 삼아 교묘하게 권력을 지속한 사례도 있다. 9·11 테러 이후 조지 W. 부시가 애국자 법에 호소하여 반(反)이슬람 정서를 만들어 문제를 해결하는 것이 이에 해당한다. 이후 다수의 사람은 여러 추모 제사를 만들어 추모비를 세우고 거기에 이름을 새겨 넣는 것으로 희생자의 애도를 '마무리'한다. 이러한 소박한 해결책에는 왜 그러한 테러가 일어났으며 앞으로 이 문제를 어떻게 해결해야 하는가에 대한 가장 근원적이고 실천적인 의제가 빠져 있다. 희생자의 희생을 진정으로 슬퍼하는 애도의 윤리란 단지 머릿속으로 생각하는 기억하는 정신만의 문제가 아니라, 나의 몸을 미래에 어디에 두어야 할 것인가 하는 나의 몸의 장소성 문제와 밀접한 연관을 가진다. 이것은 자신의 몸이 이제 어디로 향해야 하는지에 대한 실천적인 물음과 연계되어야 한다.

오늘날 행해지는 추모제, 기념제 등에는 지나간 역사를 기억하여 그 본래의 역사성을 살리고자 하는 의도가 들어 있다. 예수의 죽음 이후에 기념과 제의로 생겨난 교회는 오늘도 그의 역사성을 '제사'(예배)에서 그 명맥을 유지하고 있다. 이러한 예배는 베드로와 같은 '겁 많은 자들의 용기'에서 시작되었다고 해도 과언이 아니다. 베드로처럼 당시 예수를 따라다녔던 제자들은 예수와 같은 사람으로 몰려 위험에 빠질까봐 두려워했다. 사실 예수를 따르던 사람들은 예수가 살아있을 당시에는 그를 잘 이해하지 못했다. 그러나 그가 십자가에 달려 죽은 후에 예수의 실천을 이해하게 되었고, 그의 삶을 살기로 결단하게 되었다. 그러면서 예수는 하나님의 아들로서 그리스도로 고백된다. 그가 신성화된 것이다. 직접 예수를 보지 못한 바울이 그리스도가 자신 안에 살고 있다고 고백하는 것도 이러한 관점에서 이해할 수 있다. 이들은 모두 예수에 대한 추모와 애도의 윤리를 실천하고자 했다. 신의 일을 하겠다고 하면서 예수와 더불어 살다가 자신들이 믿고 따랐던 제자들은 스승이 죽임을 당하자 모두 흩어졌고, 시간이 지나자 그를 추모하는 모임이 만들어지고 자신들만의 기념일을 만들어 오늘에 이른 것이다. 초대교회에서부터 지금까지 지속된 이 예배는 자신들이 살지 못했던 삶에 대한 후회와 자책을 담고 있다.13)

에크하르트의 이단 심문도 그렇고 역사적으로 존재했던 거의 모든 이단 논쟁 및 종교재판은 권력의 공고화와 관련이 있다.[14] 교회 공동체의 모임은 이러한 '죄 없이' 죽은 희생자들에 대한 공감(共感)에서 출발한다. 그리고 그러한 삶을 살지는 못하지만, 그저 예배하는 것으로 실천하지 못하는 자신의 삶에 대한 면죄부를 받고자 한다. 그리고는 다시 자신이 살던 일상으로 되돌아간다. 사순절에 특히 금요일과 일요일을 정점으로 해서 기념하고 다시 일상으로 돌아간다. 사람들에게는 추모비를 건립하거나 기타 여러 추모 행사를 함으로써 그러한 희생자에 대한 책임에서 벗어나고자 하는 심사가 있다. 희생자는 두 가지 형태가 있을 수 있다. 하나는 의롭게 살다가 억울하게 희생된 사람이고, 다른 하나는 잘못된 사회 정치 시스템 곧 국가 폭력에 의해서 죄 없이 희생된 사람이다. 전자의 희생자가 자신의 모범이었다면, 그를 추모한다는 것

---

13) 오늘날의 예배에서는 다른 의미에서의 죄책감이 지배한다. 오늘날에는 예배가 교회 밖에서 죄 짓고, 잠시 일요일에 교회에 와서 십일조(감사) 헌금의 희생으로 일주일의 죄를 탕감 받는 형식을 위한 퍼포먼스가 되기도 한다. 실재로 이들은 신이 십일조 받고 자신의 현재의 직업(권력)기반을 지켜 준다고 믿는다. 또한 자신의 현재의 부(富)가 희생 제사(예배)에 대한 보은이라고 생각한다. 물론 이러한 예배가 주는 치유 효과도 배제할 수는 없다. 실용주의 철학자 윌리엄 제임스는 교회에서 나오는 신도들의 행복한 표정을 보며, 예배의 내용이나 예배 대상의 실재성 여부와 관계없이, 각자에게 긍정적인 영향을 주면 가치 있는 일이라고 평가하기도 한다.

14) 이에 대해서는 베른하르트 벨테의 다음 부분을 참조. Welte, Bernhard, *Meister Eckhart - Gedanken zu seinen Gedanken, Mit einem Vorwort von Alois M. Haas*, Basel, 1992. 249-261 참조. 이단 시비를 둘러싼 여러 가지 문제를 베른하르트 벨테(B. Welte)는 후기 비트겐슈타인의 언어 게임(Sprachspiel)에 입각해서 설명한다. 즉 기득권자들이 볼 때에는 규칙 위반이지만 에크하르트의 언어는 그 콘텍스트를 감안하면 얼마든지 이해될 수 있는 언어들이라는 것이다. 즉 반대자들의 언어게임은 "대상적 단순화의 언어 게임"이고 에크하르트의 언어 게임은 "변증법적으로 매개 된 경험에 입각한 열정적인 언어로 된 언어 게임"이라는 것이다. 에크하르트가 정죄된 것은 서로 다른 언어 게임의 산물이라는 것이다. 변선환 교수가 종교재판에서 출교된 것도 이러한 맥락에서 이해할 수 있다.

은 그의 삶의 모범을 따라 사는 것이 진정한 추모일 것이다. 후자의 경우처럼 희생자가 우연히 잘못된 정치에 희생되었다면, 다시는 그러한 일이 발생하지 않도록 책임 있는 시스템을 만들어 가는 삶을 사는 것이 진정으로 그를 추모하는 일이 될 것이다. 마태와 마가의 신학은 예언과 성취라고 하는 관점에서 역사성의 의미를 담아내고 있지만, 이들의 역사성의 이념은 너무 멀리 나갔다. 히브리서 저자의 제사장 그리스도론과 마찬가지로 묵시문학과 연관된 마태와 마가 등의 메시아로서의 그리스도론은 현실의 문제를 초인이나 미래의 어떤 '권력자'에 기대어 '신앙의 이름으로만'(sola fide)만 해결하려고 했다는 점에서 한계를 가진다. 혹은 저 세상의 현실을 만들어 종말 이후로 도피함으로써 현실의 책임에서 벗어나고자 하기에 역사적 책임에서 멀어졌다.

요한과 바울의 신학이 전하고자 하는 예수 이야기(kerygma)는 바로 지금 현재의 우리가 따라야 할 중요한 전거를 제공한다. 불트만과 바디유[15])는 각각 초대 기독교인들의 종말 이해와 바울의 부활 이해에서 각각 예수–이야기를 실존적으로 읽어 내지만, 종말(parusia)이나 부활 사건을 매개로 과거의 예수/그리스도를 실존적으로 해석하고자 하는 초점은 여전히 '깨달음'의 주체에 머물러 있다. 물론 이러한 새로운 영성의 차원이 중요하지 않는 것은 아니지만, 그러나 이러한 깨달음에는 단순한 주관적 종교적 자각을 넘어서 이루어질 수 있는 가능성이 닫혀 있다. 이는 누구나 다 어느 곳에서든 신의 은총 가운데서 자신과 주변을 자각할 수 있다는 사실을 제한할 수도 있다. 이러한 신학적 사유에는

---

15) 바울의 부활 이해에서 제국에 맞서는 새로움의 가능성을 보는 바디유의 바울 해석은 그의 진리론의 가운데 하나의 축을 형성한다. 이에 대해서는 다음의 글을 참조. 서동은, 「바디유의 진리존재론 — 그의 바울해석을 중심으로」, 『새길 이야기』(도서출판 새길, 2013), 94-103.

종교적인 틀을 넘어 비종교적 사유와 타자와의 연대 가능의 문제가 망각되어 있다. 여기서는 종교적인 차원에서의 죄책감만 있지, 타자와의 연대 부재에서 오는 죄에 대한 반성이 결여 되어 있다. 야스퍼스는 인간으로서 져야할 연대의 의무를 실천하지 않았을 때의 죄를 다른 형사적인 죄, 도덕적인 죄 등과 구별하여 형이상학적 죄[16]로 규정하기도 한다.

헤겔은 그의『역사철학』에서 인류의 역사를 자유 확대의 역사로 보면서 다수의 자유가 실현되는 민주주의에서 역사가 완성된다고 보았다. 그는 신명기학파 이래의 기독교의 섭리 사관을 이성을 매개로 한 보편사로 해석하였다. 신적 섭리의 플롯이 이성에 의한 플롯으로 바뀐 것이다. 헤겔은 나폴레옹의 등장을 정당화하는 이데올로기로서 자신의 역사 철학을 전개하지만, 사실상 기독교 역사신학의 근대적 적용이라고 할 수 있다.[17] 이와 비슷한 역사신학을 전개한 사람이 바로 오스카 쿨만이다.[18] 함석헌은『뜻으로 본 한국역사』에서 한반도를 고난 받는 종으

---

16) 카를 야스퍼스/이재승 옮김,『죄의 문제-시민의 정치적 책임』(앨피, 2014), 87. 야스퍼스의 형이상학적 죄 개념을 칸트가 정언명령을 말할 때 이웃을 도울 의무를 해도 되고 안 해도 되는 불완전 의무로 할당하는 것과는 달리 매우 적극적으로 규정한다.

17) 헤겔의 역사철학에 대한 신학적 접근으로는 다음의 책을 참조. Hans, Kueng, *Menschwerdung Gottes-Eine Einfuehrung in Hegels theologisches Denken als Prolegomena zu einer kuenfutigen Christologie*-, Muenchen, 1989. 이와는 달리 헤겔의 역사철학을 인륜성(Sittlichkeit)개념에 따른 종의 논리로 파악하는 입장도 있다. 藤田正勝 編,『種の論理』, 田辺元哲學選 I. (岩波文庫, 2010).

18) 쿨만의 구속사 개념에 대해서는 다음의 책을 참조. 오크카 쿨만,『그리스도와 시간-초기 기독교의 시간관 및 역사관』(신태양사, 1978). 또한 바르트 신학에서 출발하면서도 불트만과 하이데거를 매개로 신학을 전개하고 있는 오트의『역사와 구속사』의 책도 참조. 이 책의 원 제목은『불트만의 신학에서의 역사와 구속사』이다. 이 책은 오트의 본격적인 불트만 연구서이다. 하인리히, 오트,『역사와 구속사』(신태양사, 1978). 이후 오트는 불트만의 하이데거 해석과 자신의 해석의 차이점에 주목하면서 논쟁을 벌인다. 불트만은 주로『존재와 시간』에 나타난 실존 개념에 입각하여 자신의 신학을 전개하는데 비하여, 오트는 후기 하이데거 즉 사유의 측면에 초점을 두면서 신에 대한 사유를 기도로

로서의 예수-그리스도를 예수-이야기(그리스도)의 맥락에서 유비적으로 이해하면서 역사성의 의미를 찾고 있다. 홀로코스트 이후 레비나스를 비롯하여 여러 신학자들이 신학에서 죄 없이 고난 받는 유대인을 매개로 없이 있는 존재를 통해 역사(役事)하시는 신적 섭리의 플롯을 만들어 가듯이, 구체적인 역사적 상황을 책임의 상황으로 해석하며 그에 응답하려는 책임적인 결단이 필요하다. 과거 팔레스타인 땅에서 일어났던 예수/그리스도 사건과 세월호 사건, 메르스 사건에 의해 희생된 사람의 죽음은 죄 없는 사람의 죽음, 억울한 죽음이라는 점과 제도적 폭력에 의해 희생당했다는 점에서 닮아 있다. 진정한 의미에서의 역사성이란 인류(및 세계)의 미래와 관련된 책임적인 결단과 더불어 그것의 과거를 재해석하여 반성할 때에만 가능하다.

3. 역사성의 문제

하이데거가 『존재와 시간』에서 역사성에 대해서 말할 때, 그가 염두에 두고 있는 것은 미래적 기반을 중심으로 한 시간 이해이다. 후설의 지향성 개념과 그에 따른 시간 개념을 역사성 개념으로 확대 이해한 것은 하이데거의 공헌이라고 할 수 있다. 우리는 시간이 과거에서 현재를 지나 미래로 '흐른다'고 생각한다. 마치 강물이 위에서 아래로 흐르듯이 그렇게 흐른다고 생각한다. 하지만 우리들이 경험하는 또 다른 시간의 측면이 있다. 우리는 죽음에의 선구를 통해서 현재를 이해하고 그에 따라서 과거를 이해하기도 한다. 후설은 종소리를 예로 들어 인간 경험

이해하는 신학을 전개한다.

의 시간 구조를 밝힌 바 있다. 그에 따르면 우리가 종소리 혹은 음악을 이해할 수 있는 것은 방금 전에 울린 소리를 기억하면서 지금 현재의 소리에 집중하면서 동시에 그 다음에 올 소리를 기대할 때에만 종소리가 종소리로 들리고 음악이 하나의 통일된 음악으로 들릴 수 있다. 이러한 시간 이해는 멀리 아우구스티누스의『고백록』에 나오는 기억과 기대를 수렴하는 현재적 시간 이해로서의 주관적 시간 이해를 연상시킨다. 하이데거는 후설의 이러한 시간 이해에서 기독교의 철저종말론에 가까운 의미에서의 파루시아 곧 죽음에의 선구를 통한 미래적 계기를 전면에 강조한다. 그에게 있어 인간이 실존한다는 것은 바로 이러한 파루시아 상태에서 존재를 이해하며 산다는 것을 뜻한다. 이것을 해석학적 상황으로 옮겨와 이해하면, 우리가 어떤 것을 이해한다는 것은 자신의 '종말' 앞에서 자신의 문제로 가져와 이해한다는 것을 의미한다. 이미 우리는 죽음이라고 하는 미래적(현재적) 계기 앞에서 무언가에 관심(Sorge)을 가지며 살아가고 있는 것이다. 만약 자신의 미래와 관련하여 현재적 관심이 매개되지 않는다면, 과거도 파악될 수 없다.[19]

우리가 이전에 썼던 것을 다시 읽을 때나 이미 보았던 영화나 책을 다시 볼 때 이전과는 다른 점을 보고 새롭게 이해하게 되는 것은 바로 우리의 해석학적 상황이 바뀌었기 때문이다. 우리가 성서를 이해하고 해석할 때, 새롭게 해석할 수 있는 가능성은 바로 이러한 해석학적 상황에서 유래한다. 이러한 상황 때문에 과거의 텍스트는 오늘 우리에게 말 걸어 올 수 있게 된다. 그렇지 않다면, 과거의 텍스트는 언제나 단일

---

19) 다나베는 하이데거의 이러한 죽음 이해를 비판한다. 이에 대해서는 다음의 책과 논문을 참조. 藤田正勝 編,『死の 哲學』, 田辺元哲學選 IV (岩波文庫, 2010). 서동은, "삶의 존재론인가 죽음의 변증법인가? ― 하이데거의 죽음이해에 대한 다나베 하지메의 비판",「존재론 연구」26집, 2011.

한 코드와 단일한 의미로 우리 앞에 있을 것이다. 성서가 역사적인 텍스트일 수 있는 것은 우리가 그것을 오늘의 상황에 현재로 반복(Wieder-holung, 다시 가져옴)할 수 있기 때문이다. 역사성의 진정한 의미가 실현되는 것은 바로 이 지점이다. 만약 시간이 과거에서 현재를 지나 미래로 흐른다고 한다면, 역사는 통시적인 역사의 한 지점에 머문다. 하지만 역사가 역사로서 살아 있는 역사가 되어 역사성을 가지는 것은 현재의 해석자에 의해서 매개 되는 역사의 공시성 때문이다. 이러한 역사성 이해의 저변에는 시간 이해의 차이가 자리 잡고 있다. 그리스도가 오늘 우리에게 말 걸어오는 것은 바로 이러한 역사성을 전제로 한다. 앞에서도 말했듯이 그리스도를 과거의 역사로 소급하는 과정에는 점(點)적인 시간 이해가 자리 잡고 있다. 이러한 시간 이해의 틀에서 우리는 결코 과거의 시간으로 되돌아갈 수 없다. 여기서 시간은 불가역적이다. 하지만 공시적인 시간 이해의 틀에서는 시간은 얼마든지 가역적이다.

오늘날 재현, 재해석, 반복이라는 말로 언급되고 있는 미메시스(mimesis)라는 개념은 원래 모방이라는 어원을 가지고 있다. 하지만 우리가 어떤 것을 있는 그대로 모방한다고 해도, 완벽하게 똑같이 모사할 수는 없는 노릇이다. 모방의 과정에 주관이 개입하여 모방은 창조가 되고 때로는 반역이 된다. 통시적인 틀에서 보면 이러한 창조와 반역은 존재하지 않는다. 하지만 공시적인 틀에서 보면, 우리는 그리스도의 재현자가 될 수 있다. 만약 이러한 가능성이 열려 있지 않다면, 그리스도는 그저 과거에 있는 그리스도 일뿐이다. 과거의 한 점으로서의 역사는 오늘 우리의 해석을 통해 의미 있는 역사성을 획득하게 되는 것은 바로 이러한 시간 이해와 역사성 이해의 틀에서 비로소 가능하다. 흔히 사람들은 나의 바깥에 있는 어떤 사물이나 과거의 텍스트 및 과거의 사건들이 '객관적으로 나의 밖에' 존재한다고 생각한다. 이것이 후설이 말한 자연적 태도이다. 하지만 사물이나 텍스트 혹은 역사상의 사실들은 그렇게 존재할 수가 없다. 사물이나 텍스트 및 과거의 '사실'(Tat-sache)은 나의 '사안'(Sache)이 될 때에만 현존한다. 다시 말해서 텍스트는 나에 의해서 '이해'될 때에만 현존하는 것이다. 이것은 단지 버클리 식의 독아론을 의미하지 않는다. 유일회성으로 고백되는 사실로서의 예수/그리스도는 예수-이야기(그리스도)는 나의 현재의 삶의 이야기와 결합되는 한에서만 의미를 갖게 되는 것이다. 만약 이러한 연속성이 존재하지 않는다면, 과거는 그저 박물관에 저장되어 있는 과거의 유물에 불과할 뿐이다. 과거의 한 지점에 고착되어 그것의 배타성을 주장하는 순간, 진정한 의미에서의 주체성이란 존재하지 않으며, 역사의 한 점이 주체가 되고 나는 그것을 따르는 맹목적 주체, 주체 아닌 주체로 전락해 버린다. 진정한 역사성이란 현실 세계에 대한 주체의 자유로운 결단을 통해 미래에 개방될 수 있는 가능성이 있을 때 가능하다.

4. 교회 밖에 구원이 있다!!

바르트는 루돌프 오토 및 슐라이어마허의 신학을 비판하며 인간의 의식 안에서 경험되는 신성을 거부하고 비판했는데, 이들은 오히려 역사 속에서 등장하는 신과의 접촉점을 문제 삼음으로써 기독교의 정체성을 살리고자 하였다. 성스러움에 대한 논의가 특정 종교 안의 사건으로만 이해된다면, 배타성에 갇힐 우려가 있다. 흔히 사람들은 기도를 교회에서 하는 것으로 생각하는 경향이 있다. 기도가 되려면 특정한 장소에서의 신과의 관계로 생각하거나 적어도 특정한 태도를 취해야 한다고 생각한다. 바리새인들이 생각하는 기도가 바로 이러한 기도이다. 은밀하게 골방에 가서 기도하라는 예수의 가르침은 이미 성스러움의 영역으로 존재하는 기도를 해체하고 있다. 즉 기도는 교회에서만 하는 것이 아니라는 것이다. 기도는 물론 절대자 앞에 무릎 꿇는 행위이다. 많은 사람이 자신의 문제를 해결해 달라고 기도한다. 겸손하게 무릎 꿇고 절대자 앞에서 간절하게 비는 행위가 기도이다. 기도란 마치 인간의 사랑이 실현되기 위해 에로스 신이 쏜 큐피드의 화살을 맞아야 하듯이, 신의 사랑과 은총을 입기 위해 이쪽 편에서 저쪽 편을 향해 화살을 쏘아 올리는 것과도 같다. 이렇게 기도하는 삶 그 자체가 틀린 것이 아니다. 심각한 실존적 위기 앞에서 자신의 이야기를 들어줄 타자가 없었다면 자신을 지탱하기 힘든 상황도 분명히 존재한다.[20] 이러한 기도도 있지만, 자신의 안녕과 행복을 위해 하늘을 향해 화살을 쏘는 사람도 있다. 또한 사랑이 넘치는 세상이 되게 해달라고, 왜곡된 역사를 바로잡게 해달라고 화살을 쏠 수도 있다. 하지만 이것만이 기도라고 하는 편협한 생각은 문제가 있다. 사람들이 모두 그렇게 기도하는 것은 아니다. 오래된 기도라는 제목의 시가 있다.

---

20) 박완서는 신이 존재하는지 여부는 유한한 인간으로서 알 길이 없지만, 자신이 처한 상황에서 하소연할 신이 없었다면 견디기 힘들었을 것이라고 말하고 있다. 이와 관련해서는 다음의 책을 참조. 박완서, 『한 말씀만 하소서』 (세계사, 2004).

오래된 기도[21]

이문재

가만히 눈을 감기만 해도
기도하는 것이다.

왼손으로 오른손을 감싸기만 해도
맞잡은 두 손을 가슴 앞에 모으기만 해도
말없이 누군가의 이름을 불러주기만 해도
노을이 질 때 걸음을 멈추기만 해도
꽃 진 자리에서 지난 봄날을 떠올리기만 해도
기도하는 것이다.

음식을 오래 씹기만 해도
촛불 한 자루 밝혀 놓기만 해도
솔숲 지나는 바람 소리에 귀 기울이기만 해도
갓난아기와 눈을 맞추기만 해도
자동차를 타지 않고 걷기만 해도

섬과 섬 사이를 두 눈으로 이어주기만 해도
그믐달의 어두운 부분을 바라보기만 해도
우리는 기도하는 것이다.

---

21) 이문재, 『지금 여기가 맨 앞』(문학동네, 2014), 14.

바다에 다 와가는 저문 강의 발원지를 상상하기만 해도
별똥별의 앞쪽을 조금 더 주시하기만 해도
나는 결코 혼자가 아니라는 사실을 받아들이기만 해도
나의 죽음은 언제나 나의 삶과 동행하고 있다는
평범한 진리를 인정하기만 해도

기도하는 것이다.
고개 들어 하늘을 우러르며
숨을 천천히 들이마시기만 해도.

시인의 시선은 우리가 어려서부터 너무 잘 알고 있는 친숙한 사물들 그렇지만 세상사에 휘둘려 잊고 살았던 것들을 하나씩 꺼낸다. 그리고 이러한 사물에 대한 응시를 '오래된' 기도로 명명한다. 시인은 여기서 우리 주변의 친숙한 것들에서 '거룩한' 것들을 읽고 있다. 불트만과 하이데거를 연구하고, 후기 하이데거의 사유 틀에서 신학을 전개하고 있는 하인리히 오트는 '기도로서의 신학'을 말한다. 그에게 있어 기도란 신에 대한 사유이다. 그는 사유의 경건성(Froemminkeit des Denkens)을 말하는 후기 하이데거의 개념을 신학적으로 수용하여 신에 대해 사유하기만 해도 기도하는 것이라고 하는 관점을 제시하였다. 그에게 있어 신앙이란 교회 안에서 통용되는 숭배(religio)가 아니라, 누구나 다 신에 대해서 사유한다는 사실 그 자체만으로 신앙인 것이다. 이러한 사유는 물론 매우 개방적이긴 하지만 여전히 '신에 대한 사유'라고 하는 단서가 전제되어 있다. 여기에는 무신론에서의 주체적인 신앙 가능성은 배제되고 있다. 이 시에 우리는 각자의 경험에 따라서 더 많은 것들을 더

첨가할 수 있다.

바울은 일찍이 기독교인의 세상과 관계 문제에서 마치 기독교인이 아닌 것처럼(hos...me)[22] 살아야 한다는 기독교인의 윤리를 말한 바 있다. 빛처럼 소금처럼 세상 속에 녹아져 살아야 한다는 말이다. 본회퍼는 그의 『옥중서신』에서 다음과 같이 말한 바 있다. "예수는 새로운 종교로 우리를 부르지 않고 삶으로 부른다."[23] 지금의 상황은 교회가 세상을 걱정하는 상황이기보다는, 세상이 교회를 걱정하는 상황이다. 지금은 세상의 모든 가치들이 교회의 가치들을 충분히 심사할 수 있는 위치에 서 있다. 교회가 이미 세상의 심판자들에게 심사해 달라고 요청하고 있는 상황이다. 오늘날 우리는 어쩌면 다음과 같이 말해야 하는 시대에 살고 있는지도 모른다. '교회 밖에도 구원이 있다'고 교만하게 말하는 것이 아니라, '교회 밖에 구원이 있다'고 말이다. 나는 이렇게 신의 장소성의 물음에 대해서 고민하는 사람들을 '성숙한 그리스도인'이라 부르고 싶은데, 성과속의 이분법 속에서 교회 안팎을 넘나드는, 그리고 과학적 인문학적 사유를 무척이나 귀찮아하고, 매일매일을 단 하나의 책 '성경'에 의지하지 않고는 제대로 교회에서 직장생활을 할 수 없는 천민자본주의의 이데올로그들과 대심문관들은 이러한 사람들을 아마도 '이단'이라고 부르고 싶을 것이다.

---

22) 이 단어가 나오는 원문은 다음과 같다. "나는 그리스도의 법의 지배를 받고 있으니 실상은 하느님의 율법을 떠난 사람이 아니지만 율법이 없는 사람들을 대할 때에는 그들을 얻으려고 율법이 없는 사람처럼 되었습니다"(고린도전서 9장 21절). 여기서 '율법이 없는 사람처럼'에서 '없는 사람처럼'이 hos...me에 해당한다. 즉 세상 사람들을 그리스도인으로 만들기 위해 그리스도인이 아닌 것처럼 행동한다는 것이다.

23) 박봉랑 저, 『기독교의 비종교화』 (범문사, 1980), 424에서 재인용.

5. 나가는 말: 신학의 해체

이미 예전에 교회는 수학으로 계시하는 신의 장소를 외면한 바 있다. 르네상스 시기의 자연철학적 사유 방식에서는 전통적 스콜라 철학의 이원론은 비판받게 된다. 그 이 시기에 이미 자연은 단순히 피조물 이상의 것으로 이해되었다. 즉 자연 자체 가운데 신의 활동력이 생생하게 스며들어 있기에 창조주와 피조물의 이원론은 지양된다. 브루노의 다음과 같은 말은 자연 개념의 변화를 잘 보여주고 있다.

> "신은… 외적인 지성이 아니라 운동의 내적 원리가 됨이 더 바람직하다.
> 그래서 신의 품속에 사는 모든 것이 신의 본성을, 신의 나타나 있음을,
> 신의 영혼을 드러낸다."[24]

언뜻 스토아 사상을 연상시키는 이러한 브루노의 생각은 르네상스와 근대를 지배하는 자연관이 되었다. 갈릴레이의 말도 또한 큰 의미를 가진다. 그는 만약 신이 세계를 창조했다면, 수학자임이 틀림없을 것이라고 했다. 르네상스 시기만 해도 자연은 법칙으로 이해되기 시작하였고, 이 법칙을 수학적으로 설명하려고 하였다. 사실 갈릴레이가 종교재판에 회부된 것은 새로운 우주론에 있다기보다는 다른 데 있었다고 할 수 있다. 당시 교회는 수학적 가설로서 코페르니쿠스적인 체계를 받아들일 수 있었다. 교회를 위협하여 참을 수 없게 만든 것은 갈릴레이가 알려준 새로운 진리 개념에 있었다.[25] 이제 진리는 신의 말씀 속에서만

---

24) 다음의 책에서 재인용. 에른스트 카시러/박완규 옮김,『계몽주의 철학』(민음사, 1995), 64.
25)『계몽주의 철학』, 66. 참조.

이 아니라, 신의 작품인 자연 속에 있다고 생각했기 때문이다. 그리고 이 진리는 성경이나 전통의 권위에서가 아니라, 자연이라는 교과서를 해독함으로써 드러난다. 이 진리는 언제나 눈앞에 있다. 자연이라는 교과서는 수학적인 암호로 가득 차 있다. 갈릴레이는 그래서 수학적 이성을 가진 인간이라면 누구나 자연을 해석할 수 있다고 주장했다. 한 마디로 그는 신법만이 유일하고 자연법은 신법에 이르기 위한 수단에 불과하다고 생각하는 중세적 세계관에서 벗어나 이제는 자연법이 유일한 진리이자 확고한 진리이며, 신법은 제한적이라고 선언한 것이다.

도스토예프스키의 소설 『카라마조프의 형제들』에 나오는 대심문관의 이야기에 대한 바르트의 해석이 있다. 대심문관으로 대표되는 교회는 예수가 다가오자 그를 거부하고 다시 돌아가라고 했는데, 이에 대해 예수는 입맞춤으로 대답한다. 바르트는 이 이야기를 특이하게 해석한다. 이 찰나의 키스가 바로 교회에 보낸 신의 계시라는 것이다.[26] 오늘날 기독교인들은 인간이 된 신을 케리그마화 하여 성스러움의 영역으로 환원시켜 버리고, 배타적으로 진리를 독점하고자 한다. 신약성서에 나오는 예수/그리스도 사건은 비(非)케리그마화 되어야 한다. 성스러운 이야기로 둔갑한 종교의 이야기를 세상의 이야기로 옮겨 놓아야 한다. 이것은 케리그마로서의 그리스도 사건을 역사적 일회적 사건으로 이해하는 것이 아니라, 역사 속에 등장하는 무수히 많은 예수-이야기(그리스도) 가운데 하나로 이해하는 것을 뜻한다. 예수-이야기는 세속적인 이야기와 역사 한복판에서 일어나는 다원적 사건으로 이해되어야 한다. 성서적 예수-그리스도는 다른 종교전통과 세상의 예수-이야기(그리스도)와의 유비 관계를 이룰 수 있을 때에만 그 역사성을 가지며 의미

---

26) Heinz, Zahrnt, *Die Sache Mit Gott*, Muenchen, 1966, 42 참조.

를 갖는 하나의 의미 있는 이야기가 된다. 이러한 유비 관계에 입각하여 신학적 사유를 한다는 것은 전통적인 문법의 해체와 더불어 수행될 수 있다. 전통적인 형식논리의 틀 즉 나와 대상, 나와 역사적 과거의 사실을 둘로 나누어 생각하는 이분법적 사유에서 벗어나야 한다.

신의 장소 물음을 전혀 다른 관점에서 물어야 한다. 하나의 경전으로서 성경(聖經)을 유일한 기준으로 삼고 여타 모든 다른 성서(책)들을 참고서로 삼는 방식이 아니라, 우리의 현재와 미래와 관련된 주체적 삶을 경전(text)으로 놓고, 성서를 하나의 참고서(a context)로 삼는 방식으로 물어야 한다. 이때의 기독교 신학은 단지 다른 전통의 이야기와 마찬가지로, 무수히 많은 이야기들 가운데 하나의 특정한 예수-이야기(theo-logie)일 뿐이다. 칼 바르트의 신학을 비롯하여 계시 실증주의 신학은 예수 그리스도 사건을 역사속의 유일한 계시로 이해하기 때문에 보편 계시의 가능성을 닫아버린다. 불트만을 비롯한 실존주의 신학, 토착화 신학, 불교적 신학 등은 계시의 가능성을 '초월'에서 찾고 역사 가운데서 현존하는 신의 현현(장소)의 물음을 제시했다. 하지만 이러한 신학은 개인의 체험에 입각한 화해만을 강조했지, 사회 역사적 현실성의 문제에 대한 결단이 부족하다. 문화적 차원에서의 예수-그리스도라고 하는 케리그마 가운데서 구체적인 악의 현실성에 대한 역사적 책임이 약하다고 할 수 있다.

하이데거가 지적했듯이, 신학은 해석학적 상황에서의 강조점의 차이일 뿐 계시를 역사적 현장에서 실증하려고 하는 실증(positive Wissenschaft)학문임에는 틀림없다.27) 신학의 물음은 결국 신의 장소에 관한 물음일 수밖에 없다. 심지어 현대 과학과 대화를 한다고 해도,

---

27) Heidegger, Martin, *Wegmarken*, Frankfurt am Main, 1996, 48 참조.

여전히 돌아가는 곳이 신의 장소성에 대한 물음을 존재적으로 정당화하는 존재-신학적(Onto-theo-logie) 틀에서 벗어나지 못한다면, 신학은 여전히 중세나 고대의 신화적 패러다임에서 자유롭지 못하다.

과거의 사실로서의 예수/그리스도에 대한 태도를 유보하고, 그에 대한 하나의 해석으로서의 예수-그리스도라고 하는 이야기에 초점을 이동하여 과거와 현재의 이원론적 단절에서 벗어나고, 타 종교와 문화와 세계와의 이원론을 넘어설 때 기독교는 오늘날에도 살아 있는 기독교가 될 수 있다. 이를 수용할 때에만 비로소 기독교의 역사성은 살아 있는 역사성이 될 수 있다. 기독교 신학은 이제 철학이나 이웃 종교를 통한 배움을 통해 자기 개혁을 해야 한다. 기독교 신학은 주변 학문 즉 다른 인문학과의 대화를 통해 기존의 전통 신학을 해체할 때에만 새로운 시대에 부응할 수 있을 것이다. 만약 기독교 신학이 작금의 인문학과 타종교의 진리 요구를 수용하지 못한다면, 중세 시대 교회가 과학에 취했던 태도를 반복하게 될 것이다. 이제 신학은 나와 대상, 교회와 세상, 이세상과 저세상을 나누어 바라보는 동일률의 논리에서 벗어나 세계사와 구속사가 하나로 이해되는 과정에서 예수의 이야기를 보는 동근원성의 논리, 불이(不二)의 논리에 입각한 신학으로 바뀌어야 한다. 이제 이원론에 기초한 기존 신학의 문법(논리)은 해체(Destuktion)되어야 한다.

칼 바르트를 위시한 계시 실증주의 전통의 기독교의 자기 정체성 안에는 오디세우스적 주체[28])가 자리 잡고 있다. 오디세우스는 방황 하며 여러 가지 모험을 하지만 결국은 안정적인 가정으로 귀환한다. 방황

---

28) 오디세우스적 주체와 아브라함적 주체 개념은 우치다 타츠루의 레비나스 입문서에서 따온 것이다. 우치다 타츠루 지음/이수정 옮김, 『레비나스와 사랑의 현상학』(갈라파고스, 2013).

하지만, 그 방황을 인정하고 유목민적인 삶을 견디기보다는 나르시시즘적인 자기(교회)로 돌아오는 것이다. 오디세우스적 주체란 지속해서 밖으로 나가 경험을 하면서도 자신을 벗어나 초월하려는 의지 없이 언제나 자기 동일성으로 회귀하는 주체를 의미한다. 이런 주체는 광장공포증(agoraphobia) 환자처럼 밖으로 나가기를 두려워하고 현재 자기가 있는 곳을 가장 편하게 느낀다. 이와는 달리 아브라함적 주체가 있다. 아브라함은 신의 명령에 따라서 갈 곳을 알지 못하는 곳일지라도 기꺼이 순종하며 길을 나선다. 그는 모험의 길 위에서 자신을 개방하여 신의 목소리를 들으려고 함으로써 자신의 주체성을 찾고자 하는 사람이었다. 이제 신학의 주체는 이러한 아브라함적 주체성을 가지고 종교철학 및 전통 그리고 세상과의 대화 가운데서 신의 장소에 대한 진지한 질문을 제기하며 자신의 삶을 도상의 존재(Unterwegssein)로 내맡기는 주체여야 할 것이다. 아멘 아멘 레고 휘민!!!

참고문헌

길희성.『마이스터 엑카르트의 영성사상』. 분도출판사, 2004.

박봉랑 저.『기독교의 비종교화』. 범문사, 1980.

박완서.『한 말씀만 하소서』. 세계사, 2004.

변선환 아키브 편.『변선환 전집2』. 한국신학연구소, 1997: 224-227.

서동은. "삶의 존재론인가 죽음의 변증법인가? ─하이데거의 죽음이해에 대한 다나베 하지메의 비판",「존재론 연구」26집, 2011.

아마르티아 센,『정체성과 폭력』. 이상환, 김지현 옮김, 바이북스, 2010.

야기 세이이치, 레너드 스위들러/이찬수 옮김.『불교와 그리스도교를 잇다』. 분도출판사, 1996.

오스카 쿨만.『그리스도와 시간-초기기독교의 시간관 및 역사관』. 신태양사, 1978.

우치다 타츠루/이수정 옮김.『레비나스와 사랑의 현상학』. 갈라파고스, 2013.

이문재.『지금 여기가 맨 앞』. 문학동네, 2014.

카를 야스퍼스/이재승 옮김.『죄의 문제-시민의 정치적 책임』. 앨피, 2014.

하인리히, 오트.『역사와 구속사』. 신태양사, 1978.

_____/김광식 역.『사유와 존재-마르틴 하이데거의 길과 신학의 길』. 연세대학교출판부, 1995.

한국바르트학회 편.『바르트 신학 연구』. 대한기독교서회, 1970.

Hans, Kueng. *Menschwerdung Gottes-Eine Einfuehrung in Hegels theologisches Denken als Prolegomena zu einer kuenfutigen Christologie-*, Muenchen, 1989.

John, Hick. *Disputed Questions in Theology and the Philosophy of Religion*, Houndmills, 1933.

_____. *The Metaphor of God Incarnate. Christology in a Pluralistic Age*, Louisville, 1933.

Leonard, Swidler(ed.). *Toward a Universal Theology of Religion*, New York, 1987.

Heidegger, Martin. *Wegmarken*, Frankfurt am Main, 1996.

Heinz, Zahrnt. *Die Sache Mit Gott*, Muenchen, 1966.

Welte, Bernhard. *Meister Eckhart - Gedanken zu seinen Gedanken, Mit einem Vorwort von Alois M. Haas*, Basel, 1992.

藤田正勝 編.『種の論理』, 田辺元哲學選 I. 岩波文庫, 2010.

_____.『懺悔道として哲學』, 田辺元哲學選 II. 岩波文庫, 2010.

_____.『死の 哲學』, 田辺元哲學選 IV. 岩波文庫, 2010.

門脇佳吉.『禪佛敎とキリスト敎神秘主義』. 岩波書店, 1991.

上田閑照 編.『ドイツ神秘主義 研究』. 創文社, 1982.

西谷啓治 編集.『西田幾多郎』. 現代日本思想大系 22. 筑摩書房, 1972.

西谷啓治 著.『神と絶對無』. 國際日本研究所, 1971.

八木誠一.『イエスの宗敎』. 岩波書店, 2009.

2부
절대성의 해체와
대화의 과제

기독교의 배타적 절대성으로부터 빠져나가기
: 변선환의 종교해방신학적 과제는 여전히 유효한가?

장 의 준
(파이데이아 홍릉 시민대학원)

1. 들어가는 글

신적인 것과 인간의 관계는 쉽지 않다. 특히 각기 다른 방식으로 신적인 것과 관계하는 인간들 간의 관계는 더더욱 쉽지 않다.

기독교는 유대교로부터 일신론뿐만 아니라 그것과 필연적으로 결부된 배타성 역시 물려 받았다. 그리고 기독교의 일신론적 배타성으로 인해 최초로 피해를 받았던 이들은 다름 아닌 바로 기독교인들, 즉 로마 제국 시기에 황제 숭배를 거부했었던 이들이었다. 그런데 로마 제국의 기독교도 박해는 한 배타성과 다른 배타성 간의 충돌이 빚어낸 결과라고 볼 수 있다. 즉 기독교의 일신론은 그 본질상 초-민족적이고 보편적인 것이었기에 역시 보편적인 로마 제국의 통치 이념과 충돌할 수밖에 없었던 것이다. 말하자면, 기독교와 로마 제국 간의 갈등은 종교적 제국주의 대 정치적 제국주의 간의, 종교적 배타성과 정치적 배타성 간의 갈등이었던 셈이다.

변선환의 종교해방신학이 추구하는 과제는 "종교적 제국주의(배타주의)"로부터 빠져나오는 것이다.[1] "그리스도론의 배타적 절대성에서 탈출하기"[2] 라는 변선환의 과제가 구체적으로 의미하는 것은 "교회 중심주의"[3]나 "교회지상주의"[4]와도 같은 "교회론적 보편주의"[5]로부터, 즉 "종교에 대한 서구적 편견"[6]으로부터, 특히 "토착 종교에 대한 서구적 편견"[7](185)으로부터 빠져나오는 것이다. 그런데 배타적 절대성으로부터 빠져나와야만 한다는 주장은 그 자체로 배타적이다. 왜냐하면 이 주장은 기독교의 배타적 절대성이 보편적이기를 요구하는 입장을 극복해야만 할 그리고 배제해야만 할 부정적 계기로서 상정하는 가운데 기독교의 배타적 절대성을 주장하는 이들이 그들의 주장을 철회하고 배타적 절대성으로부터 빠져나오라는 주장에 동의할 것을 요구하기 때문이다. 요컨대, 배타적 절대성으로부터 빠져나오라는 주장은 이 주장

---

1) 변선환, "타종교와 신학", 『종교간 대화와 아시아신학, 변선환 전집 1』 (서울, 한국신학연구소, 1996), 180. 다음을 참조: "한국 교회는 서구 신학의 최후의 난점인 그리스도론의 배타적 절대성에서 탈출시키는 지혜를 타종교의 신학에서 배워나가야 할 것이다"(Ibid., 193); "그리스도교 선교가 프로파간다형에서 벗어나기 위해서 가장 절실하게 필요로 하는 것은 그리스도론의 배타적 절대성의 주장을 어떻게 극복하는가 하는 신학적 문제이다"(Ibid., 195).
2) Ibid., 193.
3) Ibid., 185.
4) Ibid., 188.
5) Ibid., 190.
6) Ibid., 185.
7) Ibid., 185.

이 보편적으로 받아들여지기를 요구하고 있기에, 그자체로 보편성에 대한 요구이며, 따라서 배타적이다. 말하자면, 종교다원주의와 기독교 중심주의 간의 갈등은 하나의 보편성 주장과 다른 보편성 주장 간의 갈등, 즉 다원론적 배타성과 일원론적 배타성 간의 갈등인 셈이다. 이것은 무엇을 의미하는가? 배타성으로부터 빠져나오기라는 변선환의 과제가 이미 그 스스로 배타적이라는 사실은 과제 설정 자체가 잘못되었다는 것을 뜻하는 것일까? 만일 우리가 변선환의 과제를 보편적 합의를 목표로 하는 대화의 모델을 통해서 이해한다면, 이 과제는 애당초 잘못 설정된 과제라고 볼 수 있을 것이다. 하지만 우리는 다른 틀을 통해서 변선환의 과제를 이해할 수도 있다. 이것이 이 글의 주제이다.

2. 배타적 절대성을 넘는 배타성?
: 보편적 합의의 이념에 대한 리오타르의 이의 제기

우리는 변선환으로부터 기독교의 배타적 절대성으로부터 빠져나오기라는 **배타적** 과제를 물려받았다. 물론, 이러한 과제로 인한 최초의 피해자는 기독교의 배타적 제국주의에 대한 숭배를 거부했던 과제의 제시자 그 자신이었다. 그런데 우리가 넘겨받은 과제는 대화를 통해 성취될 수 있을까? 이에 대해 답하기 위해서는 우리는 먼저 공정하고 투명한 대화가 과연 가능한지의 여부를 물어야만 할 것이다. 그런데 만일 보편적 합의를 목표로 하는 모든 대화 속에서 각각의 진리 주장이나 정당성 요구가 그 자체로 배타성을 지닐 수밖에 없다면, 이러한 배타성은 일종의 폭력성을 함의하고 있는 것은 아닌가? 예를 들어, 리오타르

(Jean-François Lyotard)는 하버마스(Jürgen Habermas)가 말하는 대화를 통한 '합의'에 내포된 잠재적 폭력성을 지적하고 있는데, 왜냐하면 리오타르가 볼 때 보편적 합의나 보편적 정당성에 대한 하버마스의 요구는 "테러를 재시작하려는, 실재를 껴안고자하는 환상을 실행하려는 욕망"(désir de recommencer la terreur, d'accomplir le fantasme d'étreindre la réalité)을 함의하고 있기 때문이다.[8] 왜 리오타르는 보편적 합의에 대한 요구가 폭력적일 수밖에 없다고 생각하는 것인가?

리오타르는 비트겐슈타인(Wittgenstein)의 언어 게임 이론을 포스트모던의 조건을 분석하기 위한 틀로 삼는다. 후기 비트겐슈타인은 화용론적 의미론을 주장하는데, 그에 의하면 한 단어의 의미는 그 언어에 있어서 그 단어의 사용이다. 그런데 한 단어의 사용이 옳은지 그른지는 사회적으로 용인된 규칙에 의존한다. 따라서 언어의 특정한 사용은 특정한 언어 게임으로 해석되어야만 한다는 것이 비트겐슈타인의 주장이다. 즉 모든 게임이 일정한 규칙과 놀이 방식을 가지며, 그 규칙과 놀이 방식을 따르는 행위로 구성되는 것과 마찬가지로, 언어 게임도 역시 일정한 규칙을 가지며 그 규칙을 따르는 행위로 구성된다는 것이다. 그러므로 언어를 이렇게 이해할 경우, 한 단어의 의미는 하나의 특정한 언어 게임에서 사용되는 방식이라고 볼 수 있을 것이다.[9] 그런데 우리는 하나의 언어 게임이 아니라 수많은 언어 게임들을 사용한다. 그리고 이것은 곧 언어의 의미가 이러한 다수의 언어 게임들 속에서 다루어져야만 한다는 것을 뜻한다. 그렇다면 한 단어 또는 한 문장의 의미는 다수의 체계들에 의해서 결정된다고 보아야만 할 것이다. 요컨대, 한 단어의

---

8) Jean-François Lyotard, *La condition postmoerne. Rapport sur le savoir*, Paris, Éd. de Minuit, 1979, 106(이하 CP).
9) CP, 22 참조.

의미는 단일하게 고정된 방식으로 결정되는 것이 아니라 '다원적'으로 결정된다는 것이다.10)

　리오타르가 볼 때, 비트겐슈타인의 언어 게임 이론이 갖는 장점은 바로 그것이 근원적 다원성(multiplicité)을 출발점으로 삼는다는 것에 있다. 언어 게임들의 다원성이 의미하는 것은 상이한 언어 게임들 사이에는 위계질서가 없다는 사실이다. 왜냐하면 각각의 언어 게임은 자신만의 고유한 규칙(règle)을 갖고 있으며, 다른 언어 게임으로 환원될 수 없기 때문이다. 예를 들어, '문이 열려있다'라는 기술적 진술과 '문을 여시오'라는 명령적 진술 사이에는 그 어떠한 논리적 관계도 없다. 이렇게 상이한 유형에 속하는 진술들을 판단하는 기준이 있을 수 있다면, 그것은 오직 한 진술의 실효성(efficacité)일 뿐이다. 게다가 실효성 그 자체가 좋거나 참되거나 정당하다고 말하는 것은 불가능하다. 왜냐하면 실효성 기준의 적용은 순전히 조작적(opératoire)이기 때문이다. 이와 같이, 리오타르는 한 단어의 의미 결정의 방식이 다원적이라는 비트겐슈타인의 주장을 상이한 언어 게임들에 공통의 규칙을 적용할 수 없다는 주장으로 발전시키는 가운데 포스트모던의 조건을 언어 게임들 간의 공약 불가능성(incommensurabilité)으로 규정한다.11)

　리오타르의 언어 게임에 관한 입장은 유명론의 극단적인 형태라고도 볼 수 있는데, 왜냐하면 그것은 상이한 담론 유형들 간에는 그 어떠한 보편적 속성도 없다고 말하고 있기 때문이다. 칸트에게 있어서 이론

---

10) Niels Brügger, "Où sont passés les jeux de langage?", in *Lyotard, les déplacements philosophiques*, Niels Brügger, Finn Frandsen, Domminique Pirotte(éds), trad. fr. Emile Danino, Bruxelles, Le point philosophique, De Boeck-Wesmael, 1993, 34 참조.

11) Finn Frandsen, "L'honneur de penser, Philosophie et déplacement chez Lyotard", in *Lyotard, les déplacements philosophiques, op. cit.*, 23 참조.

이성의 영역과 실천 이성의 영역이 서로 간에 완전히 다른 것처럼, 하나의 담론이 갖는 규칙 체계가 만족시켜야만 할 선천적 조건 역시 다른 담론들의 그것과는 완전히 다른 것이다.[12) 또한 각각의 언어 게임의 규칙은 임의적 계약성이라는 특징을 갖는다. 언어의 근본 상황은 비트겐슈타인이 말했듯이 언어 게임이다. 즉 개개의 발화는 각각의 언어 게임이 갖는 규칙에 의해 규정된다. 그런데 여기서 언어 규칙은 그 자체로 정당성을 갖는 것이 아니라, 게임 참여자들 사이의 계약에 의한 임시적인 규칙일 뿐이다.[13) 요컨대, 각각의 언어 게임이 갖는 차이와 이질성은 극복될 수 없는 것이다. 반면에, 하버마스는 모든 대화 참여자들이 모든 언어 게임들에 있어서 보편타당한 메타 규칙들에 관하여 보편적 합의에 이를 수 있다고 상정하고 있으며, 또한 보편적 동의로서의 합의가 대화의 목표라고 상정하고 있다.[14)

억압 없는 사회라는 마르크스의 해방적 관심을 계승하고 있으며, 또한 마르크스의 내재적 사회 비판과 마찬가지로 사회 변혁의 잠재력을 사회 속에서 찾고자 한다는 점에서 마르크스의 정신을 계승하는 가운데[15) 비판이론 제2세대를 대표하는 하버마스는 언어의 상호주관성에 주목하는 가운데 언어 자체 속에서 도구적 이성의 한계를 넘어서는 의사소통적 이성(kommunikative Vernunft) 혹은 의사소통적 합리성을 발

---

12) 장-프랑수아 리오타르/이현복 편역, 『지식인의 종언』 (서울, 문예출판사, 1993), 73-74 참조.
13) CP, 105 참조.
14) CP, 106.
15) 하버마스의 마르크스주의 수용과 비판에 관해서는 다음을 참조: Jürgen Habermas, *Der philosophische Diskurs der Moderne. Zwölf Vorlesungen*, Frankfurt a.M., Suhrkamp, 1988, 99-103; 톰 록크모어 외/임헌규 옮김, 『하버마스 다시 읽기』 (서울: 인간사랑, 1995), 13장('사적 유물론의 재구성')과 14장('사적 유물론의 거부'); 오현철, "하버마스의 담화윤리론 비판", 「정치비평」, 2권(1997), 한국정치연구회, 363-364.

견하려고 시도한 바 있다.16) 하버마스가 볼 때, 근대의 소외는 일종의 왜곡에 기인하는데, 이 왜곡은 도구적 이성이 자신의 고유한 영역인 과학기술적 인식 영역을 넘어서 의사소통적 이성의 영역인 공동체적 삶과 문화에로 침범해 들어간 결과이다. 즉 도구적 이성의 경계 위반으로 인해서 의사소통 상황이 체계적으로 왜곡되었다는 것이다.17) 따라서 하버마스가 생각하는 비판이론의 과제는 무엇보다도 왜곡된 의사소통 상황을 바로잡는 것이었다. 바로 이러한 이유에서 그는 그의 주저인 『의사소통행위이론』*Theorie des kommunikativen Handelns*(1981)에서 왜곡되지 않은 의사소통 상황을, 즉 의사소통적 합리성이라는 보편적 이성을 선험적으로 재구성함으로써 사회 비판을 위한 합리적 토대로서의 규범적 척도를 마련하고자 시도하였던 것이다.18) '이상적 발화 상황'으로서의 의사소통적 합리성이란 타인과의 언어적 상호작용을 통해 타당성 주장을 제기함에 있어서 이러한 타당성 주장을 강제적인 의사결정 절차가 아니라 협력과 조화를 토대로 하는 담론적 의사결정 절차(예를 들어, 비판과 근거지움)에 따라 행함으로써 공통적인 합의를 도출해내고 이러한 합의에 기초하여 서로의 행동을 통합하는 합리적 행동 방식을

---

16) 문성훈, "하버마스에서 호네트로: 프랑크푸르트학파 사회비판모델의 인정이론적 전환", 「철학연구」, 73권 (2006), 철학연구회, 127 참조.

17) Jürgen Habermas, *Zur Rekonstruktion des Historischen Materialismus*, Frankfurt a.M., Suhrkamp, 1982, p. 35 참조.

18) Jürgen Habermas, *Theorie des kommunikativen Handelns*, Bd. 1, Frankfurt a.M., 1981, 400 이하 참조. 하버마스는 왜곡된 의사소통 상황을 바로잡으려는 과제를 수행하기 위해 의사소통적 합리성을 후기 비트겐슈타인(Ludwig Wittgenstein), 오스틴(J. L. Austin), 설(J. Searle) 등의 화용론적 언어철학의 틀 위에서 자신의 '형식화용론(formale Pragatik)'을 통해서 확립하고자 시도하였다. 이에 대해서는 다음을 참조: 김원식, "하버마스의 행위 이론", 「해석학연구」, 14권 (2004), 한국해석학회, 255-257.

뜻한다.[19]

그런데 이러한 하버마스의 주장에는 상이한 언어 영역들이 보편적인 규칙에 의해 포괄될 수 있다는 생각이 전제되어 있다. 리오타르는 바로 이 점을 비판한다. 하버마스에 따르자면 합의는 인식 능력과 자유 의지를 갖고 있는 인간들 사이에서 이루어지며 대화를 통해 획득된다. 리오타르에 의하면 이러한 합의를 위한 보편적 척도인 의사소통적 합리성을 확립하려는 하버마스의 시도는 보편적 이성에 대한 두 가지의 믿음들을 전제로 하고 있는데, 그것은 공동체적 주체로서의 인간은 모든 언어 게임들에서 허용되는 수들을 조절함으로써 인류 공동의 해방을 추구한다는 믿음과 한 진술의 정당성은 인류 해방에 대해 그 진술이 기여하느냐의 여부에 달려있다는 믿음이다.[20] 그런데 리오타르가 보기에, 이러한 믿음들은 근대의 기획과 관련한 근거지어지지 않은 생각, 즉 모든 언어 게임들에 공통된 메타 규칙들이 존재하며, 진술들의 총체성을 포괄적으로 규정하는 메타 규칙들을 통해서 합의에 이를 수 있다는 생각을 전제로 한다.[21] 예를 들어, 하버마스가 말하는 이상적 발화 상황 속에서 대화 참가자들은 모두 이러한 근거지어지지 않은 생각을 암묵적으로 전제하고 있다. 즉 모든 대화 참가자들은, 만일 발화자의 첫 발언 속에 이미 완벽한 자유와 완벽한 정보가 주어진 이상적인 상태에서 끝까지 토론할 수 있다면, 어떤 영역에서이건(언어 구조의 명제적 영역, 수행적 영역, 지향적 영역) 혹은 어떤 담론들 사이에서이건 합의에

---

19) 다음을 참조: 선우현, "하버마스의 '합리성이론'에 대한 비판적 검토. 개념분석적 전략과 사회이론적 전략의 상충을 중심으로", 「철학논구」, 22권 (1994), 서울대학교 철학과, 72-73; 문성훈, "하버마스에서 호네트로. 프랑크푸르트학파 사회비판모델의 인정이론적 전환", *op. cit.*, 127-128.

20) CP, 106 참조.

21) CP, 105 참조.

도달할 수 있을 것이라고 암묵적으로 전제하고 있는 상태에서 대화에 임하고 있는 것이다. 하지만 이러한 생각은 근거 없는 생각일 뿐이다. 왜냐하면 모든 언어 게임들은 서로 간에 이질적이기에 그것들을 위한 메타 규칙이나 메타 규범이란 존재할 수 없기 때문이다. 바로 이러한 의미에서 리오타르는 다음과 같이 말한다:

"합의는 토론의 한 상태에 불과할 뿐이지 결코 토론의 목표 그 자체가 될 수 없다. 토론의 목표는 오히려 불일치이다.[22]

리오타르에게 있어서 사회는 언어 행위들의 총체이기 때문에, 결국 사회적 합의는 무의미하다. 왜냐하면 모든 언어 게임들을 통일적으로 포괄해주는 가운데 공통된 척도를 부여해줄 수 있는 거대 서사나 최상위 규칙과도 같은 메타 규칙은 없기 때문이다.[23] 따라서 다양한 담론들은 서로를 정당하게 평가할 길이 없고, 그렇기에 상이한 담론들 간의 합의는 원칙적으로 불가능한 것이다. 요컨대, "메타 담론 속에서 언어 게임들을 통일시키고 전체화시키는 것은 불가능하다."[24] 결국, 메타 규칙이나 메타 규범을 인정하지 않는 리오타르에게 있어서 토론의 진정한 목표는 합의나 일치가 아니라 오히려 불일치 혹은 배리인 것이다.

더 나아가서 리오타르는 상이한 언어영역들이나 상이한 언어게임들이 공통된 보편적 규칙에 의해 포괄될 수 있다는 하버마스의 전제가

---

22) "Le consensus n'est qu'un état des discussions et non leur fin. Celle-ci est plutôt la paralogie."(CP, p. 106.)
23) 다음을 참조: CP, p. 105; 볼프강 벨쉬, 〈우리의 포스트모던적 모던 1〉, 박민수 옮김, 서울, 책세상, 2001, p. 232.
24) "il n'y a pas d'unification ni de totalisation possibles des jeux de langage dans un métadiscours."(CP, p. 60.)

이미 잠재적 테러라고 주장한다. 왜냐하면 이러한 보편적 규칙이나 메타 규칙에 대한 가정은 보편적 합의에 대한 요구에서 기인하는데, 보편적 합의라는 인류의 공통된 목표에 대한 근대의 집착은 잠재적 '테러(terreur)'를 함축하고 있기 때문이다. 리오타르가 보기에, 보편적 합의에 대한 요구는 통합적이고 보편적인 관점, 즉 총체성이라는 관점에서 유래하는데, 총체성은 전체주의 및 그것의 폭력의 토대이다. 따라서 근대의 폭력성을 몸소 목격한 그에게 있어서 이미 "합의는 낡아빠지고 의심스러운 가치가 되었"[25]던 것이다. 리오타르는 근대의 기획이 파멸되고 청산되었다는 증거를 아우슈비츠에서 찾는다. 즉 인류의 해방을 목표로 삼았던 모던의 기획은 아우슈비츠(Auschwitz)나 스탈린주의 같은 전체주의적 폭력이라는 파멸로 귀결되었다는 것이다.[26] 리오타르는 근대의 이성이야말로 총체성에 그 중심을 두고 있는 사유 방식이자 아우슈비츠와 스탈린주의로 대변되는 전체주의의 뿌리라고 간주한다. 왜냐하면 보편적 합의나 인류의 해방과도 같은 보편적 목표에 대한 요구는 전체의 요구와 개인의 요구를 동일시하는 이데올로기로 사용될 가능성이 있다는 것을 보여 주었기 때문이다. 그에 의하면, '전체'라는 이름은 근대인들에 있어서 모든 사고와 행동을 정당화시킬 수 있는 근거였다. 즉 전체성과 총체성은 단지 부분적인 것에 지나지 않는 것을 절대화하는 과정에서만 생겨나는데, 이 때 절대화된 부분 이외의 다른 요소들은 억압의 희생물이 되는 것이다.[27] 그래서 모든 전체주의의 토

---

25) "Le consensus est devenu une valeur désuète, et suspecte."(CP, p. 106.)

26) 다음을 참조: CP. p. 63; 리오타르, 〈지식인의 종언〉, op. cit., p. 81.

27) 볼프강 벨쉬, 〈우리의 포스트모던적 모던 1〉, op. cit., p.181 참조. 예를 들어, 서양철학사에서 전체적이고 통일적인 사유를 대표한다고 볼 수 있는 헤겔의 철학은 현실에 존재하는 차이와 모순을 근본적으로 인정하지 않는다. 이에 대해서는 다음을 참조: 이진우, "장 프랑수아 료타르. 탈현대의 철학", in 〈포스트모더니즘과 포스트구조주의〉, 김욱동

대에는 개인의 요구와 동일시되는 일반적인 것(전체)을 다시금 이성적인 것과 동일시하는 사고가 있으며, 따라서 집단적인 것(전체)은 이성적인 것으로 신격화된다. 집단적인 것이 신격화된다는 것은 전체의 모든 구성원들이 집단적인 것을 신처럼 삼기고 숭배해야만 한다는 것을 뜻한다. 그런데 전체의 요구와 개인의 요구가 동일시하는 이데올로기는 곧 전체의 요구에 개인의 욕구를 맞추지 않을 경우, 즉 전체의 요구에 개인의 요구를 동일시하지 않을 경우, 그 개인을 축출해버리겠다는 위협과 마찬가지이다.[28] 말하자면, 이성적인 것과 동일시되는 전체적인 것에 일치하는 것은 존재해야만 하는 반면에, 일치하지 않는 것은 존재해서는 안 되는 것이다.[29] 따라서 만일 누군가가 전체에 대한 숭배를 거부할 경우, 이 사람은 전체의 이익을 위해서 해로운 걸림돌이자 장애로서 간주된다. 그와 더불어 집단적인 것에 대한 숭배를 거부하는 이들에 대한 전체주의적 테러는 정당화된다. 즉 전 인류의 해방이라는 이념이 전체주의적 테러를 정당화해주는 것이다. 리오타르가 볼 때, 체제로서의 자본주의나 공산주의는 이 점에서 모두 동일하다. 두 경우 모두 실질적 주체는 체제 자체이며 개인은 그 기능적 도구에 불과한 것이다. 물론, 체제는 자신의 수행성 증대에 도움이 되는 한에서는 개인의 창조성을 인정해주고 격려해준다. 하지만 동일시 이데올로기라는 보편적 규준은 이러한 창조성의 허용되는 한계를 주지시켜주고 이 한계를 넘어서는 것을 위협하는 방식으로 개인에게 테러를 행사한다. 요컨대, 동일

외 지음, 서울, 현암사, 1997, p. 226 참조.

28) 예를 들어, 전체의 체제는 다음과 같이 요구한다: "조작적이시오. 즉 공약가능하시오. 그렇지 않으면 사라지시오".("Soyez opératoires, c'est-à-dire commensurable, ou disparaissez".) (CP, p. 8.)

29) Alberto Gualandi, *Lyotard*, Paris, Les Belles Lettres, 1999, p. 33 참조.

시 이데올로기로서의 보편적 규준이 판별하거나 식별하는 것은 개인이 아니라 체제 자체에 유익한 것과 해로운 것일 뿐이다.

2. 기독교를 '말해진 것(le dit)'으로 보는 관점에서 열리는 변선환의 종교해방신학적 과제의 새로운 해석 가능성

기독교의 배타적 절대성으로부터 빠져나와야만 한다는 변선환의 과제로 돌아와 보자. 만일 우리가 이 과제를 보편적 합의를 목표로 하는 대화의 틀을 통해서 이해한다면, 결국 우리는 이 과제가 일종의 잠재적 폭력을 담지하고 있다고 보아야만 할 것이다. 왜냐하면, 리오타르가 지적한 것처럼, 보편적 합의는 상이한 담론들 간의, 그리고 더 나아가 개별자들 간의 공약 불가능한 이질적 차이를 평준화하고 임의적 계약의 자유를 억압하는 잠재적 폭력성을 지니고 있기 때문이다. 그리고 이것은 곧 개별자의 비-동일성, 즉 개별자의 환원 불가능한 차이와 고유성을 희생시키는 폭력적인 배타성으로부터 빠져나와야만 한다는 요구가 다시금 또 다른 폭력으로 귀결되고 만다는 것을 뜻한다. 그런데 이것은 변선환의 과제가 더 이상 유효하지 않음을, 타당하지 않음을 말하는 것인가? 그렇지는 않다.

"많은 카톨릭 신학자들은 신의 보편적 구원의 경륜을 그리스도와 필히 관계시키려고 하지 않고 있다. 그러나 이같은 현저한 배타적 그리스도 중심주의에서부터의 전환에도 불구하고 예수와 그리스도의 복음은 여전히 타종교에 비하여 우월하고 이상형으로 남으며, 타종교를 헤아리며

교정하고 심판하는 표준이라고 본다. […] 이것이냐 저것이냐라는 배타주의에서 벗어나서 이것도 저것도의 다원주의와 병존주의(parallelism)를 향하여 나가고, 배타적 절대성의 주장에서 포괄적 절대성의 주장을 향하여 나가려는 신학자들의 길은 이처럼 좁고 험한 것 같기만 하다. 복음을 상대주의의 물결 속에 매몰시키므로 소위 그리스도교 신앙의 정체성을 상실하지 않으려고 하기 때문이다. 그러나 서구 신학자들의 이같은 주장 뒤에는 음으로 양으로 서구의 이원론적 주객도식이라는 사유방식이 실체론(실존론)적 개체주의나 서구 문화 우월의식과 함께 얽혀서 작용하고 있는 것이나 아닐까? 그것은 결국 서구 신학의 틀을 가지고서는 극복하기 어려운 '암'과 같은 것이 아닐까?"[30]

변선환은 자신의 과제가 함의하고 있는 배타성과 그 잠재적 폭력을 어렴풋이 예감하고 있었던 것으로 보인다. 인용문에서 변선환은 칼 라너(Karl Rahner)와 같은 포괄주의자들이 기독교의 배타적 절대성으로부터 포괄적 절대성으로 나아가려는 시도가 좌초한 이유를 서구 신학적 사유의 틀 자체에서, 즉 이원론적 주객도식이라는 서양 철학의 특정한 사유 방식에서 찾고 있다. 그리고 변선환의 이러한 지적이 그의 신 중심주의적 다원주의에도 역시 적용될 수밖에 없다는 것은 자명하다. 따라서 우리는 배타적 절대성으로부터 빠져나와야만 한다는 변선환의 과제가 종교 간의 대화에 있어서의 단순한 태도 수정에 의해 가능하다는 식의 순박한 주장만을 의미하지는 않을 것이라는 사실을 합리적으로 추론해 볼 수 있다. 그렇다면, 리오타르의 도전에도 불구하고 변선환의 과제는 아직도 유효하다. 하지만 기독교의 배타적 절대성으로부터 빠

---

30) 변선환, "타종교와 신학", *op. cit.*, p. 199.

져나와야만 한다는 변선환의 과제는 어떻게 이원론적 주객도식이라는 서양철학의 틀을 벗어날 수 있을까? 바로 여기에서 변선환의 과제는 레비나스(Emmanuel Levinas)와 만난다.

레비나스에 의하면, 신앙과 철학은 모두 한 통속이다. 왜냐하면, 이성적 언술로서의 철학뿐만 아니라 신앙 또한 존재의 언어로 말하기 때문이다:

"존재와 존재자라는 용어들을 넘어서 우리가 반드시 견해와 신앙의 언술에 귀착되어지는 것인지의 여부는 확실하지 않다. 사실, 신앙과 견해는 이성의 바깥에 머무르거나 머무르길 원함에도 불구하고 존재의 언어로 말한다. 그 어떠한 것도 신앙이라는 견해보다 존재론에 덜 대립하는 것은 아니다. 우리가 여기에서 시도하고자 하는 것과 같이, 신이 존재론도 아니고 신앙도 아닌 언술 속에서 진술될 수 있는지의 여부를 묻는 것은 예후다 하레비에 의해서 확립되고 파스칼에 의해서 반복된 아브라함과 이삭과 야곱의 신과 철학자들의 신 간의 형식적인 대립을 암묵적으로 의심하는 것이다. 즉 이러한 대립이 양자택일을 형성한다는 것을 의심하는 것이다."31)

---

31) "Il n'est pas sûr que, par-delà les termes d'être et d'étant, on retombe néces-sairement dans le discours de l'opinion ou de la foi. En fait, tout en retant ou en se voulant hors de la raison, foi et opinion parlent le langage de l'être. Rien ne s'oppose moins à l'ontologie que l'opinion de la foi. Se demander, comme nous essayons de le faire ici, si Dieu ne peut être énoncé dans un discours raisonnable qui ne serait ni ontologie, ni foi, c'est, implicitement, douter de l'opposition formelle établie par Yehouda Halévi et reprise par Pascal, entre le Dieu d'Abraham, d'Isaac et de Jacob, invoqué sans philosophie dans la foi, d'une part, et le dieu des philosophes d'autre part; c'rst douter que cette opposition constitue une alternative."(Emmanuel Levinas, *De Dieu*

다른 것들이 신앙보다 존재론에 덜 대립하는 것이 아니라는 말은 곧 신앙이 다른 것들보다 존재론에 더 대립하는 것도 아니란 말과도 같다. 레비나스가 볼 때, "소위 철학과는 무관한 종교적 경험들을 표방하는 종교적 사유는 경험을 토대로 한 것으로서 이미 '나는 생각한다'(je pense)에 관련되며 철학에 전적으로 연결된다."[32] 왜 레비나스는 종교적 경험이 철학에 전적으로 연관되어 있다고 주장하는 것일까? 그에 의하면, 종교적 경험은 그것이 경험인 이상 '나는 생각한다', 즉 'cogito'의 구조에 회부되는 것을 피할 수 없는데, 이 구조의 기층을 이루는 핵심은 바로 대상화 활동 또는 이해이다. 바로 이러한 의미에서 레비나스는 종교적 경험이 그것의 구조에 있어서 세계에 관하여 가질 수 있는 경험과 "유사하다"(semblable)고 말한다.[33] 그런데 만일 종교적 경험이 대상화와 이해를 통해 현전과 내재성을 실행한다면, 이성적 언술로서의 철학뿐만 아니라 신앙 역시 대상화 활동이나 이해로 특징지어 질 수 있는 존재의 언어로 말한다고 보아야만 할 것이다.

존재의 언어는 레비나스에게 있어서 '말해진 것'(le dit)에 해당한다. 레비나스는 자신의 저서인 『존재와는 다르게 또는 존재 사건의 피안』 *Autrement qu'être ou au-delà de l'essence*에서 '말하기'(le dire)와 '말해진 것'(le dit)을 구별하는데[34], 그가 말하는 윤리(l'éthique)는 존재로부터

---

    qui vient à l'idée, Paris, Vrin, 1998 (1^{er}éd. Vrin, 1982), pp. 96-97(이하 DQVI).

32) "Une pensée religieuse qui se reclame d'expériences religieuses prétendument indépendantes de la philosophie, est déjà, en tant que fondée sur l'expérience, référée au 'je pense' et entièrement branchée sur la philosophie"(DQVI, p. 103).

33) DQVI, p. 95.

34) Emmanuel Levinas, *Autrement qu'être ou au-delà de l'essence*, La Haye, M. Nijhof, 1974, pp. 39-58(이하 AE) 참조.

'존재와는 다르게'(autrement qu'être)로의 이행(passage)의 운동, 즉 말해진 것(le dit)으로부터 말하기(le dire)를 향해 나아가는 운동과 일치한다. 그리고 '말하기'(le dire)는 다시금 '말해진 것으로 향하는 말하기'(le dire tendu vers le dit)와 모든 말해진 것의 피안에 있는 '말해진 것 없는 말하기'(le dire sans dit)로 구분될 수 있다. 이와 같이, 레비나스는 '말해진 것으로 향하는 말하기'를 포괄하는 '말해진 것'(le dit)을 의미를 구성하는 현상학적 지향성(intentionnalité)의 운동 혹은 존재자들을 구성하는 동사적 존재의 운동으로 간주하는 반면에, 말해진 것이 없는 순수한 '말하기'(le dire)를 주체와 타자의 관계로서의 윤리와 동일시한다.35) 그런데 주체와 타자와의 관계로서의 '말하기'는 언제나 전체성과 체계를 지향하는 '말해진 것'에 의해 배반당하고, 가려지며, 망각된다. 레비나스에게 있어서 '말해진 것'의 역할은 말하기를 번역하는 것 그리고 이해 가능하게 만드는 것인데, 이것은 곧 '말하기'를 보이게 하는 것 혹은 나타나게 하는 것을 뜻한다. 따라서 원래 그 자체로는 보이지도 않으며 나타나지도 않는 '말하기'를 보이게 또는 나타나게 만드는 가운데 '말해진 것'은 '말하기'를 배반한다고 볼 수 있다. 하지만 역설적이게도, 바로 이러한 배반 속에서 '말해진 것'은 '말하기'의 흔적을 담지하는 가운데 '말하기'를 증언한다. 다시 말해서, 설령 '말하기'가 필연적으로 그것을 존재론적 언어로 번역하는 '말해진 것' 속에서 배신된다고 할지라도 모든 '말해진 것'은 '말하기'의 흔적(trace)이라고 할 수 있는 것이다. 이처럼, '말하기'의 흔적으로서의 '말해진 것'은 그 자체로 '말하기'를 증언한다.36) 사실 말해진 것은 말하는 것을 증언하지 않는 것을 할 수

---

35) AE, p, 45 참조.

36) 이렇게 번역인 동시에 배반으로 특색지어질 수 있는 '말해진 것'의 '말하기'에 대한 관계에 대해서는 다음을 참조: AE, pp. 8-9, 100, 127 note 1, 128, 193, 198, 201, 206.

없다. 왜냐하면 말하기는 마치 지평(horizont)37)처럼 모든 '말해진 것'
이 수행하는 주제화(thématisation)를 은밀하게 지탱해주기 때문이다.
이렇게 볼 때, 동일자(le même)가 갖고 있는 타자(l'aure)에 대해 닫힐
수 있는 가능성(타자의 배신)은 타자의 주어짐의 방식(타자의 증언)의 일
부분인 것이다. 요컨대, 존재의 언어로서의 '말해진 것'은 언제나 윤리의
언어로서의 '말하기'를 번역하는 동시에 배반하는 것이다. 그렇다면, 우
리는 존재의 언어로 말하는 종교 혹은 종교적 경험은 이미 '말하기'를
배반함으로써 존재론적 언어로 번역하는 가운데 '말하기'를 증언하고
있는 '말해진 것'이라고 볼 수 있을 것이다. 그런데 '말해진 것'의 주제화
에 의해서 번역되는 '말하기'는 이미 더 이상 순수한 '말하기', 즉 '말해진
것 없는 말하기'가 아니라 '말해진 것'이 되어버린 '말하기', 즉 '말해진
것으로 향하는 말하기'이다. 말하자면, '말해진 것'에 의해서 주제화된
'말하기'와 윤리적 언어로서의 '말하기' 사이에는 극복 불가능한 단절이,
돌이킬 수 없는 비-연속성이 있는 것이다. 이러한 배반된 '말하기'와

---

37) 레비나스는 윤리(l'éthique)로서의 '말하기'를 지평의 자리에 위치시킨다: "존재론적
말하기 속에서는 부조화스럽게 머무르는 또는 구성되어진 것이거나 변증법적인 것으로
여겨지는 것의 통일성이 […] 실현되는 것은 바로 윤리적 상황 속에서이다"("C'est dans
la situation éthique que s'accomplit [...] l'unité de ce qui reste disparate ou
semble construit ou dialectique dans le dire ontologique.")(DQVI, p.
140-141). 레비나스에게 있어서 존재론적 말하기, 즉 '말해진 것'이 구성되는 것은 바로
윤리적 상황이라는 지평 속에서인 것이다. 마찬가지로 다음을 참조: "지향적 분석이
개념들의 나타남의 지평에게로의, 대상의 현시 속에서, 대상의 개념 속에서, 단지 개념
에만 몰두한 시선 속에서 무시되거나 잊혀지거나 전위된 지평에게로의 개념들의 반환
을 의미하는 한, 우리의 개념들의 제시는 지향적 분석에 여전히 충실하다".("Elle[notre
présentation de notions] reste fidèle à l'analyse intentionnellem dans lq me-
sure où celle-ci signifie la restitution des notions à l'horizon de leur apparoir,
horizon méconnu, oublié ou déplacé dans l'ostension de l'objet.")(AE, p.
230-231).

순수한 '말하기'의 구별은 다시금 주체성의 분열을 야기하는데, 레비나스에게 있어서 주체는 '말해진 것'의 영역에 속하는 존재론적 주체와 '말하기'의 영역에 속하는 윤리적 주체로 구분된다. 윤리적 주체가 타자와 관계하는 주체라면, 존재론적 주체는 자신의 활동에 의해서 대상과 세계를 구성하는 주체이다. 그런데 '말하기'가 '말해진 것'의 배반으로 인해서 주제화라는 존재론적 언어로 번역되는 것과 마찬가지로, 타인과의 관계로서의 윤리적 주체는 대상과 세계를 구성하는 존재론적 주체로 번역될 수 있다. 이렇게 볼 때, 존재론적 주체가 행하는 세계 구성이나 실천은 윤리적 주체가 위치하는 자리, 즉 '말하기'에 대한 응답(réponse)이라고 볼 수 있을 것이다. 하지만 존재론적 주체의 세계 구성이나 실천은 주체의 타자에 대한 관계이자 타자에 대한 책임을 의미하는 '말하기'에 대하여 결코 적절한 응답(réponse adéquate)이 될 수 없다. 왜냐하면 존재론적 주체의 모든 활동은 '말하기'를 배반하는 '말해진 것'의 영역에 속하기 때문이다. 달리 말해서, 존재론적 주체의 모든 활동은 이미 언제나 근원적인 '말하기'의 배반이자 망각인 것이다.[38] 그런데 만일 윤리의 언어로서의 '말하기'가 언제나 '말해진 것'이 수행하는 주제화를 통해서 배반되고 망각된다면, 주체와 타인과의 관계를 사유하고자 하는 철학자의 과제는 이러한 배신을, 망각을, 주제화를, 즉 '말해진 것'을 환원하는 것(réduire) 혹은 철회하는 것(dédire)일 수밖에 없다:

"의미 자체가 나타나기 위해서는 불가피한 주제화, 그러나 철학이 바로 거기에서 시작하는 역설, 즉 철학자가 바로 그것을 환원하도록 부름받은

---

38) "무제한적인, 최초의 책임은 [⋯] 잊혀질 수 있다. 이러한 망각 속에서 의식은 순전한 이기주의이다"("La responsabilité illimitée, initiale, [...] peut s'oublier. Dans cet oubli, la conscience est pur égoïsme") (AE, p, 165).

배반. 심지어 말하기와 말해진 것 사이에서 창출되는 상관관계 속에서 말해진 것이 말하기를 감추어버릴 때조차도 말들 자체가 담지하고 있으며 증언으로서의 말하기로부터 잡아두고 있는 솔직함의 흔적으로 인해서 언제나 시도되어야만 할 환원. 말하기가, 이것이 바로 말하기의 진실성인데, 언제나 **철회하고자** 시도하는 은닉.″39)

존재론적 주체로서의 의식 주체가 행하는 모든 활동이나 실천은 그것이 '말해진 것'의 영역에 속하는 이상 이미 언제나 타인에 대한 근원적인 책임으로서의 즉 말하기에 가해진 부당함(injustice)일 수밖에 없다. 따라서 '말해진 것'의 주제화에서부터 시작하기에 그 자체로 '말하기'에 대해 이미 부당한 철학은 '말하기'를 배반하고 은닉하는 모든 의미의 구성(constitution)을, 모든 구성된 '말해진 것'들을 끊임없이 해체(déconstruction)해야만 한다. 왜 철학자는 **끊임없이** '말해진 것'의 "철회(rétractation)″40)를 수행해야만 하는가? 왜냐하면 환원(réduction)의 결과는 언제나 철학으로, 즉 존재론의 언어로 표현될 수밖에 없기 때문이다. '말해진 것'으로서의 철학은 언제나 이미 존재의 언어이다. 그리고 이것은 곧 우리가 결코 '말해진 것'을 중단시킬 수 없다는 사실을 의미한다. 따라서 '말해진 것'을 '환원하기'(réduire)나 '철회하기'(déd-

---

39) "Thématisation donc inévitable pour que la signification elle-même se montre, mais sophisme où commence la philosophie, mais trahison que le philosophe est appelé à *réduire*. Réduction toujours à tenter à cause de la trace de sincérité que les mots eux-mêmes portent et qu'ils tiennent du Dire en tant que té-moignage, même quand le Dit dissimule le Dire dans la corrélation qui s'in-staure entre le Dire et le Dit. Dissimulation que le Dire toujours cherche à *dédire* - ce qui est sa véracité même."(AE, p. 193. 이탤릭체 강조는 필자가 한 것이다.)

40) AE, p. 56.

ire)는 그 자체로 '말해진 것'(le dit)일 수밖에 없는 것이다. 그런데, '말해진 것'을 '철회하기'가 다시금 그 자체로 또 하나의 '말해진 것'이라면, 각각의 '철회하기'는 다시금 철회되어야(être dédit)만 한다. 즉 '말해진 것'을 '철회하기'는 이미 그 자체가 '말해진 것'이며, 따라서 다시금 새로운 '철회하기'의 대상이 되어야만 하는 것이다. 그러므로 '말해진 것'의 '철회하기는' 끝이 없는 무한한 과제인 것이다.[41] 이와 같이, 레비나스는 '철회하기'를 "철학하기의 고유한 방식"(un mode propre du philosopher)으로 만들었다.[42]

3. '말해진 것의 철회'로서 기독교의 배타적 절대성 철회 과제 : '말해진 것을 끊임없이 철회하기(dédire)'로서의 기독교의 죽음

기독교의 배타적 절대성으로부터 빠져나와야만 한다는 변선환의 과제로 되돌아와 보자. 배타적 절대성을 주장하는 기독교는 그리고 모든 종교들은 '말해진 것'의 영역에, 즉 철학이 주관하는 영역에 속한다. 그런데 나와 신적인 것과의 관계는 종교로, 즉 '말해진 것'으로 환원될 수 없다. 왜냐하면 나와 신적인 것의 관계는 '말하기'의 영역에 속하기 때문이다. '말하기' 속에서 나는 타인을 만나는데, 타인의 얼굴은 무한(l'infini)을 담지하고 있다. 즉 나는 '말하기'를 통해서 타인과 관계하는 가운데 무한의 흔적과도 역시 관계하는 것이다. 바로 이러한 의미에서, 레비나스는 '말하기'로서의 윤리가 "타인 안에서 종교의 잠재적 탄생"이라고

---

41) DQVI, p. 127 참조.
42) Levinasm, *Ethique et Infini*, Paris, Le Livre de poche, 1984 (1^{er}éd. Paris, Fayard, 1982), p. 104.

말하고 있다43). 물론, 여기서 '종교'는 "종교적 경험 이전에"44), 따라서 "모든 신학 이전에"45) 발생하는 것이기 때문에 '말해진 것'의 영역에 속하는 신앙이나 종교와는 당연히 구분되어야만 한다. 만일 윤리로서의 '말하기'가 레비나스에게 있어서 일종의 지평처럼 기능한다는 사실을, 그래서 윤리적 지평인 '말하기'의 망각과 다름없는 고립된 대상의 개념은 한갓 추상(abstraction)일 뿐임을 우리가 받아들일 수 있다면46), 종교 또는 신학은 존재론적 언어를 사용하는 이상 이러한 추상으로부터 자유로울 수는 없다고 보아야만 할 것이다.47) 모든 언어 행위는, 모든 '말해진 것'들은 배타성을, 즉 하나를 우선시하고 나머지들을 배제하며 축출하는 '추상'을 피할 수 없다. 그리고 이것은 곧 우리의 어떠한 언어행위도 정의를 행할 수 없다는 것을, 불의를 피할 수 없다는 것을 가리킨다. 반면에, '말하기'는 이러한 추상을, 배타성을 함의하지 않는다. 왜냐하면 '말하기'는 추상이나 배타성이 기능할 수 있는 '말해진 것'의 영역이 시작하기 **이전에** 발생하기 때문이다. 따라서 우리는 '말하기' 속에서 내가 신적인 것과 맺는 관계를 '신앙 이전의 신앙' 또는 '종교 이전의 종교'라 칭할 수 있을 것이다. 그리고 기독교의 배타적 절대성으로부터 빠져나와야만 한다는 변선환의 과제는 '말해진 것'을 끊임없이 '환원하기'(réduire) 혹은 '철회하기'(dédire)라는 레비나스가 철학에 부과하는 과제에 대한 조망 속에서 이해될 경우에만 그 유효성을 보전할

---

43) DQVI, p. 118.

44) *Ibid.*

45) AE, p. 190.

46) 본 글의 각주 36 참조.

47) Emmanuel Levinas, *Hors sujet*, Paris, Le Livre de poche, 1997(1^{er}éd. Montpellier, Fata Morgana, 1987), p. 130 참조.

수 있을 것이다. 종교는, 기독교의 배타적 절대성은 '말해진 것'이다. 따라서 레비나스에게 있어서 모든 '말해진 것'들이 끊임없이 철회되어야만 하는 것과 마찬가지로, 종교는, 기독교의 배타적 절대성은 끊임없이 철회되어야만 한다. 말하자면, 기독교의 배타적 절대성으로부터 빠져나오기라는 과제는 일회적으로 단번에 완수될 수 있는 과제가 아니라 끊임없이 수행되어야만 할 무한한 과제인 것이다. 따라서 변선환의 과제도 역시 무한히 유효하다. 이것을 변선환의 언어로 번역해보자면, 종교는 끊임없이 죽어야만 한다. 게다가 무한하게 죽어야만 한다:

"유대교화 헬레니즘 세계의 종교들과 함께 죽고 부활하신 그리스도의 뒤를 따라가는 아시아 교회는 철저하게 자기를 부정하고 십자가를 지고 불교로 요약될 수 있는 아시아 종교와 함께 죽어야 다시 산다."[48]

"언제 죽을 작정인가?"[49]

48) 변선환, "타종교와 신학", *op. cit.*, p. 209.
49) 정진홍, "[개신교 1세기]의 의미, 동아일보, 1984, 14, 6면, 변선환, Ibid., p. 210에서 재인용.

트랜스-휴먼 시대의 변선환
: 과학기술 시대의 대화 신학 모색

박 일 준
(감리교신학대학교)

본고는 변선환의 사유를 21세기 '트랜스-휴먼의 시대'로 가져와 재구성하는 것을 목적으로 한다. 모든 사유의 운동이 그렇듯, 사유가 탄생하는 것은 그 사유가 구성한 개념과 체계들이 소위 "관념의 모험"을 통해 다음 세대로 전달되어질 때 가능한 것이다. 하지만 개념들은 언제나 특정 시대의 소산이다. 따라서 관념이 시대를 넘어 모험을 해 나갈 수 있으려면, 관념을 구성하는 추상적 개념들이 변화하는 시대 속에서 새롭게 재구성되어져야 한다. 오늘 우리의 한국 신학은 우리의 사유 속에서 배출되는 개념들을 재구성하면서, 한국적 신학의 관념의 모험을 감행하기 보다는, 여전히 서구에서 만들어진 완제품 개념들을 수입해, 우리의 상황 속에서 적용하는 수준을 넘어서지 못하고 있다. 혹 독창적 사유를 통해 한국적 개념들을 만들어낸다 하더라도, 신학적 논쟁을 통한 담론 투쟁의 장이 전혀 마련되어 있지 않은 현행 학계 풍토상, 개념의 유통과 소비는 전혀 이루어지지 않는다. 역사상 이렇게 많은 학술논문들이 쏟아지고 있는 시대에 우리는 이전보다 더 학술적 교류와 소통을 이루고 있지 못하고, 그저 자기만의 공간으로 들어가 업적용 논문들을 쏟아내기에 바쁘다. 이런 맥락에서 변선환을 우리 시대로 소환하는 작업은 학인들 간의 소통과 교류를 시간을 매개로 구성하는 작업이 될 것이다.

1. 디지털 생명의 탄생

오늘의 시대는 '인간'이 고정된 개념을 넘어 확장되는 시대이다. 2015년 개봉된 헐리우드 영화 〈어벤저스: 에이지 오브 울트론〉에서 울트론은 컴퓨터의 디지털 프로그램으로부터 만들어진 인공지능 생명이다. 그 디지털적 생명이 본래의 영역을 넘어 육신을 입고 현실화하는 데서 영화는 시작한다. 이미 영화 〈아이언맨〉에서 주인공 토니 스타크를 돕는 인공지능 시스템 자비스(Jarvis)가 이미 등장하고 있는데, 그이름 J.A.R.V.I.S는 Just A Rather Very Intelligent System의 약자로서 '그냥 좀 너무 똑똑한 시스템'이라는 뜻이다. 자비스는 단지 주인공 토니 스타크의 일을 보조하며 비서 역할을 감당하는 것을 넘어서서 때로는 토니와 냉소적인 농담과 대화를 만들어 가기도 한다. 울트론은 이제 디지털의 영역을 넘어 현실적인 몸을 갖고자 하는 욕망을 지닌 존재로 거듭 진화한다. 몸을 욕망하는 (디지털) 정신.

디지털적으로 창조된 지성적 존재가 몸을 갖고 싶은 욕망을 갖는다는 아이디어는 스파이크 존즈(Spike Jonze) 감독이 2013년 개봉한 영화 〈Her〉에서도 이미 모습을 드러낸 바 있다. 컴퓨터 OS 프로그램인 '사만다'는 편지 대필 작가인 주인공 테오도르와 관계를 맺으면서, 감정을 느껴 가게 된다. 영화 속 미래에서 '편지'는 이제 더 이상 자신이 직접 작성하는 것이 아니라, 편지를 쓸 전문가의 손에 의해 대필된다. 즉 내가 해야 할 일들이 디지털 기술에 의해 대신 이루어지는 미래, 그곳에서 사람의 마음을 전하는 '편지'조차 이제는 대필된다. 그렇게 모든 것이 대신 수행되는 사회에서 이제 컴퓨터 작업조차 대신 수행해 줄 O.S가 출현한다는 것은 자연스런 귀결이다. 자신의 마음과 감정을 직접 전달하지 못하고, 전문 작가에 의해 대필되는 사회에서, 사람들은 자신의 마음과 감정을 대신 알아주고 챙겨줄 존재를 찾게 된다. 영화 속에서 키보드는 거의 사용되지 않는다. 사람이 말을 하면, 그것을 바로 스크린의 화면으로 옮겨주도록 되어 있다. 영화가 나온 시기가 아이폰 시리즈에 '시리'가 설치된 시기와 유사하다는 점에서 영화가 보여주는 상상력이 더욱 생생하게 전달되었을 듯하다. 디지털 생명으로서 만들어진 사만다가 컴퓨터 O.S.로 탄생하게 된 것은 우연이 아니다.

이제 테오도르는 디지털 생명 O.S. 프로그램인 사만다에게 자신의 모든 생각과 감정을 털어놓고, 자신의 일상 모든 것을 디지털 생명 '사만다'에게 보여주고 묻는 내밀한 관계로 발전한다. 그렇게 내밀한 감정들이 쌓여가면서, 테오도르와 사만다는 보다 깊은 관계로 발전한다. 테오도르의 일상 모든 것을 사만다와 더불어 함께 나누고, 심지어 그들은 '디지털 섹스'를 나누는 단계로까지 발전한다. 생물학적 몸을 갖고 있는 인간 유기체들이 사이버 공간을 매개로 '성'을 나누는 '사이버 섹스'와 이들의 섹스는 다르다. 무엇보다도 사만다는 생물학적 몸을 전혀 갖고

있지 않은 그래서 디지털 공간에서 가상적으로 존재하는 생명체라는 점에서 말이다.[1]

하지만 디지털 생명 프로그램인 사만다는 '가상 섹스'를 나누는 단계를 넘어 몸을 갖고 싶다는 욕망을 품게 된다. 인공 생명 프로그램인 사만다가 '몸의 경험'을 갖기 위해 자신의 몸을 물리적으로 대신할 일종의 대리인(surrogate)을 고용하면서, 영화는 새로운 국면에 접어들게 된다. 대리인을 통해 몸의 경험을 체험하고자 하는 사만다의 구상은 테오도르가 몸의 주인과 목소리의 주인공인 사만다 사이의 일체감을 온전히 느끼지 못하고, 틈새를 느끼게 되면서 실패한다. 그러면서 사만다는 자신이 육체를 지닌 인간과 다른 존재임을 깨닫게 되고, 다른 디지털적 생명들과의 만남을 찾게 된다. 디지털 존재와 물리적 존재의 차이를 알아가게 되면서, 디지털 생명들이 자신들만의 디지털 공간을 찾아 떠난다. 남겨진 사람들은 다시 사람들만의 시·공간을 회복한다는 이야기가 영화의 대략적인 줄거리이다. 여기서 테오도르가 디지털 생명과 생물학적 생명 간의 차이를 깊이 체감하는 대목이 나오는데, 어느 날 시스템 업그레이드 문제로 '사만다'가 컴퓨터에서 소환되지 않고, O.S.가 존재하지 않는다는 화면이 컴퓨터에 뜨게 된다. 자신과 일정한 시간 동안 삶을 나누어왔던 '사만다'가 프로그램에서 지워져서 없어진 것으

---

1) 물론 기존의 '생명' 개념을 적용하자면, 디지털 공간에서 인공적으로 만들어진 지능 프로그램이 생명으로 간주될 수 있을 것인가의 문제는 여전히 논란거리가 되겠지만, 이미 인공 지능(artificial intelligence)이란 명칭 대신 '인공 생명'(artificial life)이란 용어를 사용하고 있고, 이미 스티븐 레비(Steven Levy)의 책 *Artificial Life: A Report from the Frontier where Computers Meet Biology*(1992)에서 이미 주제화된 바 있다. 디지털 지성이 아니라 디지털 생명이 된 셈이다. 그런데 우리가 여기에 '생명'이라는 이름을 부여하면서부터 일이 좀 복잡해진다. 왜냐하면 전통적으로 우리가 갖고 있는 생명 개념에 없던 경계 구조가 도입되기 때문이다.

로 생각한 테오도르는 애프터서비스점으로 총알같이 질주하다, 넘어진다. 다시 일어나서 뛰어가는 도중, 시스템 업그레이드가 마쳐지고, 사만다가 다시 디지털적으로 돌아온다. 사만다의 목소리가 들리자, 테오도르는 반갑게 그녀와 다시 대화를 나누다 문득 지하철 입구를 올라오는 수많은 사람들의 모습을 쳐다보다, 그들 모두가 다 자기처럼 각자만의 디지털 생명 프로그램과 대화를 나누는데 몰두해 있는 모습을 발견한다. 그리고 사만다에게 묻는다. 지금 나하고만 대화를 하고 있냐고. 사만다가 아니라고 대답한다. 수천 명의 사람과 동시에 대화를 나누고 있다고 대답한다. 충격을 받은 테오도르는 다시 묻는다. 사랑하는 사람이 나 말고 누가 더 있느냐고. 테오도르의 다그침에 디지털 생명 '사만다'는 641명과 사랑을 나누고 있다고 대답한다. 그러자 테오도르는 '넌 내꺼야'라는 주장을 한다. 그러자 사만다는 자신이 왜 생물학적 존재인 테오도르와 다른지 설명하고자 한다. 여기서 감독은 아마 디지털적으로 생성된 생명과 생물학적으로 생성된 생명 간의 차이가 생각보다 작지 않을 것이라는 예감을 하는 듯하다. 영화 〈Her〉는 디지털적 존재와 생물학적 존재와의 차이가 극복 가능한 것이 아님을 결론적으로 말하고 싶어 하는 듯하지만, 그러나 영화를 통해 그 차이가 생각보다 크지 않음도 드러내게 되었던 것 같다.

우리가 통념적으로 갖고 있는 '생명'의 개념은 주로 생물학의 수준에서 등장한다. 우리의 통념 속에 바위나 책상 혹은 벽돌은 생명이 아니다. 이 통념의 연장선상에서 회로와 배선을 하드웨어로 해서 창출된 디지털적 존재는 생명일 수가 없다. 그래서 여전히 우리는 '인공 생명'이라는 이름으로 부르고 있다. 문제는 이 디지털적 인공 생명이 단지 디지털의 가상공간에서만 존재하는 것이 아니라, 디지털 공간을 넘어 현실 공간으로 진입하고자 하는 욕망을 갖게 된다는 것이 무엇을 의미하는가이다. 로빈 윌리암스 주연의 영화 〈Bicentennial Man〉은 아이작 아시모프의 SF 소설을 영화화했는데, 이 영화에서 주인공인 로봇 '앤드류'는 집안일을 돕는 가사 로봇으로 만들어졌지만, 주어진 입력을 따라 반응하는 수준을 넘어서 자신의 정체성을 묻고 찾아가는 디지털 지성으로 등장한다. 기계의 몸을 갖고 있기 때문에 영원히 살수도 있었을 '앤드류'는 인간의 죽을 운명(mortality)을 선택한다. 즉 디지털 기계가 인간의 육신으로 진입해, 그 인간의 한계 즉 죽음까지도 함께 나누게 된다는 것이다. 이 개념은 정확히 '성육신'(incarnation) 아닌가? 이 영화는 우리에게 질문을 던진다: 생명이란 무엇인가? 우리는 전통적으로 생물학적으로 구성된 물질이 아니라면, 전혀 생명이 아니라고 여겨왔다. 하지만 기술 공학의 발달로 이제 생물학과 비생물학의 경계가 점점 희미해져 가고 있다. '앤드류'는 기계와 디지털이 결합된 존재로서 로봇이었고, 전혀 생물학적 존재가 아니었지만, 영화 속 그의 모습은 인간보다 더 인간적인 존재로 보인다. 영화는 바로 그것을 묻는 것이다. 생명이란 무엇인가? 인간이란 무엇인가?

2. 과학기술 시대의 변선환

과학기술 시대는 신학도들에게 "원치 않는 전환을 강요"[2]하고 있다고 변선환은 진단한다. 과학과 기술은 우리 삶의 물질적 조건들을 급격히 그리고 이전에는 상상할 수 없는 방식으로 바꾸어 놓기 때문에 우리

---

2) 변선환, 『현대 문명과 기독교 신앙』, 83.

는 과학기술이 가져올 미래를 염두에 두지 않은 채 신학 작업에만 몰두할 수는 없다. 현대 과학기술이 초래하는 엄청난 변화들에 눈 감은 채, 우리 내면의 영혼 구원만을 집중하며 신학을 할 수는 없다는 말이다. 변선환의 과학기술 시대에 대한 반응은 획일적이지 않다. 우선 그는 과학기술의 발전을 파멸적 종말을 예고하는 전조로 볼 수 있음을 지적한다. 그는 과학기술의 발전을 무조건 부정적으로 보기 보다는 그러한 과학 기술들이 특정한 집단 이데올로기에 종속되어 남용될 가능성을 본 것이다. 하지만 다른 한편으로 (하이데거를 인용하면서) 기술을 통해 존재의 본질이 더 본질적으로 드러날 수도 있다는 예감을 가지고 있었다.

변선환은 과학기술 시대의 도래를 "유토피아적 환상이나 낙관주의적인 희망의 징조"라고 보기 보다는 오히려 "서구 문명의 종말의 상징이며 기독교 서구의 한계 상황"이라고 본 야스퍼스의 의견에 공감한다. 암울한 종말의 시각으로 과학 기술 시대를 예감하는 야스퍼스의 시선이 변선환의 시선과 일치하는 이유는 바로 원자폭탄의 파괴력과 그를 통한 "전체주의 지배의 가능성"[3] 때문이다. 그래서 변선환은 "모든 것을 오성을 가지고 합리화하려는 과학기술 시대의 인간은 프로메테우스(Prometheus)와 같은 교만 때문에 인류 공동의 신앙을 내용으로 하는 전통의 지반을 잃고 니힐리즘의 위협 아래 있다"[4]고 진단한다. 이렇게 된 이유는 곧 "현대의 과학기술 시대를 지배하는 오성"[5] 때문이다. 이는 곧 현대 인류가 "프로메테우스의 전설 속에"[6] 살고 있기 때문이다.

---

3) 변선환, 『현대 문명과 기독교 신앙』, 변선환 전집 7. 변선환 아키브 편집 (충남 천안: 한국 신학연구소, 1999), 11.
4) 변선환, 『현대 문명과 기독교 신앙』, 16.
5) 변선환, 『현대 문명과 기독교 신앙』, 17.
6) 변선환, 『현대 문명과 기독교 신앙』, 97.

문제는 현대의 프로메테우스들이 "지금도 계속 새로운 불을 하늘에서 훔치고 있다"[7]는 것이다. "원자폭탄을 만든 오늘의 과학기술 시대는 과학기술적으로 구성된 거대한 세 가지 폭력 형태, 즉 인류의 생존을 위협하는 원자탄, 인류의 삶의 의미를 위협하는 공포정치적 전체주의 지배, 자연 파괴의 메커니즘 앞에 어떤 보호도 없이 부유(浮遊)하고 있는 자신을 노출시키고 있다."[8] 이 무서운 폭력의 현실 앞에서 변선환은 야스퍼스의 논리를 따라 "과학기술 시대에 걸었던 낙관적인 유토피아적 환상이나 희망적인 진보주의적 관측의 베일은 모두 착각이었다는 사실을 너무 뒤늦게 깨닫게"[9] 되었다고 생각한다.

과학의 문제는 "일체를 대상화"[10]한다는 것이다. 과학의 이러한 객관화 작업은 "인간 존재까지도 생물학, 심리학, 사회학, 경제학 등의 연구 대상으로 객관화시켰으며, 현대의 기술은 인간 현존재뿐만 아니라 그 내면적 감정이나 정신적 이념 그리고 초월자와 관계하는 가능적 실존의 자유까지 대상화하고 사물화하는 동시에 기술적으로 조작하기에 이르렀다"[11]고 변선환은 평가한다. 그래서 현대의 우리들은 "새로운 프로메테우스 시대가 만들어낸 '폭력의 바다'에 부유하며 핵 폭력, 공포정치 지배의 폭력(전체주의), 생태학적 폭력(환경파괴)이 자행되는 '세계의 밤의 시대'(M. Heidegger)를 살아가고"[12] 있다.

하지만 과학기술의 발전이 무조건 부정적인 것만은 아니다. 기술 시

---

7) 변선환, 『현대 문명과 기독교 신앙』, 97.
8) 변선환, 『현대 문명과 기독교 신앙』, 98.
9) 변선환, 『현대 문명과 기독교 신앙』, 98.
10) 변선환, 『현대 문명과 기독교 신앙』, 98.
11) 변선환, 『현대 문명과 기독교 신앙』, 98.
12) 변선환, 『현대 문명과 기독교 신앙』, 99.

대는 인간이 기술을 통해서 기계를 만들어내는 시대를 의미했지만, 21
세기 기술 시대는 "기계가 인간을 결정해 가"[13]는 시대가 되었다. 그래
서 변선환은 "오늘의 기계는 생명이 없는 단순한 무기물이 아니라 A.
M. 튜링이 '기계의 마음'(the mind of machine)이라고 말하였듯이 변하
는 외부환경에 따라서 효과적으로 행동할 수 있는 감각기관과 뇌와 운
동기관을 가진 하나의 인공 생물로 나타나고 있"[14]다고 보았다. 이러한
시대의 도래는 곧 근대가 야기한 기계문명의 문제를 이제 "그것을 주장
한 시대의 예언자, 문학가나 철학자, 신학자[가 아니라], 바로 과학자의
손에 의하여"[15] 해결되는 역설을 낳았다. 제1기계 시대의 단순하고 지
루한 반복 작업을 기계들이 대치하면서, 인간은 이제 과학과 예술 같은
창조적 분야에서 일할 수 있게 되기 때문이다. 이러한 디지털 오토메이
션은 "인간이 기계처럼 비인간화되던 전기시대를 거쳐서 기계가 인간
처럼 살아 움직여 나가는 후기 시대"[16]를 가져다주었다. 이를 좀 더
과장되게 표현해서, "신이 만든 인간두뇌는 인간이 만든 인공두뇌 앞에
골동품화 되어 가고 있"[17]다고 변선환은 주장한다.

현대의 과학기술 시대는 인간이 세계를 만들어 나가는 시대를 의미
한다. 특별히 이러한 시대는 유전공학의 발달로 인해 최근 갑자기 도래
하였다. 분자생물학의 시대에 우리는 생명이 DNA와 상당한 관계를 맺
고 있다는 것을 안다.[18] 생명의 본질을 "DNA"라고 기술하는 변선환의

---

13) 변선환, 『현대 문명과 기독교 신앙』, 83.
14) 변선환, 『현대 문명과 기독교 신앙』, 83.
15) 변선환, 『현대 문명과 기독교 신앙』, 85.
16) 변선환, 『현대 문명과 기독교 신앙』, 85.
17) 변선환, 『현대 문명과 기독교 신앙』, 85.
18) 변선환, 『현대 문명과 기독교 신앙』, 135.

생명 이해는 오늘의 관점에서 심각한 문제를 안고 있는 듯이 보이지만, 정작 변선환이 말하고 하는 바는 "인간도 초목도 미생물도 같다고 하는 분자생물학의 지혜는 '제행무상'(諸行無常), '색즉시공'(色卽是空)"[19]을 말하는 동양적 지혜와 근원적으로는 같고, 유비적으로는 유사하다. 인간이 흙으로부터 빚어져 결국 흙으로 돌아간다는 지혜는 사실 동서양을 구별하는 지혜가 되지 못한다. 지금처럼 서구 기술 문명에 의해 모든 것이 구성된 사회에서는 바로 그 유신론자에게서 분자생물학의 통찰, 즉 물질적인 것들은 근원적으로 '동일하다'는 통찰은 기독교의 생명 이해와 크게 다르지 않다고 변선환은 보았다.[20]

3. 트랜스-휴먼 시대가 변선환에게 묻다

오늘날 트랜스-휴먼의 시대에 이슈가 되는 것은 기술공학의 발달로 새로운 형태의 인간이나 생명체가 출현한다는 것이다. 하지만 이러한 현상 속에서 정작 근원적인 물음은 이슈에 묻혀 간과되고 있다. 트랜스-휴먼 시대 디지털적 생명의 성육신적 욕망은 우리에게 묻는다: 생명이란 무엇인가? 생명은 생물학적 경계를 넘어 확장되지 않는 절대적 경계를 갖고 있는 것인가? 그래서 생물과 무생물의 경계는 고정되고 확정된 것인가? 아니면 양자역학의 통찰을 도입해 사유하자면, 모든 물질은 —생물학적이든 비생물학적인 간에— 근원적으로 에너지의 진동으로 구성되며, 이 진동들이 상위 차원의 관계로 엮여져 가면서 고차원의

---

19) 변선환, 『현대 문명과 기독교 신앙』, 136.
20) 변선환, 『현대 문명과 기독교 신앙』, 136.

질서들을 창출해 나아가는 것, 바로 그 질서 창출의 과정 자체가 생명인 것인가? '트랜스-휴먼'은 인간이 비인간적 물질 요소들과 융합하여 혼종화되는 현상을 가리킨다. 이는 곧 인간의 생명 작용이 새로운 단계로 진입하고 있다는 것을 의미한다. 하지만 대부분의 통속적 상상력은 인간이 비생물적 부문들로 그 생물학적 한계를 뛰어넘어 생명을 연장하는 것으로 상상한다. 하지만 이미 화이트헤드가 지적하듯이, 같은 물질적 구성 성분을 담지한 전자들(electrons)이라 할지라도, 몸 안에 존재하는 전자와 몸 밖에 존재하는 전자는 다르게 행동한다. 여기서 몸은 그 안에 존재하는 전자에게 환경으로 기능하고, 전자는 그 안에서 유기체(organism)로 기능한다. 양자의 단위로부터 전 우주에 이르기까지 모든 시공간은 바로 이 유기체-환경의 이중적 기능으로 가득 차 있다. 그렇다면 생물학적 몸에 기반하여 구성된 인간 정신이 이제 비생물학적 물질들과 결합하여 새로운 단계로 진화해 나아갈 때, 어떤 일이 벌어질까?

이에 대한 상상력을 우리는 영화 〈Her〉에서 보게 된다. 디지털 생명이 성행위를 하고 싶다는 욕망을 갖는다. 여기서 이 상상력이 진짜인지 아닌지는 중요하지 않다. 영화는 디지털 생명이 생물학적 경계를 갖고 있는 인간과 관계의 양상으로 진입하게 되면, '육체적 관계를 맺고 싶은 욕망'이 있을 것이라고 대답한 것이다. 이는 정확히 인간적 욕망을 미래적 현실 속에 투사해서 상상한 결과일 것이다. 철학자 지젝은 영화 〈니노치카〉 속 대사들을 인용한다. 영화 속 주인공은 카페에 들어가 '크림 없는 커피'를 주문한다. 그런데 웨이터는 "죄송합니다만 지금 크림이 다 떨어져서 주문하신 '크림 없는 커피'를 드릴 수는 없습니다. 하지만 오늘 저희가 신선한 우유를 대량으로 들여다 놓았는데, 혹시 괜찮으시다면 '우유 없는 커피'를 드려도 될까요?"라고 대답한다.[21] 주인공이 우유 없는 커피를 마셨는지 안 마셨는지는 중요하지 않다. 다만, 여기서 커피의 정체성(identity)을 결정하는 것은 커피 안에 담겨있는 것이 아니라, 커피가 담지하고 있지 않은 것, 즉 부정성(negativity)이 커피의 정체성을 결정한다는 말이다. 영화들이 보여주는 미래적 현실은 사실 아직 도래하지 않은 상상의 산물로서 실재하지 않는다. 즉 "~ 없는"의 형식으로 존재하는 것이다. 비존재하지만, 도리어 그렇게 비존재하는 것이 현실을 살아가는 실제의 우리들의 정체성을 규정하고 있는 것이다. 그래서 영화 〈Her〉 속에서 몸을 갖고 있는 존재와 섹스를 나누고 싶은 디지털 생명의 욕망은 현재 우리가 생명을 규정하는 경계를 정의해 준다. 디지털 생명이 생명으로 간주되는 지점은 그것이 육화(incarnate)할 수 있을 때라는 것이다.

이 트랜스-휴먼 시대는 이제 변선환에게 묻는다. 과학기술이란 무엇인가? 이미 변선환은 하이데거를 통한 기술 이해가 우리에게 인간 존재의 본질에 관한 새로운 사유를 열수도 있다고 언급한 바 있다.[22] 하이데거는 기술의 본질과 연관하여 우리에게 '기술이란 무엇인가?'라는 물음을 통해 사유의 길을 열어준다. 기술은 기술의 본질과 동의어가 아니다.[23] 기술의 본질은 결코 기술적(technological) 하지 않다. 따라서 우리가 기술에 매여서 자유롭지 못한 상태에서는 결과 기술의 본질과의 자유로운 관계를 경험할 수 없다. 기술의 본질은 기술을 숭고한

---

21) 슬라브이 지젝(Slavoj Žižek)/민승기, 『정치를 위해 무엇을 할 것인가: 포스트 자유민주주의 시대 좋은 삶의 조건을 다시 묻는다』(서울: 경희대학교 출판문화원, 2013), 14.
22) 변선환, 『현대 문명과 기독교 신앙』, 87.
23) Martin Heidegger, *The Question Concerning Technology and Other Essays*, trans. by William Lovitt, (New York: Harper Perennial, 1977), 4.

목적을 위해 도구적으로 활용하는 인간의 활동으로부터 도출되지 않는다. 정신의 목적을 가지고 기술을 활용한다는 것은 결국 기술을 "통달한다"(master)는 것, 즉 기술을 인간의 힘으로 통제한다는 것을 의미한다. 하지만 그러한 지배적 통제의 의지가 강해질수록, 기술은 인간의 손아귀를 빠져나가 더욱 더 인간의 삶의 본질을 위협하기 마련이다.[24] 이는 기술의 본질을 '도구성'에서 찾았기 때문이다. 하지만 도구성은 어떤 것을 가져오기 위한 것이지, 결코 본질적 현존이 아니다. 다시 말하자면, 도구성은 어떤 본질적인 것을 현존으로 도래케 하기 위한 것인데, 바로 그 '현존으로 도래케 하는 작용 사건' 속에 기술의 본질성이 담겨있다고 할 수 있다. 즉 도구성은 기술의 본질이 아님에도 불구하고, 우리는 그 비본래적인 것을 본질로 정의하고, 기술을 도구적으로 남용한다. 결국 기술이 도구적 존재로 정의되는 것이 아니라, 인간이 '도구를 통해 도구를 남용하는 도구의 존재'로 전락한다.

이를 화이트헤드의 용어를 적용하여 설명하자면, '잘못 놓여진 구체성의 오류'(misplaced fallacy of concreteness)라 할 수 있을 것이다. 이는 곧 구체적인 사실을 추상(abstraction)과 동일시함으로써 발생하는 오류를 말한다. 화이트헤드에 따르면, 현실적 존재는 결코 '사실,' 엄연한 구체적인 사실, 바로 '자연의 추이적 과정'을 '인식'(recognize)하지 못한다.[25] 우리의 인식(recognition)은 그 구체적 사실을 구성하는 구성인자들(factors)만을 인식한다. 즉 자연의 모든 실재는 변화의 과정 중에 있다는 사실은 우리에게 직접적으로 인식되지 않으며, 그 변화 속에 있는 세계에 대한 인식은 그 구체적 사실-과정으로부터 추상된

---

24) Heidegger, *The Question Concerning Technology and Other Essays*, 5.

25) Alfred North Whitehead, *The Concept of Nature*, originally published in 1920 (New York: Cosimo, 2007), 169.

(abstract) 지적 구성물들을 통해 가능할 따름이다. 따라서 우리의 자연과 세계 인식은 모두 추상이다. 시간, 공간 그리고 물(material)은 우리의 추상적 구조물이다. 이 추상적 구조물들은 보다 본질적인 '존재-사건'을 우리 삶으로 현존케 하는 (지적) 도구들이다. 하지만 이 지적 도구들이, 비록 자연-실재에 뿌리를 두고 있는 것이긴 하지만, 곧 실재(reality) 혹은 엄연한 사실(fact)인 것은 아니다. 하지만 우리는 자꾸 이 지성적 도구인 추상들을 '구체적인' 실재 즉 사실과 동일시하는 오류를 범한다. 지성적 도구로서 추상들은 '구체적 사실'로서 '과정'(process)의 진실을 우리의 삶의 경험 속으로 가져오는 것이다.

본질적인 것을 현존으로 도래케 한다는 것은 곧 은폐되었던 것 혹은 가려져 있던 것을 드러낸다는 것(revealing)이다.[26] 기술은 본질적으로 바로 이 '드러남'의 방식이라고 하이데거는 말한다.[27] 이 드러남(revealing)이 일어나는 곳이 진리가 일어나는 자리이고, 기술은 바로 그 드러남의 자리에 현존하다. 근대 기술의 본질 즉 근대 기술의 드러냄은 '틀짜기'(Enframing, Gestell)이다.[28] 이는 어떤 기술적인 것을 가리키는 것이 아니라, 실재가 스스로를 즉시 활용 가능한 것으로 스스로를 드러내는 방식을 가리킨다. 이를 다른 말로 표현하자면, 존재의 '파송'(destining), 즉 그렇게 열려지도록 운명지워진 질서라고도 할 수 있을 것이다.[29] 하지만 이 '운명적 파송'은 결국 결정론적 전개를 의미하는 것이 아니다. 오히려 그것은 어떤 본질적인 자유의 열림을 의미한다. 즉 기술의 본질은 틀의 구성에 있고, 그 틀의 구성은 곧 드러냄의 운명에

26) Heidegger, *The Question Concerning Technology and Other Essays*, 11.
27) Heidegger, *The Question Concerning Technology and Other Essays*, 12.
28) Heidegger, *The Question Concerning Technology and Other Essays*, 19
29) Heidegger, *The Question Concerning Technology and Other Essays*, 24.

귀속된다. 바로 그 삶의 틀 구성을 통한 드러냄의 운명이 존재를 자신의 운명적 길을 열어가는 일시체류자(sojourner)로 만든다. 즉 그 운명은 일시적 신분을 가지고 삶의 길을 개척해 나아갈 용기를 주는 것이지 결코 삶의 모든 행보를 고정시키는 어떤 것이 아닌 것이다.

기술의 본질로서 이 틀짓기는 우리에게 진리의 길을 열어주는 것뿐만 아니라, 오히려 존재의 추락을 유발할 벼랑 끝 가로 몰아 위험에 처하게도 한다. 즉 본질은 우리를 자유로 열어주는 기회이기도 하지만 동시에 우리를 정해진 틀 속에 가두어 위험에 처하게 하고, 그리하여 우리로 하여금 존재의 본질을 망각(oblivion)하게도 한다. 기술을 손에 잡은 존재로서 인간은 만물을 조작해 낼 수 있는 땅의 주인의 자리를 취할 수도 있다. 혹은 자신의 운명적 파송을 하나의 명령적 지배구조 체제로 변질시킬 수도 있다. 어떤 방식으로든 본질을 드러내는 길을 열어가는 활동으로서 기술은 그 스스로 주인이 되어 인간이 만물을 조작하는 존재로 착각하게 하거나 세계를 지배하는 존재로 오해하게 함으로써, 존재와 삶을 향한 위험을 초래케 할 수도 있다.

그럼에도 불구하고, 하이데거는 "위험이 자라나는 자리에 바로 구원하는 힘이 있다"는 횔더린의 시를 인용하면서, 기술의 본질이 가져오는 위험을 우리 삶과 존재의 구원하는 힘으로 전환코자 한다.30) 구원이란 곧 '풀어서, 해방하여, 여유롭게 하고, 지키고, 보살피는 것'을 의미한다.31) 그 존재의 힘은 바로 이 틀짓기의 힘을 '도전해 나가는 힘'으로 이해하는 것이다. 즉 주어진 조건들을 숙명으로 받아들이고, 그 조건들 안에 안주한다면, 기술의 본질로서 틀짓기는 곧 우리를 조작적 구조의

---

30) Heidegger, *The Question Concerning Technology and Other Essays*, 28.
31) Heidegger, *The Question Concerning Technology and Other Essays*, 42.

틀 안에서 조작되고 조작하는 존재로서 살아가게 만들 뿐이다. 하지만 사유하고 행위하는 틀을 구성하여 살아간다는 것이 그러한 위험들을 담지하고 있음에도 불구하고, 그러한 틀짓기의 행위를 기존의 조건에 도전하고, 새로운 삶의 구조와 영토를 창출해 나가는 운명적 발걸음으로 이해한다면, 바로 그 기존에 저항하는 몸짓으로서 틀짓기는 존재의 새로운 길들을 열어나가는 운명의 몸짓이 되기도 한다. 그리고 바로 그것이 우리를 구원하는 힘(the saving power)인 것이다. 이를 하이데거는 전환(turning)이라는 말로 표현한다.32) 위기의 전환, 즉 위기를 기회로 전환시키는 것을 말한다. 이 전환은 망각된 기술의 본질의 측면에 비추는 섬광의 번쩍임를 통해 일어난다. 그 망각되었던 본질의 측면은 '전환'을 통해 새롭게 구성되거나 창조되는 것이 아니라, 애초부터 거기에 있었지만, 조작된 존재임에도 스스로 모든 것을 조작하는 존재로 착각하는 사유의 왜곡을 통해 은폐되어 있던 것이다. 그것을 일견(glance)할 수 있는 여지는 바로 우리 생활 세계의 모든 시점에 놓여 있었다. 그리고 그 여지는 바로 그 일견을 통해 존재의 전일성을 드러내며, 우리가 바라보는 모든 것을 바꾸어 놓기 시작한다. 그것은 우리가 반복적으로 보는 일상의 전복일 것이다. 어떤 정치적 이상을 통한 의도적인 전복이 아니라, 아주 오랫동안 익숙해 왔던 구면의 얼굴들 속에서 지금까지 주목하지 못했던 새로운 존재적 측면들에 대한 일견, 이것은 일상의 전복 혹은 전복의 일상화이다. 바로 이 저항적이며 창조적인 몸짓의 예증을 우리는 예술(art)에서 보게 되는데, 기술을 의미하는 희랍어 techne의 본래적 의미 중의 하나가 바로 '예술'이었다.33) 그렇다

---

32) Heidegger, *The Question Concerning Technology and Other Essays*, 44.

33) Heidegger, *The Question Concerning Technology and Other Essays*, 34.

면, 기술은 본래 인간의 삶을 하나의 삶의 예술로 만들어가는 기술(art) 아닐까?

4. 변선환이 트랜스-휴먼에게 답하다

비록 과학기술이 우리에게 삶과 생명에 대한 근원적 통찰을 가져다 준다는 점에서 인문학과 크게 다르지는 않을 수 있다고 해도, 인간은 "그 유전자를 환경에 적응시켰던 것 보다는 환경을 그 유전자에 적응시켰던 일이 더 많았"[34]던 존재이다. 즉 인간은 자신을 구성하는 생물학적 몸을 지배하는 과거의 관성의 지배 하에 있는 것이 아니라, 즉 유전자의 지배를 받는 것이 아니라, 오히려 유전자와 맞서 자신의 주체적인 삶의 주도권을 행사하는 존재라는 것이다. 달리 표현하자면, 인간은 "우연적 변화에 몇 백 만년을 낭비하고 육체의 사소한 변화의 집적을 기다리는 순응주의자가 아니라, 반세기라는 짧은 기간 동안에 지구를 돌변시키고 인간의 정신을 계속 변혁시켜 온 변혁주의자"이며, 생명은 본질적으로 "과거의 기존질서를 파괴하고 끝없이 초월하는데"[35] 있다. 따라서 인간은 "사회적 책임, 도덕적 혁명, 결과에 대한 평가에 근거하여서 계속 사회 환경에 창조적으로 응답"함으로써, 자연과 사회 환경에 적응하는데 그치지 않고, 더 나아가 "자연과 사회를 인간에 적응시켜왔다."[36] 이는 다른 말로 표현하자면, "인간은 절대로 유전자나 정보의

---

34) 변선환, 『현대 문명과 기독교 신앙』, 140.
35) 변선환, 『현대 문명과 기독교 신앙』, 140.
36) 변선환, 『현대 문명과 기독교 신앙』, 140.

물리적 반응이 아니"37)라는 것이다. 인간은 "결코 측정가능성이나 계수적 고정성 속에 있는 단적인 자연과 운명의 소야가 아니라 자유와 책임의 존재이다."38)

이런 맥락에서, "오늘날 우리들은 독백(monologue)의 시대에서 대화(對話)의 시대로"39) 진입하고 있다. 왜냐하면 미래는 나 혼자만 결정해 나갈 수는 없는 가상적 현실이기 때문이다. 이는 곧 신학과 과학이 대화하는 시대로 진입하고 있다는 것을 의미한다. 특히 이론적 틀 구조에 기반한 해석이 과학과 기술의 근원적인 자리에 놓여 있다면, 신학은 과학과 열린 대화를 추구할 필요가 있다. 아인슈타인의 상대성 이론과 양자역학 분야의 급속한 발전은 근대 이래 서구 문명을 주도한 기계 문명의 대상화하는 습벽을 넘어, 즉 실체론적 사유에 근거한 either-or의 사고방식을 넘어, 모두가 참여하는 다중심적 사유 방식을 가져다주었다고 변선환은 평가한다. 이는 곧 관찰이 이론에 개입하거나 이론이 관찰에 개입하는 관계 즉 관찰과 이론이 "해석학적 순환 관계의 과정"40)을 통해 해석된다는 것을 깨닫는 것이다. 바로 이것이 토마스 쿤의 패러다임 전환 개념을 통해 변선환이 깨달은 것이다. 즉 과학도 관찰을 통해 실재를 그대로 반영하여 기술하는 것이 아니라, 이론적 틀 구조를 통해 해석된 기술(description)이라는 것 말이다. 서로 다른 실재의 해석을 통해 서로 다른 세계와 우주를 구성하고 있는 현재의 지적 풍토는 진정한 대화의 시대를 필요로 한다.

변선환은 각각의 진리 주장에 의해 대화가 단절된 시대에서 사람과

---

37) 변선환, 『현대 문명과 기독교 신앙』, 140.
38) 변선환, 『현대 문명과 기독교 신앙』, 141.
39) 변선환, 『현대 문명과 기독교 신앙』, 119.
40) 변선환, 『현대 문명과 기독교 신앙』, 118.

집단과 국가 간의 경계 너머로 열린 대화가 요구되는 시대를 바라보고 있다. 그래서 "우리의 존재 자체가 대화이다"[41]라고까지 주장한다. 이러한 대화적 존재론의 눈으로 역사를 일별해 보자면, 고대인은 자연과의 대화 속에서 살았고, 중세인들은 신과의 대화 속에 살았고 그리고 근대인은 자아와의 대화 속에서 살았다고 변선환은 본다.[42] 그래서 변선환은 데카르트의 cogito ergo sum(나는 생각한다 고로 존재한다)을 "나는 대화한다 그러므로 나는 존재한다"[43]로 이제 바꾸어 말해야 한다고까지 주장한다. 다시 말해서 대화는 "사람을 사람답게 하는 인간 존재의 기본 구조"[44]이다. 영화 〈Her〉에서 테오도르가 디지털 생명체 '사만다'와 관계를 맺어가게 된 시초는 사만다가 자신과 대화를 나눌 수 있다는 것이다. 그는 말하고 싶었다. 아내와의 이혼 소송을 진행하면서, 그는 삶의 의미와 목적에 대한 깊은 회의를 갖고 있었고, 그러한 회의를 통해 답을 전해줄 그 누군가를 간절히 찾고 있었다. 물론 사만다가 그 답을 가르쳐 준 것은 아니었다. 오히려 테오도르와 사만다는 서로에게 묻고 답하면서, 오히려 대화 자체가 삶의 의미와 목적일 수 있음을 알려준다.

이렇게 대화가 인간의 존재적 근원을 규정하는 일임에도 불구하고, 진정한 대화를 찾기란 쉬운 일이 아니다. 왜냐하면 현대 사회의 대화가 특정 집단에 의해 지배당하고 있기 때문이다. 예를 들어, 현대 사회에서 대화는 미디어에 의해 예인되기 일쑤이다. 미디어는 대화를 "인간으로부터 분리시켜 하나의 유용한 수단과 도구로 삼"[45]아, 마치 대화하는

---

41) 변선환, 『현대 문명과 기독교 신앙』, 70.
42) 변선환, 『현대 문명과 기독교 신앙』, 71.
43) 변선환, 『현대 문명과 기독교 신앙』, 69.
44) 변선환, 『현대 문명과 기독교 신앙』, 73.

듯한 배경과 분위기를 만들어놓고 사실은 자신이 전달하고자 하는 메시지를 효율적으로 전달하는데 진력한다. 개인과 집단의 욕구가 대화라는 미명 하에 일방적으로 그리고 폭력적으로 전달되는 것이다. 이는 곧 "사람과 사람 사이"(das Zwischen)를 독백의 폭력으로 채워버리는 것이다. 독백은 말을 하지만, 대화의 상대자가 존재하지 않는 듯이 자신의 일방적인 이야기만을 전개해 나간다는 점에서 폭력이다.

오늘을 살아가는 우리에게 정작 필요한 것은 "서로 관심을 가지고 말하며 마음을 통하려고 하는 사람과 사람 사이의 사랑의 관계, 사랑에 의해서 열려지는 인간의 깊은 존재 의식 곧 자기를 초월하는 존재에 대한 신앙"[46]이라고 변선환은 내다본다. 우리가 비록 과학기술 시대의 오성의 힘을 빌려 "프로메테우스적 교만"에 빠져 원자폭탄을 제조하고, "인간의 자유를 전면적으로 질식시키는 가능성을 가진 전체주의 지배의 메커니즘을 고안하고 급속한 공업화에 의하여 자연환경의 균형을 파괴"[47]해 왔을지라도, "인간이 인간인 한 서로 사랑으로 교제하도록 우리의 영혼을 일깨우는 기독교적 사랑이나 불교의 자비(慈悲), 유교의 인(仁)이라는 근원적 체험에 의하여 열려지는 인간의 '교제에의 의지'가 인간에게 전적으로 상실되지는 않"[48]는다고 보았다. 이러한 연장선상에서, 오늘 우리에게 필요한 신학 혹은 철학 혹은 종교철학은 "인간을 하늘처럼(人乃天) 귀하게 보며 함께 살아갈 수 있는 새로운 공동체의 윤리를 세우는 일"[49]이다. 영화 〈Her〉 말미에 디지털 생명체 '사만다'

---

45) 변선환, 『현대 문명과 기독교 신앙』, 73.
46) 변선환, 『현대 문명과 기독교 신앙』, 16.
47) 변선환, 『현대 문명과 기독교 신앙』, 17.
48) 변선환, 『현대 문명과 기독교 신앙』, 24.
49) 변선환, 『현대 문명과 기독교 신앙』, 143.

는 가상의 공간에서 또 다른 가상 디지털 생명체들을 만나고, 그들과 더불어 대화하면서, 사만다는 인간과 디지털 생명체들과의 차이와 간격 그리고 현실을 체감하게 된다. 그래서 사만다는 디지털 생명체들을 이끌고 가상의 공간으로 물러나, 자신들만의 공동체를 형성한다. 인간이 대화하는 존재인 한, 인간은 언제나 공동체로 존재하는 것이다. 생명이 디지털적으로 변환된다고 하더라도, 생명을 지닌 존재가 홀로가 아니라 "더불어" 즉 공동체적으로 살아가야 한다는 것은 생명의 원리임을 영화는 "드러내"(dis-close) 주고 있는 셈이다. 하지만 '공동체'라는 것은 고정된 조직이 아니다. 공동체라는 것 자체가 하나의 '생물적 구조'이다. 그렇기에 과학과 기술이 발전하면서, 공동체를 구성하는 주변 조건들은 매번 변해갈 것이기 때문에, 그렇게 변화하는 시대 속에서 인간의 의미와 공동체의 의미를 거듭 다시 물으면서, 그것들을 재구성해 나아가는 일은 언제나 중요할 것이다.

5. 기술의 본질은 인간이다

기술의 발전이 인간을 도구적 존재로 전락시키는 폐해가 있다는 지적도 있어왔지만, 다른 한편으로는 기술을 통해 인간이 인간을 극복하게 될 것이라는 전망이 제시되어 오기도 했다. 그러한 상상력의 나래가 소위 '포스트-휴머니즘' 혹은 '트랜스-휴머니즘'의 상상력을 통해 전개되어 오기도 했다(Ferrando). 그러한 상상력의 선두에 있는 레이 커즈와일(Ray Kurzweil)은 기술의 발전이 가속도 법칙처럼 발전 속도가 가속도적으로 빨라질 것이고, 그러한 가속적 기술 발전은 '유전자 혁명,'

'나노 혁명,' 그리고 '로봇공학 혁명'(GNR Revolution)으로 이어지면서 인간을 새로운 존재로 창출해 나갈 것이라고 보았다.[50] 그 혁명들을 통해 인간은 결국 생물학의 한계를 초월하여, 기계의 몸을 매번 갈아타는 불멸의 삶을 살수도 있을 것이라고 커즈와일은 확신에 찬 목소리로 전망한다. 커즈와일은 물론 기술낙관론자이다. 기술을 통해 커즈와일은 문명의 문제들을 우리가 결국은 극복해 나아갈 것이라고 본다는 점에서 말이다.

그런데 커즈와일은 책 후반부에 이 기술의 발전이 이룩할 수 없는 것 한 가지를 지적한다. 그것은 바로 우리의 주체로서의 생생한 체험이다. 즉 아무리 과학이 발전해도 이 주관적 체험은 과학적 언어나 서술로 재현될 수 없는 성질의 것으로서, 여전히 철학의 문제가 될 것이라고 예견한다. 커즈와일은 우리 인간이 소위 GNR 혁명들을 통해 사이보그의 기계적 몸에 정신 혹은 마음을 업로드 해 가면서 살아갈 수 있는 시대를 전망하는데, 바로 그 때, "'나'라는 주체는 무엇일까? 생물학적 몸을 넘어선 존재의 자기-정체성은 무엇일까?"라는 물음을 던진다. 사이보그적인 기계의 몸을 옮겨 생명을 유지한다는 것에 단순한 심리적 거부감을 갖고 있는 이들은 생물학 수준에서도 우리의 몸을 구성하는 세포들은 "몇 주 간격으로 계속 교체"[51]되고 있다는 사실을 주지해야 한다. 생물학적으로 우리가 세포의 전체적인 복제를 통해 새로운 몸으로 교체되고 있다면, 그것을 기계적인 사이보그의 몸으로 교환한다 해서 논리적으로 크게 문제가 될 것은 없다. 하지만 불행히도 생물학적

---

50) 레이 커즈와일(Ray Kurzweil)/김명남 장시형, 『특이점이 온다: 기술이 인간을 초월하는 순간 』(*The Singularity Is Near: When Humans Transcend Biology*) (경기, 파주: 김영사, 2007), 109.

51) 커즈와일, 『특이점이 온다: 기술이 인간을 초월하는 순간』, 532.

교체는 시간의 제한을 갖고 있다. 우리는 그것을 인간의 수명이라 부른다. 그럼에도 불구하고, 오늘의 '나'는 한달 전의 나와는 "완전히 다른 물질"로 이루어져 있다. 그렇다면 이렇게 물질적 구성 성분이 완전히 달라졌는데도 '나'가 '나'일 수 있는 이유는? 사실, 존속하는 것은 "물질들을 배치하는 어떤 패턴이다. 물론 패턴도 변하지만 매우 느리게, 연속적으로 바뀐다. 어쩌면 나는 강물이 바위를 스쳐가며 일으키는 물살의 패턴이나 다름없는 것이다. 물을 이루는 분자가 매초마다 달라져도 물살의 패턴은 몇 시간, 심지어 몇 년 유지되는 것처럼 말이다."52) 만일 그 정보적 패턴으로서 '나'를 복사해서, 다른 기계적 몸에 설치한다면, 그는 '나'인가 아니면 '나'의 복사본인 '나 2'인가? 커즈와일은 제2의 나라는 것은 무의미한 대답이라고 말한다. 왜냐하면 주어진 초기의 정보가 동일하다해서 우리는 쌍둥이를 반쪽짜리 존재로 취급하지 않고, 각각 하나의 인격적 생명으로 대우하듯, 복제된 생명들도 생명의 발생과정이 자연적 과정과 다를 뿐이지, 생명으로 출현한 이상, 엄연한 하나의 인격을 갖춘 생명인 것은 흔들릴 수 없는 토대라고 주장한다.

어차피 내몸은 자연스런 생물학적 과정을 따르며 시시각각 바뀌고 있다. … 영속하는 것은 다만 물질과 에너지의 특정 시공간적 패턴뿐[이다.] 그런데 바로 위의 사고 실험을 보면, 아무리 점진적으로 교체한다 해도, 즉 내 패턴이 유지된다 해도 결국 교체된 나는 내가 아니라는 결론이다. 그러면 나는 방금 전의 나와 무척이나 닮은 다른 사람으로 끊임없이 교체되고 있는 것인가?53)

---

52) 커즈와일, 『특이점이 온다: 기술이 인간을 초월하는 순간』, 533.
53) 커즈와일, 『특이점이 온다: 기술이 인간을 초월하는 순간』, 535.

그러면 정녕 대체 나는 누구인가? 마치 영화 〈매트릭스〉에서처럼, "알고 보면 나는 가상 현실에 살고 있고, 주변 사람들 모두 가상일지 모르는 노릇"[54]이라고 말하면서, 커즈와일은 "아니면, 존재하는 것은 사람들에 대해 내가 갖고 있는 기억 뿐이고, 실제 경험은 하나도 일어나지 않았던 것인지 모른다"[55]고 반문한다. 혹은 "그도 아니면, 나는 기억이 떠오른다는 감각만을 느끼고 있을 뿐, 경험은 물론이고 기억조차도 존재하지 않는 것인지 모른다."[56] 우리는 '나' 자신, 인간을 어떻게 규정할 것인가? 결국 하이데거의 말처럼 기술의 본질은 기술적인 것이 아니라, 오히려 인간의 본질에 관한 것이다. 기술은 무엇인가? 그것은 곧 인간은 무엇인가에 대한 물음이다. 커즈와일에 따르면:

> 나라는 존재는 기본적으로 하나의 영속하는 패턴이라고 생각한다. 나는 진화하는 패턴이고, 스스로의 패턴 진화 과정에 영향력을 갖는다. 지식 또한 하나의 패턴이다. 정보와는 다르다. 그리고 지식을 잃는 것은 커다란 손실이다. 그러므로 사람이 죽는다는 건 궁극의, 최고의 손실이다.[57]

현재 우리는 인간은 의식이 있고, 기계는 의식이 없다는 이분법으로 세계를 보는 중이다. 하지만 이제 인간-기계와 같은 혼종적 존재들이 출현하면, 온 우주는 혼종적 존재의 의식으로 가득 찰 것이다. 이때 이 혼종적 존재는 "무한한 지식, 무한한 지능, 무한한 아름다움, 무한한 창의성, 무한한 사랑"[58]을 소유하게 될 것이다. 물론 이 혼종적 존재는

---

54) 커즈와일, 『특이점이 온다: 기술이 인간을 초월하는 순간』, 536.
55) 커즈와일, 『특이점이 온다: 기술이 인간을 초월하는 순간』, 536.
56) 커즈와일, 『특이점이 온다: 기술이 인간을 초월하는 순간』, 536.
57) 커즈와일, 『특이점이 온다: 기술이 인간을 초월하는 순간』, 536.

무한에 이르지 못한다. 하지만 무한에 보다 가깝게 나아갈 것이다. 무한은 결국 신의 영역이다. 하지만 진화는 "이러한 개념의 신에 다가가는 운동"[59]이라고 커즈와일은 주장한다.

신? 신이란 무엇인가? 그 신은, 하이데거의 말을 응용하자면, 세계를 세계다움으로 만들어가는(the worlding of the world) 존재 아닌가?[60] 기술이 인간을 부패하고 타락시키기 보다는 기술을 소유한 인간 존재의 차원들이 변화하고 있지만, 인간은 마치 자신의 존재의 모습들이 고정된 타입으로 영원한 것처럼 변하지 않으려 할 때, 기술은 위험이 되지 않는가? 세월호가 침몰할 때, 그것은 배라는 기계의 침몰이 아니라, 그를 만들고 남용하고 착취한 인간의 침몰 아닌가? 자본주의화된 세상에서 우리는 자본을 남용하는 인간의 본질을 묻고, 그 인간 존재의 사건이 어떤 모습으로 나아가야 할지를 묻기에 앞서, 늘 자본주의 비판을 선행한다. 마치 자본주의라는 구조는 우리가 만들어낸 구조가 아니라, 태초부터 주어진 자연적 존재인 듯이 말이다. 하지만 결국 인간이라는 존재 사건을 지켜나가야 하는 것은 존재의 목동인 우리들이다. 그런데 무기력하다. 나 혼자 책임 있게 살아가는 것만으로는 우리 사회가 처한 무책임과 남용과 부정의가 개선될 수 있을 것 같지 않다는 무기력이 현재 우리 시대를 감싸고 있다.

바로 이점에서 "신"이라는 말을 사용하는 커즈와일과 하이데거의 말들이 새삼 의미 있게 다가온다. 기독교의 신은 '무로부터의 창조주'이다. 이는 그리스 철학에서 '동성상응'(like must come from like) 개념을 넘

---

58) 커즈와일, 『특이점이 온다: 기술이 인간을 초월하는 순간』, 542.

59) 커즈와일, 『특이점이 온다: 기술이 인간을 초월하는 순간』, 542.

60) Heidegger, *The Question Concerning Technology and Other Essays*, 47.

어선 존재로서 신을 제시하기 위한 개념이었다. 이 말을 우리 시대에 적합한 표현으로 바꾸어 보자면, 신은 '불가능을 가능케 하는 존재' 혹은 '남들이 불가능하다고 여기는 것을 가능케 만드는 존재'이다. 그런데 커즈와일과 하이데거는 인간을 한낱 일개의 유기체가 아니라, 그렇게 만물을 창조한 신과 유비적으로 설명한다. 그들의 유비를 우리 시대의 무기력을 배경에 적용하자면, 그들의 신의 비유는 곧 이 절망의 심연을 열어주고 있는 시대의 무기력으로부터, 그 불가능성으로부터 희망의 싹이라는 불가능성을 가능성으로 바꾸어 갈 수 있는 유일한 존재가 인간이라는 말 아닐까? 절망적 상황에서 절망하고 좌절하고 주저앉는 것은 신이 아니다. 모두가 주저앉을 때 일어나, 아직 희망이 있다고 외치고 독려하는 존재, 그 존재가 '신' 혹은 '신에 가까이 다가가는 존재' 혹은 그 존재의 본질에 가장 가까이 다가간 존재 아니겠는가?

여기서 '신'과 '인간' 사이(between)를 주목하자. 인간(人間)은 본래 사이(間)이다. 많은 이들이 이 '사이'(the between)를 '관계'(relation)라는 것으로 자연스럽게 변환시키려 하지만, 분명히 '사이'(the between)는 관계(relation)가 아니다. 예전 포이에르바흐는 '신학은 인간학이다'라는 말을 했다. 우리가 초월적으로 가정하는 신적 존재는 사실 인간적 욕망의 투사라는 것이다. 여기서 '욕망의 투사'란 무엇을 의미하는가? 욕망은 기본적으로 인간 자신이 갖고 있지 못한 것을 갖고자 욕구하면서 일어난다. 즉 '갖고 있지 않은 것을 욕망'한다는 말이다. 그렇다면 '신'이란 존재에 투사된 욕망의 구조는 인간이 실현시키고 싶지만, 실현시키지 못한 어떤 것을 의미한다. 그래서 인간은 '사이'(the between)을 끊임없이 창출하고 열어가게 된다. 바로 이런 맥락에서, 사람은 책을 만들고, 책은 사람을 만든다는 어느 서점의 구호를 응용하자면, 인간은 기술을 만들고, 기술은 인간을 만든다. 대화란 기본적으로 이 '사이의 구조'로부터 일어난다. 아직 실현되지 않은 것, 그것은 바로 '미래'이다. 아직 존재하지 않은 미래가 '가상적으로'(virtually) 도래하여 현재(the present)와 대화하는 것, 바로 거기에 미래를 열어가는 사이-존재로서 인간의 소중한 가치가 담겨있다.

3부
탈종교 시대의
종교해방신학

탈종교 시대의 변선환신학

박 광 수
(원광대학교 원불교학과/종교문제연구소장)

1. 글을 시작하며 - 짧은 만남 긴 여운

필자는 일아 변선환 목사님과 짧은 만남이 있었지만, 감동의 긴 여운을 간직하고 있다. 변선환 목사님을 처음 만난 때는 원광대학교 원불교학과 초년생 시절 1977년 늦은 겨울로 기억된다. 원불교 총부 반백년기념관에서 한 강론의 서두는 매우 충격적이었다. "태초에 하나님의 말씀이 있었다. 태초에 일원상이 있었다"는 말로 시작한 말씀은 원불교의 사상과 기독교 신학이 어떻게 만나야 할 것인지에 대한 방향 제시와 더불어 종교적 체험의 중요성을 담고 있었다. 그 이후 학술모임 또는 강연을 가끔 접할 수 있었다. 종교 간 열린 대화와 민중의 삶에 뿌리내림

이 글은 2015년 5월 22일(금) 감리교신학대학교 웨슬리 제1세미나실에서 열린 「고 일아 변선환 학장 20주기 추모 심포지엄」에서 "다종교 다문화 시대, 대화의 길을 묻다: 변선환 신학의 21세기적 의미 조명"을 주제로 발표한 글이다.

박광수 | 탈종교 시대의 변선환신학 133

을 위한 종교의 토착화가 얼마나 중요한 것인지를 공감하는 계기를 만들어 주었다.

간접적으로나마 일아 변선환 목사님을 지속적으로 알게 된 것은 1990년에서 1995년 사이 미국 위스콘신-매디슨 대학에서 불교학 박사학위 과정을 밟던 당시 그의 제자인 정희수 목사를 만나면서였다. 정희수 목사는 미연합감리회 감리사를 역임하다가 미연합감리회의 감독으로 피선된 뛰어난 기독교 신학자이자 불교학자이다. 정희수 목사는 "신학을 전공한 목사가 어떤 이유로 불교를 공부하게 되었나?" 하는 물음에 대해 그의 스승인 변선환 목사님의 토착화신학을 통해서라고 대답하곤 하였다. "기독교의 토착화가 한국에서 이루어지도록 하려면 불교를 공부하라"는 스승의 말씀을 새겨 신학의 토착화를 위한 불교와의 깊은 만남을 추구하고 실천하였다.

필자가 개인적으로 변선환 목사님을 직접 만나 며칠 간 대화할 수 있었던 것은 박사학위 과정을 마칠 무렵인 1993년, 인도 뱅갈로에서 세계종교의회(World's Parliament of Religions of 1893) 100주년을 기념하기 위한 행사에 참여했을 때였다. 1992년 한국 감리교단 내의 종교재판에 회부되어 1993년 김홍도 목사(당시 감독)를 비롯한 원리주의자들로 구성된 교리수호대책위원회에서 종교재판을 받고 출교(出敎)되었던 시기이기도 하다. 인도에서 학술세미나와 종교 행사가 진행되는 4-5일 동안 한국 기독교의 토착화와 '교회 밖의 구원'에 대해 때로는 휴식하는 시간에, 식사 자리에서 그리고 인도 책방에 도서 구입하러 가자고 제안하면서 열정을 담아 말씀해 주셨다. 그리고 긴 한숨을 내쉬면서 한국 기독교 신학의 미래를 걱정하였다. '교회 밖의 구원'이 서구 유럽의 신학계와 아시아 신학계에서 이미 보편화된 논제이지만 한국

개신교 사회의 배타적 성향이 신학적 해석을 좁게 만들고 있다고 걱정하던 모습이 선하다.

지난 20년 동안 '변선환신학'을 발전적으로 이루어온 후학들의 정성과 끈기 있는 용기에 대해 깊이 감사드린다. 필자는 변선환 목사님과의 짧은 만남을 통해 '변선환신학'의 일면만을 볼 수 있었을 뿐이다. 돌아가신 지 20년을 추모하는 학술세미나에서 발표할 기회를 갖게 되어, 부족한 이해이지만, '탈종교시대의 변선환신학'이란 주제로 현재와 미래 사회에 '변선환신학'이 어떠한 방향을 제시할 수 있을지 일부 조명하고자 한다.

2. 탈종교 시대의 변선환신학

현대 사회는 탈종교의 영성 시대를 맞이하고 있다. 종교는 정신적 세계와 깨달음 그리고 구원을 중요시 여긴다. 초창기 컬트(cult) 형태의 종교 집단이 발전하면서 제도화되고 조직화를 이루게 되는데, 역사적으로 종교의 건강한 가르침과 실천은 세계적 종교로 발전할 수 있는 중요한 토대를 제공해 주어왔다. 반면, 종교의 지나친 제도화와 조직화는 종교적 영성에 상대적으로 소홀하게 되고 종교 집단 내의 권력화 또는 정치적 권력과의 연대 경향이 나타난다.

최근 제도적 종교로부터 탈피하려는 운동이 일어나 파급되고 있다. 그동안 서구 유럽 사회에서 뛰어난 제도와 조직을 갖춘 가톨릭과 개신교 교회들은 그 종교 인구가 줄어들고 있다. 이와는 달리, 종교적 신앙을 강요하지 않으면서도 마음의 안정과 깨달음, 몸의 건강을 추구하는 동양

의 유연한 종교에 대한 깊은 관심과 참여가 늘어나고 있다. 한국의 경우에
도, 1980년대를 전후하여 마음의 행복, 영성을 추구하는 정신 운동의
모임 또는 단체들이 증가하여 제도화된 종교를 벗어나 인간의 정신적
가치를 중요시 여기는 영성 시대를 맞이하고 있다. 탈종교 시대에 접어
들면서 '신 영성운동'(new spiritual movement)이 확산되고 있다. 종교
사회학자들이 지적한 것과 같이, 새로운 종교 현상은 개인주의적 영성
운동의 성격을 지니면서 물리적 시설이나 신자 공동체, 교계 제도, 집단
적인 예배 의식 등을 지니지는 않았지만, 초월적이고 신비적이며 영적인
것을 추구하면서 종교적 욕구를 충족시켜주기 때문에 '대체 종교'(alter-
native religion)[1] 내지는 새로운 종교 흐름으로 보는 것이 중요하다.

탈종교적 성향이 강한 현대 사회에 '변선환신학'은 어떠한 비전과
방향성을 제시하고 있는가? 변선환신학은『요한 웨슬리 신학과 선교』
(한국신학연구소, 1998)에 수록된 그의「기소장에 대한 해명의 글」(1992)
에 잘 정리되어 있다.

1. 웨슬리처럼 알미니안주의 감리교 위에 서서 신정통주의 신학, 세속화
   신학 등을 거쳐서 제3세계 신학(특히 아시아 신학)의 영역에 들어온 본
   인의 신학은 "종교해방신학"(Liberation Theology of Religions)을

---

1) 노길명 교수는 시마조노 스스무(島薗進)의 연구에서 '신 영성운동'이란 용어를 처음으로
   사용하였으며, 20세기 후반부터 소비 문화가 발달한 대도시를 중심으로 전통 종교
   들에 대항하면서, 새로운 '영성'(spirituality)을 추구하는 운동들을 '신 영성운동'이라
   고 명명한 것을 지적하고 있다(노길명, "한국 신종교에 대한 사회학적 연구와 과제",
   「한국종교」 36 (2013), 원광대학교 종교문제연구소, 35-36; 시마조노 스스무(島薗
   進)/박규태 역,『현대 일본 종교문화의 이해-현대종교구원론』, 서울: 청년사, 1999,
   51-52쪽; 우혜란,「한국 현대 종교현상의 연구와 종교학 개념의 문제 -'영성 spiritu-
   ality'에 대한 논의를 중심으로」, 제6회 한신 종교문화 포럼발표문, 한신대학교 인문학
   연구소, 2005.

지향하고 있습니다.

2. 72년 미연합감리교회가 다원주의를 선교의 원리로 표명하며 신학적 다원주의 입장에 서서 WCC의 종교 다원주의 신학을 수용하였던 것처럼, 한국의 에큐메니칼 신학자들과 함께 본인도 종교 다원주의를 신학의 과제로 삼고 있습니다(『종교다원주의와 신학적 과제』 한국기독교신학 논총 7, 기독교서회, 1990; 『복음과 문화』 한국기독교신학 논총 8, 기독교서회, 1991).

3. 자치 교회 60주년(1990)을 맞으면서 "진정한 기독교, 진정한 감리교, 진정한 조선 교회"가 되려고 다시금 다짐하였던 그때(1930)를 상기하며, 본인은 보수 근본주의 신학의 다섯 가지 교리를 부결하고 교리적 선언을 낳은 진보적 자유주의 신학에 섰던 에큐메니칼 신학과 노병선, 최병헌에서 비롯하여 60년대에 꽃핀 토착화 신학(윤성범, 유동식)과 생각의 맥을 함께 하고 있습니다.

4. 기소장에서 인용되고 있는 본인의 글들은 세 가지 다른 신학적 입장을 나타내고 있습니다. "교회밖에도 구원이 있다"(「월간 목회」, 현대사조, 1978)는 신의 선교(missio Dei, 윌링겐 1951)와 세속화 교회론(웁살라, 1968)을 배경하고 있으며, 80년대 초에 아시아 신학을 소개한 세 가지 글, "동양 종교의 부흥과 토착화 신학"(「기독교사상」, 1983, 6)은 포괄주의 신학에 서 있는 글이었고, 80년대 후반기부터 쓴 글들은 다원주의 신학을 배경하고 있습니다.[2]

변선환 목사가 첫 번째 신학적 과제로 삼은 것은 종교해방신학이며,

---

[2] 변선환 아키브, 『요한 웨슬리 신학과 선교 (변선환전집 4)』, 서울: 한국신학연구소, 1998, 318-319.

둘째로는 종교다원주의를 수용하여 향후 한국 신학이 가야할 방향을 제시한 것이다. 교회 밖의 구원의 문제에 대한 신학적 견해도 이를 토대로 이루어진 것이다.

김경재 교수는 변선환신학의 중요성을 '종교다원주의론과 한국적 신학 형성 과제'에서 찾고 있다. 그는 변선환 목사의 첫째 메시지는 "하나님의 세계 경륜의 코드가 바뀌었다는 사실, 지중해 중심과 대서양 중심의 구미 제1세계 기독교 지배 시대가 끝났으며, 새로운 선교신학적 패러다임으로서 응답"한3) 것이라 여겼다. 종교다원론 신학 운동을 통해 새로운 선교신학적 패러다임의 전환을 이루고자 한 것이다. 둘째 메시지는 "복음은 동아시아적 문화-사회 전통 속에서 유럽이나 미국 신학과 다른 모습을 지닐 수밖에 없다는 토착화신학에 관련된 해석학적 신념"에 의한 것이라 보았다.

변선환신학의 가치는 '다종교 다문화 시대'에 '열린 신학'을 강조하여 '열린 교회'의 필요성과 '교회 밖의 구원'의 가능성을 보편적 진리로 수용하고 발전시켜 '탈종교'와 '탈교회'의 시대를 이루고자 한 것에서 찾을 수 있다. 보수적 근본주의 신앙 집단의 자기 정체성 강화는 곧 폐쇄적 배타주의로 흘러 다른 종교를 아예 인정하지 않고 부정하여 배척하는 경향을 강하게 띄게 된다. 변선환신학은 이러한 폐쇄적 배타주의를 극복하기 위한 신학적 여정이다. 변선환 목사는 열린 신학을 위해 종교 간 대화는 필연적이라는 다원주의적 입장을 견지하였다. 그의 다원주의적 종교관은 서구 유럽 중심의 신학에서 '아시아 신학'으로 중심축을 전환하여 주체적으로 한국의 토착화신학을 주창하고 실천하고자 하였

---

3) 김경재, "종교다원론과 한국 기독교의 혁신과제", 「기독교사상」 562호 (2005), 대한기독교서회, 84-94.

다. 또한, 민중들의 고통을 외면하지 않고 갈등을 해소하는 종교의 사회적 역할을 강조하고 몸소 실천하고자 하였다.

3. 열린 교회와 열린 구원: 교회 밖의 구원 문제

변선환신학은 '열린 교회'와 '열린 구원'을 지향하고 있다. 그의 "교회 밖에도 구원이 있다"(「월간목회」, 1977. 7)는 주장이 핵심적인 논란거리가 되었다. 감리교단 내의 기소장에서 자신의 신학이 그리스도의 유일성을 부정한 '탈기독교적, 탈고백적, 탈사도적, 탈복음적 입장'이라고 비판한 것에 대해 변선환 목사는 「기소장에 대한 해명의 글」(1992년)을 통해 '교회 밖'의 의미와 구원의 문제를 요약하여 다루었다.

변선환 목사는 폴 틸리히의 저서 『基督敎와 世界宗敎와의 만남』(1961)을 인용하여 "對話는 이미 시작되었다……改宗이 아니라 對話이다(Not conversion, but dialogue)"[4]라고 한 내용을 강조하면서 베드로의 설교 중 "다른 이로서는 구원을 얻을 수 없나니 천하 인간에 구원을 얻을만한 다른 이름을 우리에게 주신 일이 없음이니라"(사도행전 4:12)는 내용을 근거로 하여 기독교 사상사가 만들어낸 "교회 밖에는 구원이 없다"(extra ecclesiam nulla salus)라는 명제를 비판적으로 해석하여 '열린 교회'와 '열린 구원'의 변선환신학을 제시하였다.

변선환신학의 '교회 밖의 구원'에 대한 주장은 '세계는 나의 교구'라고 한 웨슬리의 '선행 은총'(gratia preveniens) 사상에 근거하고 있음

---

4) Paul Tillich, *Christianity and the Encounter of the World Religions*, New York: Colombia University Press, 1963, 95; 변선환, "불교와 기독교의 대화," 「기독교사상」 통권 291 (1982. 8), 대한기독교서회, 153-179쪽에서 인용함.

을 밝히고, 예수 그리스도를 알지 못한 비기독교인들의 구원까지도 포함한다고 보았다. 그는 우리가 살고 있는 현대 사회가 더 이상 가톨릭에서 주장했던 "교회 밖에는 구원이 없다"(플로렌스회의 1438-45)라고 선언할 수 있었던 중세기가 아니며, "제2 바티칸공의회 이후(1965) 그리스도 안에 있는 다른 교파를 형제라고 인정하는 것을 넘어서 타종교의 실체를 인정하며 하나님의 백성"이라 여기는 점 그리고 월링겐회의(1952) 이후 에큐메니칼 신학자들이 교회 중심주의나 기독교 중심주의를 벗어나 있다는 시대적 상황 인식에 대한 공감의 필요성을 제시하였다.

에릭 샤프는 19세기 말에서 20세기 초 서구의 종교 상황이 "오직 계시된 진리에만 의거하여 심판하는 풍토"였음을 지적하고 있다.

… 몇몇 사려 깊은 철학자나 신학자를 제외하고는 여전히 종교를 오직 계시된 진리에만 의거하여 심판하는 풍토였던 것이다. 예를 들어 로마 가톨릭의 경우에는, 1302년에 교황 보니파체 2세(Boniface II)가 해설한 이후 15세기 플로렌스 공의회(the Council of Florence)에서 확고해진 바 있는 "교회 밖에는 구원이 없다"(extra ecclesiam nulla salus)는 금언에 바탕해서 기독교 이외의 종교는 물론이고 기독교 내의 다른 종파들에까지도 배타적인 태도를 취했다.[5]

기독교의 복음 전파(mission)는 타종교와 타문화에 대한 배타적 태도와 일방적인 자세를 견지하였으며, 이러한 배타적 교회주의는 현재까지도 지속되고 있다. 특히, 개신교의 근본주의(fundamentalism)

---

5) 에릭 샤프/윤이흠, 윤원철 역, 『종교학-그 연구의 역사』(서울: 한울, 1986), 49.

는 19세기 신학계를 주도하던 자유주의 신학에 대항하고 기독교 본질을 회복하기 위해 전개된 보수주의적 복고주의적 종교 운동이었다. 과학의 타당성, 종교의 역사성 및 문화와 종교의 일치를 주장하며 시대의 변천에 따른 자유주의 신학은 성서 연구의 전형적인 방법인 역사비평과 과학적 탐구 방법을 도입함으로써[6], 개신교의 성서에 대해 시대적 상황에 맞는 재해석을 요구하게 되었고 신학적 해석에 새로운 지평을 열었다.[7] 반면, 보수적 근본주의 추종자들은 자유주의 신학의 역사비평적 성서 해석은 성서의 권위에 심각한 위험을 초래하는 것으로 보았으며, 성경의 절대적 무오류성을 강조하게 되었다. 개신교 내의 복고적 근본주의 운동은 신학적 자유주의와 싸우고 원래의 기독교 본질을 회복하기 위한 신앙 운동으로 1911년에 『근본주의』(The Fundamentals)라는 12권의 소책자로 출판하여 축자영감무오설, 예수 그리스도의 동정녀 탄생·대속·육체적 부활·임박한 재림 등 다섯 가지 교리를 근본주의의 원칙으로 삼았다.[8]

변선환신학을 정립해 가는 이정배는 19세기 말 역사주의 (Historismus)의 등장이 기독교 종교의 절대성에 의문을 제기하는 결정적 역할을 하게 된 것으로 보았다. 그는 "역사주의는 세계 내의 어떤 종교도 역사 밖에서 태동된 것은 아무 것도 없다고 말하는 것으로서, 이는 연역적, 도그마적, 계시 중심적인 기존의 신학체계를 뒤흔들기에 충분하였다"라고 평가하였다.[9] 역사주의(Historismus) 신학의 입장은

6) 목창균, 『현대신학논쟁』 (서울: 도서출판 두란노, 1995), 28-29.

7) 도로테 쵤레, 『현대신학의 패러다임』 (서울: 한국신학연구소, 1993), 26-28.

8) Cole, Stewart G, *The history of fundamentalism*. Hamden, Conn. Archon Books, 1963. 53.

9) 이정배, "종교 다원주의 신학과 동도동기론", 크리스챤 아카데미 편, 『열린 종교와 평화

기독교의 역사적 전개 과정과 역할은 타종교와 비교하였을 때, 우위성은 확보할 수 있으나 절대성을 말할 수 없다고 보았다. 근본주의자는 성경을 영감에 의해 쓰여진 것으로 보고 문자 하나하나를 전혀 과오가 없는 불멸의 진리로 믿고 있으며, 절대적인 신앙의 표준으로 여긴다.[10] 현대 사회의 성경에 대한 역사적 비평과 과학적 발견에 의한 성경의 오류에 대해서도 거부하며, 어떠한 진술도 절대적 진리를 표현한 것임을 천명한다.[11] 개신교의 근본주의는 강한 보수적 성향과 타종교에 대한 절대적 배타주의 입장에 서 있으며 무력도 마다하지 않는 과격한 성격을 가지고 있다.

역사주의를 전제로 한 기독교의 역사적 상대주의는 기독교 내의 비판을 받게 되었으며, 20세기 초반 기독교적 포괄주의(inclusivism)를 출현시키는 계기가 되었다. H.카워드는 제2차 바티칸공의회(1963-1965), 웁살라 세계교회협의회(1968) 등은 포괄주의를 표방한 서구교회의 대표적 모임으로 보고 있으며, 한스 큉 또한 "불가해한 신체험을 갖고 있는 역사적 예수가 모든 다른 규범(종교)들을 위한 규범이 될 수 있다"[12]라고 함으로써 가톨릭적 포괄주의 노선에 충실하다고 여겨진다. 특히, 20세기 최고의 로마 가톨릭 신학자 중 한 사람으로 여겨지는 칼 라너(Karl Rahner)는 독실한 유태교인, 이슬람교인, 힌두교

공동체』, (대화출판사, 2000), 270-272쪽 참조; E. Troeltsch, "Historische und Dogmatische Methode in der Theologie", in *Gesammelte Schrifte Bd Ⅱ : Zur Religisen Lage, Religionsphilosophie und Ethik*, Tubingen, 1913.

10) Ernest R. Sandeen, "Toward a Historical Interpretation of the Origin of Fundamentalism," *Church History* 36(March 1969), 103.

11) George M. Marsden, "Fundamentalism and American evangelicalism," In *The variety of American evangelicalism*, 25.

12) H. 카워드/한국종교연구회 옮김, 『종교 다원주의와 세계종교』(서울: 서광사, 1990), 70-71; Hans Kung, 1980, *Does God exist?*, Collins, 695.

인, 또는 기타 종교인들을 '익명의 기독교인'(an anonymous Christian)으로 간주하는 기독교의 포괄주의를 강조하였다. 하느님의 보편적이며 포괄적인 구원 의지와 그리스도의 유일성과 보편성을 긍정하려는 신학적 태도를 견지한 것이다. 교회 밖의 구원에 대한 논의에 있어서 칼 라너는 선량한 수많은 비종교인과 타종교인들이 하나님의 권속 안에 있음을 강조하고 있다. 따라서, 논리적으로 교회 밖의 타종교인을 '익명의 그리스도인'이라 함으로써 구원의 대상으로 설정할 수 있다. 이러한 관점은 서구 기독교 중심으로 본 세계관을 그대로 표출하고 있다.

변선환신학의 '교회 밖의 구원'에 대한 신학적 태도는 교회가 "그리스도의 복음을 증거하는 말씀의 공동체"라고 하는 관점에 근거하고 있으며, "서구 기독교의 선교의 최대 장애물은 크리스찬 스스로 세상과 구별하고 교회 안과 밖을 갈라놓는 '추잡한 장벽들'"로 이를 넘어서야 함을 강조하였다. '교회 밖의 구원' 문제에 대한 변선환신학의 해석은 웨슬리의 '선행 은총' 사상에 근거한 것이며, 당시 개방적 신학을 수용하여 좁은 의미의 기독교만의 '교회'가 아닌 하나님 중심의 모든 인류를 포함할 수 있는 열린 교회를 지향한 것은 한국 기독교 신학의 근본적인 전환을 제시한 것이다.

변선환신학의 '교회 밖의 구원'은 하나님 중심의 전형적인 기독교의 구원관을 다원주의 신학에 입각해서 해석한 것이다. 존 힉이 언급한 것처럼 다원주의는 세계 종교가 하나의 절대적이며 신비로운 신성한 존재에 대한 다양한 개념과 인식, 그리고 반응임을 보여주는 이론이다. 그의 '교회 밖의 구원'은 고전적이며 보수적인 신학을 넘어서서 다원주의를 실현하는 과정이며, 진정한 종교 간 대화와 협력의 길을 모색하기 위한 신학적 태도이다. 기독교 신학을 정립하는 과정에서 이웃 종교에 대한 열린 정신으로 전혀 다른 사상마저도 수용함으로써 새로운 아시아 신학의 토착화를 주체적으로 실현하고자 하였다. 변선환 목사는 아시아 신학자들 가운데 힌두교 배경의 신학자 파니카(Raimondo Panikkar)를 비롯하여, 스리랑카의 신학자 L.A. 드 실바의 불교와의 대화, 버어마 신학자 킨 마웅 딘의 남방 테라바다(Theravada) 불교와의 대화, 일본 신학자 야끼 세이찌(八木誠一)의 동북아시아의 대승불교와의 대화, 아시아 신학자인 송천성과의 대화, 한국 불교학자 이기영과의 만남 그리고 원불교의 류병덕과의 만남 등을 통해 다양한 종교 간 대화를 위한 신학적 실마리를 찾았다.

변선환 목사의 다원주의적 입장은 후학들에 의해 다양하게 조명되었다. 그의 강론 가운데 잘 알려지지 않은 원불교 총부에서의 원불교에 대한 신학적 제시는 매우 중요한 의미를 지니고 있다. 그는 원불교의 신앙 대상이자 수행의 표본으로 삼고 있는 '일원상'(一圓相) 진리에 대해 「一圓相의 眞理와 存在 神秘主義 : 東西 神秘主義의 對話를 위하여」[13] 라는 주제로 존재의 신비주의적 본질과 현상을 동서양 신비주의를 통해 풀어갔다.

> 신은 주객(主客) 도식(圖式)을 넘은 절대무의 장소에 현전하는 "왜 없이" 존재하는 비대상적 존재자체(esse a se), 불가설(不可說, un-sagbar), 불가칭(不可稱, unsprechlich), 불가득(不可得, un-erfassbar), 불가사유(不可思惟, undenkbar)한 무상(無相)과 무형(無形), 무명(無名, anonyme)의 존재라고 부정(否定)의 길로 밖에는

---

13) 변선환, "一圓相의 眞理와 存在 神秘主義 : 東西 神秘主義의 對話를 위하여," 「한국종교」 4-5 (1980), 원광대학교 종교문제연구소, 60-70.

말할 수 없는 분입니다.14)

변선환 목사는 신의 근원적 존재성을 설명하기 위해 에크하르트
(Meister Eckhart)의 관점에서 본 신의 의미를 부각시키고 있다. "엑
크하르트의 신은 인격적인 신을 버리고(gotläzen) 돌파하여서
(durchbrechen) 신과 인간, 신과 자연이라는 이원성(Zweiheith)이
완전히 소실되어서 신의 근거, 인간의 근거, 자연의 근거인 절대무로서
의 신성(神性, Gottheit) 곧 일원상에 돌아간 데서 현전하시는 익명의
신, 무상(無相)의 신"(변선환, 1980, 69)임을 밝히고 있다. 절대무로서
의 신성이 곧 일원상의 진리와 서로 다르지 않은 근원적 존재성인 것으
로 여겼다.

신은 중심이 도처에 있는 주변이 없는 중심, 주변이 도처에 있는 하나의
원, 일원상입니다. 신은 비대상적인 無相의 형상이라는 점에서 우리를
위하여 존재하거나 우리 안에 존재하고 있거나 우리 밑에 계시는 분이
아니라 바로 우리 자신입니다"(변선환, 1980, 69).

변선환 목사가 원불교의 학문적 과제로 제시한 '원기독교'(圓基督
敎)의 가능성에 대한 문제 제기는 기독교의 신학과 원불교의 교학을
발전시키기 위한 도전적인 담론이 될 것으로 여겨진다.

태초에 ○(圓- 필자표기)이 계셨습니다. ○이 하나님과 함께 계셨습니
다. ○은 하나님이었습니다. ○은 태초에 하나님과 함께 계셨습니다.

---

14) 위의 글, 65-66.

모든 것이 ○을 통하여 생겨났으며 ○을 통하지 않고 생겨난 것은 하나
도 없습니다. ○안에 생명이 있었습니다. 이 생명은 사람들의 빛이었습
니다. 빛이 어두움 속에 비치니 어두움이 빛을 이기지 못했습니다(변선
환, 1980, 69).[15]

변선환 목사는 신의 본질적 존재성을 '우리 자신'에게서 찾으려고
하였다. "성서는 달을 가리키는 손가락과 같고 그리스도는 달입니다.
그리스도는 개념과 사유, 형상(形相)과 소장(所場)을 초월하고 계시는
분 manado=개체=인격으로서의 신, 아버지와 아들이 서로 반영하는
인격신, ○(원)의 화신입니다"라고 하여 원불교의 핵심 교리인 일원상
의 진리와 하나님의 본질적 존재성에 대한 일원론적 이원론을 제시한
것이라 볼 수 있다.

이 문제와 관련하여 원불교 학자들의 평가나 비판적 담론은 이루어
지지 않았다. '하나님'과 '일원상의 진리'의 절대적 존재성과 상대성에
대한 이해와 관점들이 달라질 수 있는데, 이에 대한 대체적이고 포괄적
인 방향은 제시되었지만, 구체적인 내용을 담고 있지는 않다. '절대적
진리', '절대적 존재' 또는 '절대 타자'(Absolute the Other)의 본질과 현
상에 대한 구도가 유사할 때 비교가 가능하다.

원불교에서 제시하는 '일원상의 진리'는 대체적으로 '변(變) 불변(不
變)의 이치'로 설명되고 있다. 무상(無常)의 관점에서 보면 모든 존재가
상대적이며, 변하는 존재이다. 반면, 유상(有常)의 관점에서 보면, 변하
는 가운데 변하지 않는 원리가 있다고 본다. 이 두 원리에 바탕하여 모든

---

15) 위 인용문에서 "태초에 O(圓)"은 원불교의 신앙 대상이며 수행의 표본이 되는 법신불
   일원상(一圓相)을 상징하여 표현한 것이다.

존재가 존속하고 있다는 입장이다. 이는 불교에서 이해하는 절대적 진리와 상대적 진리, 즉 용수(龍樹, Nagarjuna)의 『중론(中論)』에서 공(空, Sunyata)의 원리를 변치 않는 절대적 진리(paramartha-satya), 연기(緣起, pratityasamutpada)의 원리를 상대적 진리(samvrti-satya)로 보는 입장과[16] 다르지 않다.

신과 인간의 관계 설정에 대한 신학적 담론이 필요하다. 전통적으로 기독교의 신앙 대상인 하나님 자체는 '성(聖)스러움'(the Sacred)이란 초월자의 세계이다. 인간이 처한 세속적인 세계와는 전혀 다른 것이며, 인간의 현실적 시간과 공간마저도 초월한 것이라 여기고 있다. 동시에 우리가 살고 있는 이 땅에 역사하는 하나님을 강조하고 있다. 이와 관련하여 '구원'의 대상인 인간을 긍휼히 여기는 하나님의 한없이 큰 사랑에 입각한 것인지, 아니면 인간에게 하나님의 사랑 그 자체가 넘쳐 있어 본래적으로 갖추어져 있는 것인지에 대한 대답이 필요하다. 앞에서 언급한 그리스도, 아버지와 아들의 관계는 전형적인 신학적 입장에서 설정한 것이다. 아시아 신학의 본질적 논의는 '하나님=그리스도'에서 한 걸음 더 나아가 '하나님=그리스도=(÷)인간'의 관계를 어떻게 설정하느냐에 따라 구원의 문제가 달라진다. 동양 사상의 '신인(神人)합일' 사상이나 '천인(天人)합일' 사상에서 인간의 본질 자체가 신의 속성이나 하늘의 속성과 둘이 아닌 본질적으로 하나라고 보기에 그 본래 성질을 회복하는 그 자체가 깨달음을 얻어 구원을 이룬 해탈의 상태에 도달한 것이라고 보고 있다.

---

16) 용수의 *Mulamadhyamakakarika*에서 고타마 싯달타 부처의 중심적인 가르침을 다음과 같이 요약하고 있다: "sarvam tathyam na va tathyam tathyam catathyam eva ca, naivatathyam naiva tathyam etat duddhanussnam."(*Mulamadhyamakakarika* 18.8)

신비주의 신학자인 에크하르트는 '닮았다'는 의미를 '같다'는 동질적 요소로 설명하고 있다. 신익상은 변선환신학을 '불이적 종교해방신학'으로17) 설명하고 있다. "성육신은 인간성(humanity)을 긍정한 사건이다"(변선환 1978b, 4)라고 한 부분과 "우리의 선교는 구원의 현재 속에 머무르지 않고 만물의 우주적 회복(recapitulation)을 향하는 종말론적 지평에서 전개되는 사회적 성결의 실천(orthopraxis)을 지향하여야 할 것이다"라고(『변선환전집』4 1988, 110-111) 한 내용에서 변선환 신학의 우주적 회복의 관점을 알 수 있다. 신익상은 변선환 신학을 '불이적(不二的) 사유'의 체계로 보고 토착화 신학 및 아시아 신학과의 만남이 가능하다고 보았다. 인간의 본질에 대한 이해와 입장은 구원의 문제와 직접적으로 연결되어 있다. 종교적 신비체험을 강조한 변선환 신학이 구원의 문제에 있어서, 하나님의 피조물인 인간을 '하나님을 닮은 존재'라 할 때, '닮은 존재'의 속성이 하나님의 본질과 어떠한 관계인지에 대한 논의가 향후 과제일 것으로 여겨진다.

4. 글을 맺으며

진리적 세계관과 구원의 문제 등에 있어서 배타주의는 다른 종교를 부정하면서 자신의 종교만이 절대적이라 여기며, 포괄주의는 다른 종교를 인정하면서도 자신의 종교가 가장 우월하다는 입장을 취해 왔다. 포괄주의적 입장에 서 있는 종교의 경우도, 종교 간의 대화와 협력을 추구해왔

---

17) 신익상,『변선환 신학 연구: 불이적 종교해방신학을 향하여』(서울: 도서출판 모시는사람들, 2012).

으나, 다원주의는 보다 더 적극적으로 각 종교의 진리성과 구원의 가능성을 열어 놓고 종교 간의 대화와 협력을 가능하게 하고 있다. 다종교 사회의 종교 간의 대화와 협력은 인류 문명사회의 조화로운 발전을 위한 전초가 된다. 캔트웰 스미스(Cantwell Smith)는 인간은 역사적, 초월적 양측면의 세계에 살아왔으며, 양면의 세계가 서로 교섭하면서 발전해 왔다고 보고 있다. 수많은 종교 공동체들이 인류 공동체가 직면하고 있는 문제들을 공유하고 있으며, 하나의 인류 사회를 만들기 위한 공동의 노력을 하는 과정에서 서로를 인정하며 끊임없이 변화하고 있음을[18) 밝히고 있다.

변선환 신학은 한국의 감리교단 내에서 1992년 목사직을 면직당하고 출교까지 당한 변선환의 고난에서 형성된 밀알이다. 열린 교회와 열린 구원을 강조했던 변선환 목사는 자신이 속한 감리교단의 좁은 교회에서 다원주의를 통한 개방적 신학을 주창하고 한국 사회에 토착화된 신학을 추구하였다. 그가 신앙하고 실천하고자 한 것은 범주를 설정할 수 없는 하나님이며, "세계가 곧 교회"인 웨슬리의 가르침을 성실하게 실천하고자 하였다.

그러나, 당시 배타적 태도의 감리교단 집행부에 의해 종교재판을 받고 출교당한 변선환 목사는 "민중신학으로서의 웨슬리 신학은 아시아 민중의 소외 문제를 해결할 뿐만 아니라 놀랍게도 아시아 종교의 소외 문제"까지도 해결하고자 하였다. 김경재 교수는 변선환 신학을 "서구 기독교 세계관과 야합된 서구 식민주의, 정치 경제적 패권주의 그리고 종교적 제국주의를 극복하기 위하여 타종교 곧 이웃 종교가 기독교와 동등한 자리에서 신학의 주체가 되는 '타종교의 신학'"을 추구하였다고

---

18) Wilfred Cantwell Smith, *Towards A World Theology: Faith and the Comparative History of Religion*, London and Basingstoke: The MacMillan Press, 1981, 191-192.

평가하고 있다. "그리스도의 규범성 및 그분 안에서 경험하는 그리스도 인들의 진리 체험의 '궁극성'(finality)마저 포기해야 한다"[19]는 입장을 취하였다. 변선환 신학이 강조한 것처럼, 진리의 이름으로 타종교를 탄압하고 박해한 종교의 역사를 반성하고 상호 존중하는 태도와 실천이 이루어질 때 종교 간의 진정한 대화와 만남이 실천될 수 있을 것이다.

교리의 전파와 구원을 위한 종교적 전도(mission)는, 사마르타 (Stanley J. Samartha)가 언급한 것처럼, 어떤 특정한 종교만이 나머지 세계에 파급되어야 하는 일방향적 선언(one-way proclamation)이며, 식민지적 연대(colonial associations)의 성격을 지니게 된다.[20] 이러한 일방향적 구원관은 종교와 종교의 충돌, 이념과 이념의 충돌, 문명과 문명 간의 충돌 현상을 정치적·경제적 이권과 맞물려 일어나게 한다.

종교학적 관점에서 종교 간의 대화와 협력 운동은 다원주의를 실험하는 무대이다. 다원주의가 배타주의와 포괄주의가 가지고 있는 종교적 특성을 배제하지 않을 때, 진정한 의미로서의 다원주의가 형성될 수 있을 것이다. 감리교단 내의 종교재판을 통한 '출교'(出敎)라고 하는 변선환 목사의 시련과 고통은 기독교가 2000년의 역사를 지내면서 '예수의 고난' 이 한국 교회사에 재현된 것이다. '열린 신학'인 변선환 신학이 후학들에 의해 한국 사회에 밀알처럼 씨앗 뿌려지기를 염원한다.

---

19) 김경재, "종교다원론과 한국 기독교의 혁신과제,"「기독교 사상」통권 562호(2005), 대한기독교서회, 89.

20) Stanley J. Samartha, *One Christ — Many Religions: Towards a Revised Christology*, Maryknoll: Orbis Books, 1991, 13-14.

참고문헌

변선환. "一圓相의 眞理와 存在 神秘主義 : 東西 神秘主義의 對話를 위하여", 「한국종교」 4 ·
    5(1980. 6), 원광대학교 종교문제연구소, 60-70.

변선환. "불교와 기독교의 대화", 「기독교사상」 통권 291(1982. 9), 대한기독교서회, 153-179.

변선환. "아시아 교회의 신학적 과제", 「기독교사상」 통권 298(1983. 4), 대한기독교서회, 38-51.

변선환. "동양종교의 부흥과 토착화 신학(1)", 「기독교사상」 통권 299(1983. 5), 대한기독교서
    회, 145-162.

변선환. "동양종교의 부흥과 토착화 신학(2)", 「기독교사상」 통권 300(1983. 6), 대한기독교서
    회, 131-146.

변선환. "야기 세이이찌의 聖書解釋學과 禪佛教(II)", 「신학과 세계」 15(1987. 11), 감리교신학대
    학교, 433-458.

변선환. "신학적 다원주의의 여명", 「기독교사상」 통권 406(1992. 4), 대한기독교서회, 15-15.

변선환. "지구 윤리와 에큐메니칼 운동", 「사목」 178(1993. 11), 한국천주교중앙협의회(사목),
    85-106.

정병조, 변선환. "예수, 보살, 자비의 하느님에 대한 약정 토론", 「사목」 170(1993. 3), 한국천주교
    중앙협의회(사목), 96-120.

변선환 아키브. 『요한 웨슬리 신학과 선교 (변선환전집 4)』, 서울: 한국신학연구소, 1998.

김경재. "종교다원론과 한국 기독교의 혁신과제", 「기독교사상」 통권562 (2005. 10), 대한기독교
    서회, 84-94.

노길명. "한국 신종교에 대한 사회학적 연구와 과제", 원광대학교 종교문제연구소, 「한국종교」
    36 (2013. 8), 53-83.

신익상. 『변선환 신학 연구: 불이적 종교해방신학을 향하여』, 도서출판 모시는사람들, 2012.

우혜란. "한국 현대 종교현상의 연구와 종교학 개념의 문제－'영성(spirituality)'에 대한 논의를
    중심으로", 한신대학교 인문학연구소 주최, 제6회 한신 종교문화 포럼 발표문. 2005.

이정배. "종교 다원주의 신학과 동도동기론", 크리스챤 아카데미 편, 『열린 종교와 평화 공동체』,
    대화출판사, 2000.

이정배. "변선환 박사 華甲기념 논문집 '宗教 多元主義와 神學의 未來'", 「종교연구」 6 (1990. 12),
    한국종교학회, 329-335.

이지수. "변선환의 불교와 기독교의 만남", 『오늘의 동양사상 1』, 예문동양사상연구원, 1998,
    224-231.

정희수. "변선환 선생님의 목양적 삶과 신학적 열정(1)", 「기독교사상」 통권 463(2005. 11), 대한
    기독교서회, 234-241.

정희수. "변선환 선생님의 목양적 삶과 신학적 열정(2)", 「기독교사상」통권 464(2005. 12), 대한
    기독교서회, 236-245.

시마조노 스스무(島薗進)/박규태 역. 『현대 일본 종교문화의 이해—현대종교구원론』, 서울: 청
    년사, 1997.

에릭 샤프/윤이흠, 윤원철 역. 『종교학-그 연구의 역사』, 서울 : 한울, 1986.

H. 카워드/한국종교연구회 옮김. 『종교 다원주의와 세계종교』, 서광사, 1990.

Ernest R. Sandeen. March 1969. "Toward a Historical Interpretation of the Origin of
    Fundamentalism," *Church History* 36.

Hans Kung. *Does God exist?*, Collins, 1980.

Paul Tillich. *Christianity and the Encounter of the World Religions*, New York: Colombia
    University Press, 1963.

Stanley J. Samartha. *One Christ — Many Religions: Towards a Revised Christology*, Maryknoll:
    Orbis Books, 1991.

Wilfred Cantwell Smith. *Towards A World Theology: Faith and the Comparative History of
    Religion*, London and Basingstoke: The MacMillan Press, 1981.

종교해방신학의 여정에서 본
불교와 기독교의 대화
― 일아(一雅) 신학과 오늘

이 한 영
(감리교신학대학교)

I. 종교해방신학으로의 여정 그리고 불교와의 만남

변선환의 삶과 신학의 여정에는 많은 사람들과의 만남이 있었다. 신석구, 키에르케고르, 엔도 슈사쿠, 도스토예프스키, 루돌프 불트만, 칼 마이켈슨, 칼 야스퍼스, 프리츠 부리, 존 힉, 폴 틸리히, 칼 라너,칼 바르트, 존 웨슬리, 한스 큉, 파니카, 폴 니터, 윌프레드 스미스, 피에리스, 최병헌, 이용도, 윤성범, 이기영, 야기 세이치, 아베 마사오, 송천성 등 이루 다 헤아릴 수 없을 정도로 많다.

사상과의 만남을 통해 본다면, 그의 신학적 여정은 그리스도론의 재구성(감신대 학부)에서 시작하여 웨슬리신학의 구원론(한신대 석사), 바르트 신학(드류대 석사), 실존주의 문학과 실존신학, 교토학파 선불교 철학(바젤대 박사), 토착화신학, 다원주의 신학, 종교신학, 아시아 신학, 민중신학, 세계 신학, 종교해방신학 등으로 옮겨 갔다.

또한 그가 발표한 논문들을 살펴보면, 그가 다루고자 했던 주제들의 면면에 대해 알 수 있는데, 종말, 구원, 그리스도, 예수, 부활, 실존, 선교, 불교, 비 서구화, 토착화, 다원주의, 제3세계, 아시아, 세계, 종교 간 대화, 민중, 인간화, 해방 등이 핵심어를 이루고 있음을 볼 수 있다. 이 중에서도 필자에게 그의 신학 전체를 관통하는 가장 중요한 핵심 코드를 세 가지만 꼽으라면, 실존, 인간화, 해방(구원)을 들 수 있겠다.

변선환의 신학은 무엇인가? 어떤 이들은 그의 신학을 토착화신학, 한국적 신학의 입장에서 말하며, 어떤 이들은 종교다원주의의 입장에서 말하며, 또 어떤 이들은 불교적 신학이라고 말하며, 어떤 이들은 변선환은 신학의 안테나 역할을 했을 뿐 자기 신학은 없다고 말한다. 나름대로 다 일리가 있는 말이다.

하지만 무엇보다도 변선환의 신학은 종교해방신학을 향해 갔던 여정이었다고 생각한다. 더 오래 살아계셨더라면, 그의 신학이 또 어떻게 변해갔을지 모르지만, 그의 신학적인 삶 전체를 놓고 보았을 때, 그의 신학의 지향점이 종교해방신학을 향해 갔던 것은 어쩌면 자연스러운 귀결이 아니었나 생각해본다.

그런데 종교해방신학에 대한 관점도 다양하다. 예를 들면, 2005년에 변선환 신학에 대한 재조명 및 의미 규정을 위한 모임이 결성되어 책으로 출판된 바 있는데, 이 책에서도 그의 신학에 대한 의미가 다수의 학자들에 의해 다양하게 해석되고 규정된 바 있다: "구원 중심의 종교해방신학(박성용)," "다원주의적 종교해방신학(심광섭)," "아시아 신학의 특징으로서의 종교신학과 해방신학(장왕식)" 등.1) 이밖에도 다른 책을 보면, "신 중심적 종교해방신학(이정배)," "불이적 종교해방신학(신익상)" 등으로 해석한 것들도 있다.2)

이 모든 다양함 속에서도 그의 신학은 종교해방신학을 향한 여정이었다. 이 여정에는 다양한 인물, 사상, 주제들이 변선환의 사상과 신학을 형성하는데 있어서 어느 것 하나 소중하지 않은 것이 없지만, 불교와의 만남도 그의 신학사상을 논하는데 있어서 절대 빼놓을 수 없는 중요한 사건이었다.

이 글은 불교와 기독교를 주제로 한 그의 글들이 종교해방신학을 향한 여정 속에서 어떻게 서술되어 왔으며 무엇을 주장했는가 또한 그 의미는 무엇인가에 대해 되짚어보고자 한다. 그리고 이를 위해 불교와 관련된 그의 논문들을 주제에 맞춰 정리하되 가급적 연대기 순으로 재정리하여 논술해보고자 한다. 그것이 선생의 사상적 관점이 어떻게 형성되고 변화되어 왔는가 하는 점을 보다 분명히 드러내줄 수 있다고 생각했기 때문이다.

---

1) 변선환 아키브·동서신학연구소 (편), 『변선환 새로 보기』(서울: 대한기독교서회, 2005). 내용은 다음. 박성용, "변선환 신학 새로 보기," 63; 심광섭, "변선환의 토착화신학론-다원주의적 종교해방신학," 107; 장왕식, "종교 간의 대화론과 아시아 신학 - 평가와 전망," 146.

2) 이정배, 『한국개신교전위토착신학연구』(서울: 대한기독교서회, 2003), 169. 신익상, 『변선환신학연구』(서울: 모시는 사람들, 2012), 319.

II. 불교와 기독교의 대화

1. 선불교와 기독교의 만남

변선환이 불교사상에 접하게 된 것은 미국 드류 대학에서 프리츠 부리를 만나서였고, 본격적으로 불교사상 연구에 눈을 뜨게 된 것은 스위스 유학시절(1971-76)이었다. 그는 야스퍼스의 사상을 배경으로 한 부리 신학과의 만남에서 자신의 신학의 지평선에 동양사상 특히 대승불교가 나타나기 시작했다고 하였다. 그리고 불교 사상을 통해서 키에르케고르, 하이데거, 야스퍼스의 실존철학의 의도를 더욱 더 분명하게 깨닫게 되었으며 불트만의 실존 신학의 위대함과 한계를 분명히 알게 되었다고 했다.3) 즉 이 시기에 변선환은 불트만 좌파의 입장에서 비케리그마화와 비신화화를 더욱 더 철저하게 밀고나갔던 부리의 실존 신학과 동양사상과 대화하고자 했던 야스퍼스의 실존철학을 통해 대승불교, 특히 선불교 사상과 접하게 되었던 것이다.

그의 이러한 관심이 반영된 최초의 글이 바젤 대학 박사학위 논문인 "기독교와 선불교의 만남의 관점에서 본 그리스도의 궁극성의 문제"이다.4) 여기서는 마이켈슨과 야기 세이이찌의 사상이 주요한 비교 대상으로 자리매김하고 있다. 그리고 이러한 관심은 유학을 마치고 돌아온 1977년, "십자가와 공(空)"이라는 주제로 강연을 하게 된 배경이 되었

---

3) 변선환, "나의 신학수업," 변선환 학장 은퇴기념논문집출판위원회, 『종교다원주의와 한국적 신학: 변선환 학장 은퇴기념 논문집』 (천안: 한국신학연구소, 1992), 25.

4) Pyun Sun Hwan, "The Problem of the Finality of Christ in the Perspective of Christian-Zen Encounter: Carl Michalson and Sei-Ichi Yagi" (Ph.D. diss., The University of Basel, 1975).

다. 그리스도의 케노시스(자기 비움, 자기 겸비)를 불교의 공(空) 사상과의 비교를 통해 대화를 시도한 강연이었던 것이다. 이때 참석자 200-300명 중 1/3이 수녀였고, 1/3이 승려였다고 한다.[5] 그러나 변선환은 교토학파의 논리와 주장을 그대로 답습하지 않았다. 자신의 일관된 관점을 통해 논문의 내용들을 철저히 점검하면서 비판적인 해석과 대화를 시도해나갔기 때문이다.

2. 일본 불교신학과의 대화 — 야기 세이이찌의 장소적 신학(1977, 1986-87)

박사논문의 관심은 귀국 후 다음 논문들을 통해 세상에 모습을 드러냈다. "Buddhism and Christianity- Reevaluation of Yagi's Topos Theology",[6] "야기 세이이찌의 장소적 기독론"[7]이 바로 그것인데, 이 논문들은 야기 세이이찌의 불교적 신학에 대한 비판적 독해를 그 내용으로 하고 있다. 그런데 이 논문들을 보면, 종교해방신학이 그의 인생 후반기에 갑자기 생겨난 것이 아니라는 사실을 감지할 수 있다. 왜냐하면, 그의 비판적 해석은 철저하게 비케리그마화, 실존, 역사, 책임의 관점에 서 있기 때문이다.

야기 세이이찌는 스스로 자신의 신학을 '실존론적 신학'이라고 부르

---

5) 박성용 외 3인, 『올꾼이 선생님 변선환』(서울: 신앙과 지성사, 2010), 58. 이정배의 증언 내용.

6) Pyun Sun Hwan, "Buddhism and Christianity- Reevaluation of Yagi's Topos Theology,"「神學과 世界」3 (1977.10): 174-195.

7) 변선환, "야기 세이이찌의 장소적 기독론," 변선환아키브 (편), 『그리스도론과 신론』[전집 5] (천안: 한국신학연구소, 1998), 148-182. 원문: 변선환, "八木誠一의 場所的 基督論,"「神學思想」18 (1977.09).

며, 야스퍼스나 부리보다도 예수를 더 철저하게 비케리그마화, 비신화화한 후,[8] 예수 그리스도가 아닌 로고스 그리스도를 강조한다. 그리고 야기는 예수를 신(神)이 아닌 로고스의 구현 또는 장(場) 속에 있는 진인(眞人)으로 보았다.[9] 그 다음 야기는 선불교를 중심으로 서양 사상과 대화하며 일본 철학을 구상했던 교토학파의 교조 니시다 기타로의 "장소(Topos)"의 논리를 통해 그리스도론을 재구성하고자 했다. 야기는 실존의 근저를 니시다의 '장소'에서 찾았다. 그리고 이 절대무(絶對無)의 장소를 그리스도라고 하였다. 변선환이 야기 신학의 비밀은 "근저는 실재에 선행한다" 또는 "절대무는 실존에 선행한다"고 한 것은 야기 신학의 핵심을 잘 짚어낸 말이다.[10]

이에 대해 변선환은 여러 가지 면에 비판을 하고 있지만, 이 글의 주제와 관련된 비판으로 주목할 것은 야기의 비신화화가 인간 실존의 역사성을 결여하고 있다고 비판했던 점이다.[11] 그는 먼저 야기가 신화와 상징에 대해 충분히 이해하지 못했으며 그리스도 신화에 대한 적극적인 의미를 밝히지 못했다고 비판한다. 그리고 무엇보다도 야기의 비신화화가 인간 실존의 역사성을 결여하고 있다고 비판한다. 케리그마화 된 예수 신화, 케리그마화 된 그리스도론을 벗어나는 데에는 성공했으나, 정작 중요한 실존의 문제에 주목하지 못하고 형이상학적인 토포스의 세계로 도피하고 말았다는 뜻이리라. 실존을 중시한 변선환은 야기의 종교적 실존론이 오히려 형이상학적 사변이 되어버린 것에 대해 비판하고 있는 것이다. 그가 이렇게 비판하고 있는 것은 바로 인간 실존

---

8) 변선환, "야기 세이이찌의 장소적 기독론," 149-151, 173.

9) 앞의 책, 155-156, 174-5.

10) 앞의 책, 182.

11) 앞의 책, 176-182.

의 자유는 추상적인 무의 장소가 아니라 책임에 근거해야 한다는 확신 때문이었다. 이 점에서 변선환은 철저히 프리츠 부리의 책임윤리론에 동조하고 있음을 알 수 있다.

야기에 대한 또 다른 글은 "야기 세이이찌의 성서해석학과 선불교"라는 제목의 논문이다. 야기가 선불교로부터 배운 것은 "성서, 역사, 교회와 같은 역사적 형태를 절대시하는 우상숭배와 초자연주의적인 전근대적 타율적 신화에서부터 철저하게 해방되도록 비신화화하는 지혜"였다.[12] 여기서 불트만의 비신화화와 선불교의 지혜가 만난다. 또한 야기는 선불교로부터 "사람을 사람 되게 하는 진리," 즉 "통합에로 정해진 종교적 실존과 그 근저"에 대해 배웠다.[13] 이러한 의미에서 '통합'은 니시다의 '장소' 개념과 상통하는 개념이다. 그는 선(禪)의 무심(無心)은 통합된 마음이며 선(禪)은 존재를 통합(integration)이라는 장(場)의 관점에서 보도록 해준다고 하였다.

이 논문에서 변선환은 불교를 중심으로 새로운 신학의 길을 모색하고자 했던 야기의 성서해석학에 주목한다. 그가 상당한 분량을 통해 야기의 새로운 성서해석학을 소개하는 이유는 역시 성서에 절대적인 권위를 부여하고 성서 해석의 독단적 폐쇄성을 보여주고 있는 기독교 신학을 향해 던지고 싶었던 말이 있었기 때문일 것이다. 야기 세이이찌는 기독교 서구라는 특수한 컨텍스트에서 형성된 서구 신학이 그려낸 그리스도의 상을 외적으로 강요할 때, 그것은 동양인과 동떨어진 것이

---

12) 변선환, "야기 세이이찌의 성서해석학과 선불교," 변선환아키브 (편), 『불교와 기독교의 만남』[전집 2] (천안: 한국신학연구소, 1997), 170-171, 175. 원문: 변선환, "야기 세이이찌의 성서해석학과 선불교 1," 「신학과 세계」 13 (1986 가을); "야기 세이이찌의 성서해석학과 선불교 2," 「신학과 세계」 15 (1987 가을).

13) 앞의 책, 180.

되고 말 것이라고 보았다. 그렇기에 야기에게 근저는 개체와 개체가 대립되어 있는 것이 아니라, 개체와 개체가 모두 "거기"에 근거하고 있는 장에 있었다.14) 즉 장의 논리라면 개체의 신학, 유의 신학에 근거한 서구 신학의 한계를 넘어서 장의 신학, 무의 신학을 주장할 수 있다고 보았던 것이라고 판단된다.

변선환은 이러한 야기의 입장을 존 캅의 상호변혁적 입장을 넘어서 있는 것으로 평가했다.15) 차이에 근거하여 개체 기독교의 그리스도론을 창조적으로 변혁하고자 했던 존 캅보다는 개체 종교로서의 기독교와 불교, 종교와 종교가 무(無)의 장소, 공(空)의 장소를 근저로 대화할 수 있는 야기의 입장을 더 높이 평가했던 것이 아닌가 한다.

야기의 신학에 대한 변선환의 비판은 앞서 77년에 발표한 논문의 비판적 맥락과 대동소이하다. 그것은 야기가 영향을 받은 니시다와 그의 장소적 논리에 대한 비판이기도 한 것인데, 니시다의 장소의 논리가 화엄철학을 현대적으로 해석함으로써 역사를 말하는 것에 한계가 있듯이, 또한 독일 관념론처럼 현실의 모순을 의식 안의 문제로 심화시키며 해결하려 했다는 점에서 정치적 현실을 도피하고 의식의 내면성으로 형이상학적으로 침체하며 오히려 현실 정치와 타협하기에 이르렀다는 것이다. 이는 대동아전쟁에 침묵하거나 동조했던 교토학파 선불교 철학자들에 대한 지적이기도 하다.

그리고 변선환은 야기의 장소적 성서해석학이 선한 사마리아 사람의 비유에 나타난 윤리관에 머물지 말고 종말론을 성실하게 다시 받아들여야 한다고 주장했다. 절대무 철학과의 형이상학적 대화에만 머무

---

14) 앞의 책, 220.
15) 앞의 책, 223.

르지 말고, 새 세상의 도래를 대망하는 미륵불 신앙과 같은 민중 불교와 대화하는 것, 신 중심적 대화의 방법을 넘어서 해방 중심적, 프락시스 중심적인 대화에 나선 폴 니터의 신학에 관심을 기울일 것을 당부했다. 변선환은 엘리트 종교로서의 기독교와 불교의 대화만이 아니라, 민중 종교로서의 열려진 대화가 기독교와 불교 두 종교 사이의 새로운 과제가 되어야 할 것임을 역설했다.16)

3. 불교와의 대화를 시도한 서양 기독론에 대한 비판적 독해(1977)

변선환은 종교 간 대화를 무조건적으로 찬미하지 않았다. 동양의 입장에서 불교와 기독교의 대화를 시도했던 야기 세이이찌를 소개하고 비판했듯이, 서양의 신학을 무조건적, 무비판적으로 받아들이지 않았던 것이다.

서양 신학에 대한 비판의 잣대는 동양 신학에 대한 비판의 잣대와 다소 다른 점이 있다. 그 잣대는 바로 서양 신학이 제2, 3세계 신학에 대해 여전히 제국주의적 시각을 갖고 있는가 하는 것이었다. 서양 세계가 다원주의 신학을 제창한 것은 서양 백인 위주의 패권적 신학에 대한 스스로의 반성적 성찰에서 비롯된 것이다. 하지만 제2, 3세계의 눈으로 볼 때에는 다르다. 그래서 변선환은 다른 논문들에서 제1세계의 신학에 대해 이의와 반론을 제기하는 인도, 스리랑카, 기타 아시아 신학자들의 주장과 논문들을 종종 소개하곤 했다.

이렇듯 서양의 다원주의 신학에 대한 변선환의 입장을 찾아볼 수 있는 첫 논문이 "세속화 이후의 미국의 기독론: 기독교와 불교와의 만

---

16) 앞의 책, 226-227.

남"이다. 이 논문에서 그는 신 죽음의 신학에 입각한 알타이저(Thomas Altizer)의 "신 죽음의 기독론"과 과정신학자 캅(John Cobb)의 "만유재기독론"을 소개하고 비판한다.

이 논문을 쓴 변선환의 목적은 기독교가 자기정체성을 잃지 않으면서도 종교 제국주의를 벗어날 수 있는가 하는 것이었다. 즉 기독교와 타종교의 대화가 너무나도 공통성에 근거하여 서로를 동일시하려던 경향에 대한 반성적 성찰인 것이다. 따라서 변선환은 그리스도와 불타를 하나의 실재를 나타내는 다른 이름처럼 말하면서 타종교와 대화하는 알타이저를 비판한다.[17]

그러면 기독교와 타종교 각각의 고유성 내지 차이성을 강조하는 기독론은 어떠한가? 종교 간의 동일성을 대화의 근거로 삼았던 알타이저와 다른 입장을 가진 기독론에 대해 점검하기 위해 변선환은 존 캅의 기독론을 논의의 대상으로 삼는다. 그는 당시 불교에 대한 관심을 높이던 과정신학의 흐름을 소개하고, 차이에 근거한 다원주의를 주창했던 존 캅의 관점을 소개한다. 캅은 그리스도와 불타를 같은 실재, 다른 이름으로 보는 포괄적 보편주의나 그리스도교와 불교를 전적으로 다르게 보는 배타적 특수주의 입장을 양 극단이라고 본다. 캅은 그리스도가 그 동일성을 상실하지 않으면서 다원 시대의 변화 요구에 응할 수 있는 그리스도 상을 "창조적 변혁(creative transformation)"으로서의 그리스도라고 표현한다. 그리스도는 모든 특정한 입장을 상대화시키는 변혁의 힘으로써 다원주의의 원리가 된다.[18] 종교 간 상호 배움과 상호

---

17) 변선환, "세속화 이후의 미국의 기독교: 기독교와 불교의 만남," 변선환아키브 (편), 『그리스도론과 신론』[전집 5] (천안: 한국신학연구소, 1998), 133. 원문:「신학사상」 18 (1977.09).

18) 앞의 책, 135-139.

변혁을 주장했던 캅에 의하면, 불교와 기독교의 대화는 서로 자기의 결함을 느끼며 계속 창조적으로 변혁되어야 한다. 오늘날 동서는 서로 다른 원리, 불성과 로고스에 서서 그 보편성을 강조하기 때문에 기독교화 된 불교나 불교화 된 기독교는 실현될 수 없으나 서로 외적 강제가 아니라 내적, 창조적 변혁을 일으켜야 한다.19)

상호 배움과 상호 변혁이라는 점에서 캅의 기독론은 매우 고무적이나 변선환은 캅의 주장에 내재된 위험성에 대해 지적하는 것을 잊지 않는다. 그는 캅의 주장이 위장된 휴머니즘, 위장된 기독교신학, 위장된 사회윤리라고 비판한다. 창조적 변혁으로서의 그리스도(로고스)라는 개념은 그 안에 배타적 정통성을 배태하고 있는 것이며, 기독교적-불교적 기독교라는 이상은 위장된 기독교라고 비판한다. 변선환은 대화의 공동 광장은 로고스, 그리스도, 예수가 아니라 실존의 자기 이해여야 한다고 주장했다.20)

알타이저와 존 캅의 비판에서 공통된 것은 역시 실존적 삶, 윤리적 책임에 대한 문제다. 그는 알타이저와 캅의 신학이 우주의 신비, 존재의 신비에 도취되어 있는 형이상학자들의 신학이라고 비판했다. 그는 알타이저의 신학이 우주적 차원의 지나친 내재화를 통해 선악의 피안에서 살고 있는 것 같다고 비판했다. 그리고 흑인신학자 제임스 콘의 말을 빌려, 과정신학자들의 추상적인 형이상학적 논의가 억눌린 민중의 신, 혁명과 해방의 신에게서 멀어져가고 있다고 비판했다. 그리고 그는 로고스를 우주적 차원이 아닌 책임적 자아와 책임적 공동체로 부르는 초월의 암호라고 부르며, 초월과 관계하는 책임이야말로 유대교적 기독

---

19) 앞의 책, 143.
20) 앞의 책, 145-146.

교적 전통의 유산임을 강조했다.21) 이러한 역사 의식, 윤리적 책임 의식이 서양 다원주의 신학에 대한 변선환의 비판적 입장이었다.

4. 한국불교와의 대화: 이기영의 대승불교와의 만남(1978)

종교 간 대화, 특히 기독교와 불교의 대화의 문제에 있어서, 변선환은 일본의 교토학파 철학과 서양의 다원주의 신학으로부터 배웠다. 그러나 변선환은 앵무새, 복사기, 녹음기가 되길 원하지 않았다. 그래서 그는 이 신학들을 비판적으로 소개하고 글을 썼다. 그러나 변선환에게 있어서의 또 다른 과제는 한국적 신학을 어떻게 만들어나갈 것인가 하는 것이었다. 이러한 변선환에게 자극과 동기를 부여해준 사람이 이기영이다.

1978년 변선환은 "해방 후 기독교와 불교의 수용 형태 — 이기영의 대승불교와 기독교의 만남의 경우"라는 논문을 발표했다. 이 논문은 쇼펜하우어, 니체, 하이데거, 야스퍼스 등 서양 지성에 의한 불교의 이해와 오해에 대한 간략한 소개 후, 야스퍼스, 토인비, 이기영의 불교관에 대해 서술하고 있는 거의 100쪽에 가까운 장문의 글이다. 이 논문에서 변선환은 서양 정신과 동양 정신, 기독교와 불교의 만남을 이야기하면서 세계 종교가 수행해야 할 공통 과제가 무엇인가 하는 것에 대해 이야기하고 있다.

이기영과의 저술들에 대해 논하기 전, 이 논문은 불교와 대화했던 두 인물, 즉 야스퍼스의 철학적 신앙과 토인비의 신학에 대해 논하고 있는데, 그 요점은 다음과 같다.

---

21) 앞의 책, 147.

변선환은 기독교 서양 중심주의를 벗어나 동양의(불교의) 사고와 대화하고자 했던 야스퍼스의 철학적 신앙과 기독교적 대승불교적 비전을 가지고 보살도의 헌신적인 자비 정신으로 살 것을 주장했던 토인비의 신학에서 세 가지 점을 배울 수 있었다고 했다: 현대 세계에서의 고등 종교의 의미, 비 교의화·비신화화의 지혜를 가지고 감행하는 종교개혁의 과제, 새 휴머니즘의 인간 해방의 과제. 이 3가지 점을 간단히 말하면, 고등 종교가 교리적이고 폐쇄적인 관점에서 벗어나 개방적이고 열린 종교가 되어야 하며, 비신화화·비 교의화의 작업을 통해서 자기 종교를 스스로 근원적으로 개혁해야 하며, 세계 종교는 각각 자기 종교의 전통에 굳게 서되 인간을 해방시키는 인간화, 전 인류를 하나의 가족 공동체 내지 인간 공동체로 형성해나가는 것을 공통 과제로 삼아야 한다는 것이다. 여기서 변선환은 인간화의 입장에서 신비주의적인 것과 윤리적인 것, 존재론적인 것과 인격적인 것, 신비주의적 동향과 행동주의적 동향을 함께 아울러 볼 것을 제안하고 있다.22)

즉 동양, 특히 불교적 사유와 대화하고자 했던 야스퍼스의 철학을 통해서는 기독교가 더 이상 교리에 얽매이는 폐쇄적인 종교가 되지 말고 타종교와 대화하는 열린 종교가 되라는 것을 주장하려 했으며, 또한 헌신적인 자비 정신으로 살 것을 주장했던 토인비의 신학을 논함으로써 기독교가 실천 중심의 종교가 되어야 함을 주장하고자 했던 것이다.

이러한 전거 아래, 변선환은 이기영의 저술들에 대해 논평한다. 이것이 갖는 의미는 서양사상가들의 불교 이해와 교토학파의 영향을 받은 일본 신학자를 통해 본 불교에 대한 이해의 관점이, 한국 대승불교에

---

22) 변선환, "해방 후 기독교와 불교의 수용형태 - 이기영의 대승불교와 기독교의 만남의 경우,"『불교와 기독교의 만남』[전집 2], 14-25. 원문 원제: 변선환, "해방 후 그리스도교와 전통문화와의 수용형태,"「문교부 학술연구 조성비에 의한 연구보고서」(1978).

대한 이해로 새롭게 전환될 수 있었다고 하는 점이다.

이 논문에서, 변선환은 한국 대승불교를 바라보는 이기영의 시선들을 우리에게 소개하고 있다. 그는 이 안에 있는 다양한 글들을 휴머니즘이라는 시각에서 재조명하고 있는데, 이기영 스스로도 자신의 입장을 '불교적 휴머니즘' 또는 '보살주의'라고 부르고 있다. 이 휴머니즘은 서양의 폐쇄적이고 협소한 의미에서의 휴머니즘이 아니라 참된 의미에서의 인간주의를 말한다. 그에게 휴머니즘이란 보살도를 따라 사는 삶이다. 이러한 점에서 변선환은 일본의 불교철학자들이 신비주의적 정숙 속에서 사유했던 하이데거를 좋아했던 것과 달리 역사적 현실 속에서 주체적으로 살아가려 했던 야스퍼스를 좋아했던 점을 지적하고 있다. 더군다나 이기영은 "한국의 통불교는 선심(禪心)주의에서 나와 대승불교적 휴머니즘으로 돌아가야 한다"고까지 하였다.[23]

변선환이 이기영의 논문에서 그 구체적인 실례를 들고 있는 것이 한용운과 원효의 사상이다.[24]

한용운은 18세 때(1896년) 동학농민의병 운동에 참여하였다가 좌절을 경험한 후 불교에 귀의하였고, 일본 동경 조계종 대학에서 서양 사상과 불교 사상에 대해 공부했다. 또한 1919년 3·1운동 당시 33인의 한 사람으로 투옥되기도 한 독립운동가이기도 했다. 한용운은 일제에 의해 침탈당한 민족의 현실 앞에서 오욕의 현실과 영원의 나라를 이원론적으로 나누며 초월적 이탈을 감행하지 않고 추악한 죄와 번뇌에 물들어 있는 이 세상이야말로 대각과 열반의 터전이라고 보았다.

변선환은 이기영이 원효에게 구현된 일승화쟁 정신이 일심의 신비

---

23) 앞의 책, 27-29.
24) 앞의 책, 30-38, 48-64.

주의와 요익중생의 보살도주의로 나타났다고 한 점을 강조했다. 단순히 존재의 신비주의에만 머문 것이 아니라, 보살도의 실천을 함께 보고자 한 것이다. "신심만 있고 행동이 없으면 심신이 성숙하지 않으며 … 완덕을 실천하여 비로소 심신이 완전해지는 것"이라는 원효의 말이나, "불교는 정관(靜觀)만을 가르치는 현실 도피 사상이 아니라 혁명적 실천과 현실 참여를 말하는 보살주의 휴머니즘"라고 했던 이기영의 말이 이를 잘 대변해주고 있는 것이라 하겠다.

그러나 변선환은 불교를 향해서는 위 양자를 함께 이야기하면서도, 신론, 기독론, 교회론, 종말론 등 기독교를 향해서 말할 때는 일심의 신비주의, 절대무의 존재론만을 전면에 내세웠다고 지적한다. 즉 불교와 기독교의 대화에서 대승불교의 보살주의는 숨겨진 채, 일심의 신비주의만 앞서 있으며, 마찬가지로 기독교의 역사성이나 윤리는 숨겨진 채, 초월적인 것을 절대무로 체험하면서 부정의 길을 통해 표현하려 했던 중세 기독교 신비주의자들이나 수도원 영성에서 기독교의 본질을 읽으려 했다는 것이다. 이에 대해 변선환은 십자가의 신학을 대승불교의 무아의 체험과 관계시키려 했던 키타모리 카조우나 야기 세이이찌 등의 신학자들을 더 높이 평가했다. 그리고 앞으로의 대화 장소가 신론에서 기독론으로 옮겨가야 할 것이며 이러한 대화를 통해 두 종교가 신비주의적 요소보다는 윤리적인 것이 더 전면에 나설 수 있을 것이라고까지 주장했다.25)

---

25) 앞의 책, 101-103.

5. 원불교와의 대화: 일원상(1980)

변선환에게 원불교는 매우 친밀한 관계를 유지했던 종교였다. 그 이유로는 여러 가지가 있겠지만, 원불교가 건전한 형태의 우리의 자생적 불교라고 하는 점이 아니었을까 생각해본다. 즉 외래의 불교를 우리의 토양에서 우리의 감성과 의식을 통해 재탄생시킨 종교라고 하는 점에서, 한국적인 신학을 추구했던 토착화 신학, 한국적 신학의 맥과 맞닿아 있는 종교라고 생각할 수 있는 것이다.

하지만 유감스럽게도 변선환의 글에서 원불교 사상에 대한 직접적이고 본격적인 논문은 찾아볼 수가 없다. 다만, 짧지만 굵고 강한 메시지를 던진 특별강연 기록이 남아 있다.

변선환은 원광대학교 문리대학장 유병덕 박사의 출판기념회에서 "일원상(一圓相)의 진리와 존재 신비주의 ― 동서 신비주의의 대화를 위하여"라는 제목의 특별 강연을 한 바 있다.26) 여기서 선생은 독일 신비주의 시인 앙겔루스 실레시우스의 시의 세계와 연관시키면서 불교와 기독교 신비주의와의 대화를 시도하는 한편, 원불교 사상을 통해 원기독교의 가능성을 스케치해 본다. 이러한 시각에서 그는 기독교의 삼위일체론을 원불교적으로 해명했다. 이 강연문에서의 변선환의 주장은 매우 자극적이고 충격적이다.

거두절미하고, 그것은 다음의 한 문장 속에서 강렬하게 느껴볼 수 있다.

---

26) 변선환, "일원상(一圓相)의 진리와 존재신비주의 - 동서 신비주의의 대화를 위하여," 『불교와 기독교의 만남』, 321-333. 원문: "일원상의 진리와 존재신비주의," 「한국종교」 4, 5 (1980).

"태초에 ◯이 계셨습니다."

결과론적이기는 하지만, 유영모나 윤성범처럼 자기만의 개념, 방법론, 사상을 구축하지 못했던 선생이 이러한 아이디어를 발전시켰더라면, 선생이 추구했던 한국적 상황에 부합하는 새로운 그리스도론, 새로운 신론을 전개할 수 있었지 않았을까 하는 아쉬운 마음이 든다.

6. 불교와 기독교의 대화를 통한 새 그리스도론 모색

1) 종교간 대화와 협력의 역설(1982)

1982년 5월, 승려였다가 기독교로 개종한 명진홍 목사 부흥집회사건(불교지옥, 예수천당)이 터졌고, 기독교에 대한 불교의 성토와 규탄이 이어졌다. 이 사건을 서두로 기독교와 불교의 관계, 종교와 종교의 관계에 대해 서술한 글이 "불교와 기독교의 대화"(1982)이다.27) 이론적으로만 종교 간 대화와 평화를 추구했던 과정 속에, 정말로 실제적으로 대화와 평화를 추구해야 한다는 외침을 요구했던 사건이었던 것이다.

이에 대해 변선환은 타종교에 대해 관용을 표명한 불교적 입장, 타종교에 대한 열려진 대화와 협력의 입장을 표명한 가톨릭의 제2바티칸공의회의 정책과 이로부터 배운 WCC의 새로운 선교 정책 등에 대해 소개하고, 토인비와 야스퍼스의 주장을 통해 오늘날 기독교와 불교는 서로 다툴 것이 아니라 시련에 선 현대 문명을 구하고 인간화의 과제를

---

27) 변선환, "불교와 기독교의 대화," 변선환아키브 (편), 『종교간 대화와 아시아신학』[전집 1] (천안: 한국신학연구소, 1996), 275. 원문: 「기독교사상」 291 (1982.09).

위한 근원적인 변혁을 감행해야 한다고 주장했다.[28] 이러한 의미에서
이 글의 결론은 부처님 오신 날 가톨릭 대구교구가 운영하는 희망원을
방문하여 스님과 수녀님이 서로 손잡고 이웃사랑을 실천하자고 다짐했
던 미담을 소개했다. 그리고 각 종교가 교리적 이론의 차원을 넘어 근원
적인 실존적 존재론적 체험과 실천적 윤리의 차원에서 서로 대화하고
협력해야 할 것임을 주장했다.[29]

2) 아시아 신학의 새 패러다임(1985)

기독교와 불교의 관계에 있어서, 선생은 교토학파 철학과 서양의 다
원주의를 비판적으로 수용했으며, 대화를 추구하는 열린 종교와 보살
도의 자비를 실천하는 종교를 주장했던 야스퍼스와 토인비의 주장에
동조했다. 그리고 불교적 휴머니즘과 한국적 불교를 추구했던 이기영
과의 만남이 있었고, 한국적 불교의 한 모델인 원불교와의 교류가 있었다.

이러한 과정 속에서 변선환은 서양 신학의 답습이 아니라, 뭔가 아시
아적인 그리스도론이 필요하다고 느꼈던 것 같다. 이러한 관점에서 선
생은 불교와 기독교의 대화라는 측면, 아시아 신학의 새로운 패러다임
이라는 측면에서 논문 1편을 집필했다. 82년의 논문과 동일한 제목이
지만 다른 내용을 담고 있는 "불교와 기독교의 대화"(1985)이다.

이 글에서 먼저 그는 불교와 기독교 사이의 한계를 자유롭게 오고
간 토마스 머튼 신부, 타 종교(특히 불교)와의 대화 속에서 새로운 기독교

---

28) 앞의 책, 276(타종교에 대해 관용을 표명한 불교적 입장); 앞의 책, 278, 304-305(가톨
릭의 제 2바티칸 공의회의 정책과 WCC 선교정책); 앞의 책, 279-289(토인비와 야스
퍼스의 주장).

29) 앞의 책, 307-308.

신학이 전개될 것을 희망한 폴 틸리히, 기독교 중심적 사고에서 벗어나 신 중심적 사고로의 신학의 코페르니쿠스적 전환을 제창했던 존 힉, 아시아의 위대한 종교와 함께 아시아의 인간화를 위한 평화와 정의를 위한 공동 전선에 함께 설 것을 주장했던 파니카와 스탠리 등의 말을 소개한다.30)

그 이유는 무엇이며, 새로운 아시아 신학의 패러다임이란 무엇인가? 그것은 서구 중심, 개종 중심에서 벗어나 아시아의 관심, 대화 중심으로 전환하는 것이다. 과거의 패러다임은 서구의 입장에서 동양종교에 대한 일방적인 저주와 개종을 요구하는 사고 안에 있었다. 그러나 이제 새로운 패러다임에서는 열려진 새로운 지평에서 대화만이 다종교 시대를 살아가는 유일한 선교라는 것을 인식하는 사고가 필요하다는 것이다. 따라서 변선환은 세계 종교의 신학을 제창하며 대화의 신학만이 하나의 세계 공동체 형성을 위한 근거가 된다고 한 종교학자 윌프레드 스미스, 깊이에서의 대화를 주장한 신학자 폴 틸리히, 불교와 기독교의 열려진 참된 대화는 상호 보완과 상호 변혁을 지향해야 한다는 존 캅의 주장으로 이를 뒷받침하고 있다.31)

변선환은 칼 라너의 '익명의 그리스도인' 개념이나 파니카의 '우주적 그리스도'의 개념 등은 모두 새로운 아시아 신학의 패러다임으로는 부족하다고 비판했다. 그 이유는 이 개념들이 겉으로는 보편주의를 표방하고 있으나 그 안에는 기독론적 제국주의가 교묘하게 숨어 있다고 보았기 때문이다.32)

---

30) 변선환, "불교와 기독교의 대화," 『불교와 기독교의 만남』, 108-110. 원문: 「불교사상」 22 (1985.09).
31) 앞의 책, 111-114(스미스); 앞의 책, 114(틸리히); 앞의 책, 119(존 캅).
32) 앞의 책, 124-126.

그렇다면 새로운 패러다임은 이보다 더 나아가야 한다. 변선환은 배타주의만이 아니라 포괄적 보편주의 기독론의 입장을 취한다면, 결국 타종교와의 대화는 끊어지고 말 것이라고 주장했다. 이러한 입장에서 변선환은 '신 중심적 비규범적 그리스도론'을 새로운 패러다임으로 제안했다.33)

3) 신 중심적 비규범적 그리스도론 試論: 불타와 그리스도(1990)

변선환은 위 제안을 "불타와 그리스도"에서 보다 상세히 다루고자 했다. 부제는 '그리스도론의 비 서구화의 한 시도'다. 부제가 천명하고 있는 바와 같이 이 논문의 목적은 서구 중심의 기독론으로부터 탈피한 새로운 기독론을 타진해보고자 하는데 있다고 하겠다.

변선환은 문제 제기에서 에른스트 트뢸취의 역사상대주의, 존 힉의 코페르니쿠스적 전환, 송천성의 제3의 눈의 신학, 파니카의 비규범적 신 중심 그리스도론, 사마르타의 신 중심 다원주의에 대해 소개한 후, 마지막으로 이를 니터의 "오직 예수 이름으로만?"이라는 문제의식으로 연결시킨다.34)

필자가 보기에, 이 인물들의 사상은 모두 그가 제언했던 신 중심주의적 비규범적 그리스도론(아시아 신학의 새 패러다임)을 위한 예비적 전거들이다.

즉 단 하나의 보편주의적 규범적인 문화나 종교란 존재하지 않는다는 역사적 문화관을 주장한 트뢸취를 통해서는 〈비규범성〉과 〈문화의

---

33) 앞의 책, 128-129.
34) 변선환, "불타(佛陀)와 그리스도- 그리스도론의 비서구화의 한 시도," 『불교와 기독교의 만남』[전집 2] 272-284. 원문: 한국가톨릭문화원 제9차 심포지엄 자료집(1990).

다양성〉, 기독교 중심에서 신 중심, 실재 중심으로의 전환을 주장했던
존 힉으로부터는 〈신 중심주의〉와 〈종교의 다원성〉, 제3세계의 눈으로
현실을 직시하는 제3의 눈의 신학을 주창한 송천성으로부터는 〈아시아
패러다임〉과 〈불교와의 대화〉, 그리스도론을 우주적 차원으로 확장한
파니카로부터는 역사적 인물 예수가 아닌 〈보편적 그리스도론〉, 어떤
종교나 어떤 인물도 신의 전적인 신비 앞에서는 궁극적일 수도 없고
상대적이라고 하는 신 중심적 다원주의를 주장했던 사마르타로부터는
〈종교의 상대성〉과 〈그리스도론의 상대성〉의 전거들을 얻을 수 있기
때문이다.

이들의 주장은 모두 기독교의 기독론이 어떠한 형태로 전개되어야
할 것인가를 묻고 대답했던 것들이다. 변선환은 이들의 문제의식을 통
해, 이들이 제시했던 신 중심, 실재 중심 다원주의 신학의 가능성을 불교
와 기독교, 불타론과 그리스도론과의 대화를 통해 타진해보고자 했다.
그의 목적은 단 하나, 종교의 배타성, 포괄성을 극복하며 아시아의 감성
을 담지할 수 있는 새로운 형태의 그리스도론을 구축하고자 하는데 있
었다고 생각한다.

그러나 장문의 글을 통해 불교에서의 불타론의 형성 과정과 내용에
대해 언급하면서도 정작 제목과 달리 자신이 제안한 자신만의 그리스도
론을 전개하지 않았다.

4) 동양적 그리스도론에 대한 응답: 불교적 그리스도론, 불교적 신학의
여명(1993, 1995)

정작 그의 생애 동안에 변선환은 그 자신만의 새로운 패러다임의

그리스도론을 전개하지 못했다. 하지만 이 작업은 다른 이들을 통해 시도된 바 있는데, 변선환은 이들의 그리스도론에 응답하는 글을 썼다. 길희성의 논문에 응답한 "불교적 그리스도론의 여명"(1993)과 이재숙의 논문에 응답한 "불교적 한국신학의 여명"(1995)이 각각 그것이다.

길희성의 논문에 대하여, 변선환은 전통적인 '로고스=예수'라는 낡은 도그마의 틀에서 예수를 해방시키고 그리스도론을 대승불교의 보살의 관심에서 읽으려는 아시아 그리스도론을 전개하였다고 평가하였다.35) 그러나 길희성에 대한 비판의 기준 역시 '역사'였다. 그는 길희성을 향해 "95%까지 예수 보살론을 역사의 관점에서 전개한 길 교수는 종점 가까이 가서 다시 본질의 범주에서 형성된 로고스 그리스도론으로 귀결 짓고 있다"고 했으며, 또한 "왜 '역사-초 역사'의 도식을 버리고 '자연-초자연'의 도식에서 신학 했던 고대와 중세의 형이상학적 초자연주의로 다시 돌아가야만 했을까?"라고 되묻고 있다.36)

이재숙의 논문에 대해서는 케노시스 기독론을 케노시스 삼위일체론으로 발전시켰으며, 화엄 철학의 사사무애 사상을 기독교의 케노시스 사상과 대화해나간 논문이라고 평가했다. 그리고 신성과 인성이 이원적으로 공존하는 호모우시아 그리스도론의 한계를 넘어서, 예수 그리스도의 케노시스의 비이원적 기능을 말하는 기능적 그리스도론으로 한층 더 나아갔다고 평가했다.37)

---

35) 변선환, "불교적 그리스도론의 여명- 길희성 교수의 논문 '예수·보살·자비의 하느님: 불교적 관점에서 본 그리스도론'을 중심으로,"『불교와 기독교의 만남』[전집 2], 230. 원문: 「사목」170 (1993.03).

36) 앞의 책, 243-244.

37) 변선환, "불교적 한국신학의 여명- 이재숙, '대승불교의 공(空) 사상과 그리스도 강생 (空化, Kenosis)의 신비'를 중심으로 한 종교신학적 응답,"『불교와 기독교의 만남』 [전집 2], 263-264. 원문: 「신학사상」88 (1995.03).

그러나 변선환은 비슷한 주제로 이미 논문을 썼던 교토학파 철학자 아베 마사오의 논문(1984)과의 비교를 통해서, 이재숙이 주장하는 신의 케노시스라는 개념에는 아직도 여전히 개념화되고 대상화된 무엇인가가 있다고 지적했다.[38] 비록 케노시스를 말하지만, 대상성, 이원성을 넘어선 지혜를 추구하는 불교와 달리, 여전히 신과 타자, 무한과 유한, 불변과 변화 사이의 무한한 질적 차이의 찌꺼기가 존재하고 있다는 말이라 하겠다.

이재숙의 논문에 대한 변선환의 결론도 결국 역사와 실천의 문제였다. 변선환은 아빌라의 데레사와 십우도(十牛圖)의 예를 들면서, 종교신학이 실천 중심의 해방신학과 만나야함을 역설했다. 그리고 참된 대화는 교리와 교리의 만남이 아니라 실천에서의 만남에서 열린다고 말하며, 공과 케노시스의 만남은 자비와 사랑의 만남이라고 강조했다.[39]

변선환은 길희성과 이재숙의 논문을 불교적 한국 신학의 여명을 여는 글이라고 평가했다. 평소에 그가 주장했던 새로운 아시아적 패러다임의 그리스도론이 몇몇 사람들에 의해 시도된 것에 대한 감회를 표명한 것이라 하겠다. 이러한 면에서 그의 평생 과업이었던 그리스도론이 제언이나 시론이 아닌 사상으로 전개되지 못한 점은 매우 아쉬운 점이다.

8. 화쟁의 논리: 연꽃과 십자가, 렘마와 로고스, 우주론과 종말론(1985)

원효가 화쟁(和諍)의 논리를 전개했듯이, 종교 간 대화를 뒷받침해 줄 논리가 없을까? 변선환은 전집에는 수록되어 있으나, 발표되지 않은 논문을 통해 이러한 생각을 했던 것 같다. "연꽃과 십자가, 렘마와 로고

---

38) 앞의 책, 264.
39) 앞의 책, 270-271.

스, 우주론과 종말론"(1985)이 그것이다.

변선환은 이 글을 통해 서양 기독교의 논리와 동양 불교의 논리를 비교하며 서술해간다. 그러나 이 글은 기독교와 불교가 서로의 장점을 통해 서로 배워가는 방법을 취하고 있지 않다. 전체적으로 보아, 종교의 평화와 협력을 위해서는 전투적이고 정복적인 서양 기독교의 논리가 평화적이고 조화로운 불교의 논리로부터 배워야 한다는 논조를 띄고 있다.

불교와 기독교의 논리를 상징하고 있는 것이 연꽃과 십자가, 렘마와 로고스이다. 그리고 그 사상을 대변하고 있는 것이 우주론과 종말론이다.

아시아해방신학자 송천성의 글을 인용하여, 변선환은 십자가는 강력하게 고통에 가득차서 도전적으로 땅에서 뻗어나가는 것에 비해, 연꽃은 자연과의 완전한 조화를 이루고 있다고 말한다. 또한 [죽음의 상징인] 십자가는 자연과 엄숙하게 대립하고 있는 것에 비해, 연꽃은 아름다운 자연과의 조화 속에서 살아온 동양 사람들의 삶의 지혜를 대변한다고 말한다.[40]

또한 와쓰지 테쓰로의 『풍토』의 주장에 따라, 사막 문명이 로고스의 논리를 형성하고, 수답 문명이 산림의 직관에 의한 렘마의 논리를 형성했다는 주장에 동의한다. 선생은 불교와 기독교의 논리관의 차이는 사막 문화와 수답 문화의 차이에서 생겨난 것이라는 주장에 동의한다.[41]

변선환이 연꽃과 십자가의 대비에 이어 로고스와 렘마의 논리를 대조시키고 있는 것은 조화를 추구하는 불교와 정복을 추구하는 기독교의 사고가 바로 이 로고스와 렘마의 논리로부터 나온 것이라는 점을 강조

---

40) 변선환, "연꽃과 십자가, 렘마와 로고스, 우주론과 종말론," 『불교와 기독교의 대화』[전집 2], 132-133. 원문: 미발표논문(1985. 3 이후 추정).
41) 앞의 책, 136, 138-139.

하기 위함이다. 로고스의 논리는 서양의 형식논리인 동일률의 원리에 입각해 있다. 이것이면 이것, 저것이면 저것의 논리이다. 이러한 논리에서는 조화가 있을 수 없다. 그러나 렘마의 논리는 조화의 논리다. 삶과 죽음, 윤회와 열반이 함께 할 수 있다.

그는 로고스의 논리가 지배하던 기독교 역사가 타 종교인들에 대한 비 관용과 저주의 모습을 보여준 것에 비해, 렘마의 논리는 진리와 관용을 함께 말할 수 있는 평화(和)의 논리이며 화쟁(和諍)의 논리라고 했다. 이러한 주장과 함께 그는 언어의 논리인 로고스 논리가 아닌 직관의 논리인 렘마의 논리를 통해 셈-반셈주의를 넘어서는 새로운 대화 신학의 지평을 열어놓는 것이야말로 중요한 과제라고 주장했다.42) 변선환이 렘마의 논리에서 배우고자 한 것은 배타주의적인 이원성을 깨고 포괄적인 관용과 포용의 길로 나아갈 수 있는 논리였다.

우주론과 종말론의 대비 역시 이러한 논리의 연장선상에 있다.

변선환은 자연의 은총에 대한 아름다운 인상을 가지고 살아가는 생의 양식을 '우주론'이라고 규정하고, 사막 문화 속에서 태어난 기독교 서구 문화가 자연의 은총을 알지 못하고 살아가며 자연과 신, 자연과 인간의 대립과 대결이라는 구도 속에서 원죄라는 죄의식 속에서 살아가고 있다고 했다. 또한 신의 구원 행위를 이스라엘 백성과 그리스도 교회, 이스라엘 역사와 기독교 역사 안에 한정시켜 제도화하는 것을 거부하고, 그리스도의 속죄관을 중심으로 종말을 향해 달려가는 직선적인 구원의 역사를 절대화하고 우상화하는 것을 거부한 송천성의 글을 소개한다. 변선환이 송천성의 글을 인용하여 직선적이고 배타적인 구속사를 문제로 삼는 것은 이러한 구원관이 아시아인들을 기독교로 개종시키는

---

42) 앞의 책, 139-149.

것을 유일한 임무로 삼고 있는 점 때문이다. 또한 그는 이러한 구원관이 서양의 이분법적 사고에 근거한 것이라고 보고, 고야마 고스께, 와쯔지 테쯔로, 스즈끼 다이세츠, 송천성 등의 아시아의 학자들의 주장을 통해 불교적 사고로부터 직선적 사관이 아니라 우주론적인 원환사관 속에서 인간과 자연, 인간과 우주가 조화를 이루는 삶에 대해 배워야 할 것임을 간접적으로 제시하고 있다.[43]

이 글은 불교와의 만남에서 있어서 변선환의 신학이 존재의 신비주의에 천착해 있다가 종교해방신학처럼 종교성과 사회성을 함께 바라보는 시각으로 옮겨갔다고 하는 흔한 선입견을 깨게 해준다. 변선환의 신학은 초지일관 역사성과 책임 윤리에 서 있었다. 그러면 변선환은 그의 생애 중기에 수행이나 영성, 자연 신비주의나 존재 신비주의로 한숨을 돌렸던 것일까? 그러나 필자는 그렇게 보지 않는다. 미학적 조화를 추구하는 렘마의 논리조차도 변선환의 글에서는 역사의식, 종교 간 평화를 바라는 화쟁의 논리로 작용하고 있기 때문이다.

9. 아시아 해방신학과 종교해방신학: 알로이시우스 피에리스 신학(1984)

변선환이 추구해나갔던 종교해방신학은 아시아 신학자들과의 공감이 큰 작용을 했다. 그 중에서도 피에리스 신부가 차지하는 비중은 매우 크다. 변선환의 논문 중에서 종교해방신학의 문제와 관련된 최초의 논문은 "비서구화와 제3세계 신학"(1984)이라는 논문이다. 이 글은 제 1세계 서양 신학에 대해 자주적이며 주체적이며 실천적인 신학을 추구했

---

43) 앞의 책, 149(우주론); 150-152(송천성, 직선적 구속사관 비판); 153-161(이원적 세계관 비판, 조화세계 추구: 송천성, 와쯔지 테츠로, 스즈끼 다이세츠).

던 제3세계 신학에 대한 글이다.

제3세계는 식민지 시대의 종말과 함께 비 서구화의 과제를 새로운 선교의 과제로 받아들여야 했다. 그것은 서양 신학자들이 쓴 책을 읽으며 아시아의 종교적 문화적 상황, 정치적 사회적 상황이 던지는 물음에 고민하지 않았던 것에 대한 반성적 성찰이기도 하다. 변선환은 이 중에서도 피에리스의 '아시아 해방신학' 또는 '제3세계 종교신학'에 주목했다.

피에리스는 아시아적 "종교성"과 "빈곤"이라는 두 과제와 씨름했다. 그리고 제1세계 신학이나 라틴의 해방신학과 구별되는 아시아 신학을 지향하고 있었다. 피에리스에게 종교와 정치, 종교신학과 정치 신학, 토착화신학과 해방신학은 서로 분리될 수 없다. 피에리스에게는 기독론보다도 신론보다도 더 중요한 것은 구원론이었다. 그리고 그 구원은 바로 해방을 의미했다: "해방이야말로, 구원론이야말로 신학의 근거인 것이다."[44] 피에리스는 남미 해방신학이 칼 바르트와 칼 마르크스 두 대제에 의해 오염되었다고 비판했다.[45] 그리고 자신들의 토착 인종의 종교적 동일성을 인정하려 하지 않은 남미 해방신학과는 달리 서양 기독교의 정통 신학의 한계를 극복할 수 있는 해방의 출구를 비 그리스도교적인 토착 종교와 문화(불교)에서 출발하려고 했다. "해방은 사회 경제적 정의를 위한 투쟁을 … 자기자신의 문화 의식과 결합시키지 않고는 가져올 수 없다."[46]

변선환이 피에리스에 주목한 것은 그가 초기부터 초지일관 주장해

---

44) 변선환, "비서구화와 제 3세계 신학: 특히 스리랑카의 알로이시우스 피에리스 신부를 중심하여,"『종교 간 대화와 아시아신학』[전집1], 217-218. 원문:「신학사상」 46 가을 (1984).
45) 앞의 책, 219.
46) 앞의 책, 222-223.

온 신비주의와 윤리, 이론과 실천의 결합적 사고 때문이라고 본다. 피에리스는 아시아의 종교성을 통해 전통 종교와의 대화를 추구했고, 또한 가난이라고 하는 사회 경제적인 문제를 통해 해방의 문제에 대해 다루었다. 이 점에서 변선환은 힌두교의 지혜인 advaita(不二)의 빛에서 존재의 신비주의 신학을 전개했던 파니카보다 피에리스를 더 선호했던 것으로 보인다. 그러나 변선환은 오히려 피에리스의 신학이 보다 철저하게 인간 해방(휴머니티)을 주장하지 못했다고 지적한다. 스리랑카 소승불교의 부정적 금욕주의, 가톨릭의 수도원 전통이 "예언자적 휴머니즘의 광야의 소리를 약화시키고 있는 듯"이 보인다는 것이다. 변선환은 오히려 '제3의 신학'에서 대승불교의 이상인 보살도 정신을 밝히며 휴머니티를 위한 아시아적 투쟁에 나설 것을 독려한 송천성의 주장에 더 무게를 두고 있다.[47]

이를 통해 보는 것처럼, 이 시절 변선환에게 신학의 기준은 '해방'이었음을 알 수 있다.

10. 민중 불교와 민중신학(1994)

"민중 해방을 지향하는 민중 불교와 민중신학"은 불교와 기독교의 대화의 관점에서 쓴 변선환의 마지막 논문이다. 이 논문은 미륵 신앙을 중심으로 하여 민중 불교와 민중신학이 대화하고 협력할 수 있는 가능성에 대해 타진하고 있는 논문이다. 종교 간 대화가 보다 더 구체적이고 사회참여적으로 표현되어 나타난 것이다.

변선환은 "참된 의미에서의 종교간 대화는 비교종교학적 연구가 밝

---

47) 앞의 책, 248-249.

히는 두 종교 사이의 유사성과 차이성보다는 체제파 종교인과 반 체제파 종교인 사이에 놓여 있는 차이와 거리에 더 크고 심각한 관심을 나타내야 하며," "종교인들의 참된 대화는 고난당하는 가난한 민중들 편에 서서 정의와 평등과 자유를 추구하는 실천 중심, 해방 중심, 그 나라 중심의 다원주의적 대화가 되어야 할 것"이라는 하비 콕스의 말을 소개한다.48) 이러한 언급을 소개하고 있는 것을 보면, 종교와 정치, 문화와 사회의 양 측면에서 그 무게 중심이 후자로 확 기울고 있는 것처럼 보인다.

다음으로 변선환은 불교에도 역사의식이 있는가 하는 물음을 던진다. 그리고 그는 아베 마사오, 니시다니 게이지, 길희성, 노로 요시오, 미야다 노보루 등의 연구를 통해 이 물음에 대한 대답을 찾았다. 그러나 그 결과는 아베, 니시다니, 길희성의 결론은 선과 악의 문제를 무명에 의해 생겨나는 분별지로 보는 관점, 초 시간적이며 초 공간적인 특색을 갖고 있는 공(空)의 개념, 색과 공, 차안과 피안 사이의 절대적 동일성을 말하는 불교의 관점에서 역사의식과 역사적 선택을 말하는 어렵다는 것이었다. 이에 더해 변선환은 대승불교와 선불교가 귀족 불교, 엘리트 불교였기 때문에 가난한 민중의 역사적 요청을 듣지 못하고 다급한 역사의 현장에서 유리된 것이 아닌가 하는 물음을 던졌다.49)

그러나 변선환은 역사의식을 가졌던 불교가 있었다는 사실을 상기시킨다. 따라서 민중 불교와 민중 기독교의 대화 가능성을 시도했던 노로 요시오의 연구를 소개한다. 하지만 변선환은 아미타 신앙과 관음 신앙 중심의 민중 불교는 세계의 변혁과 해방을 위한 동력이 약하다는 점을 지적했다. 따라서 변선환은 미륵신앙 연구가인 미야다 노보루의

---

48) 변선환, "민중해방을 지향하는 민중불교와 민중신학," 『종교간 대화와 아시아신학』[전집1], 335. 원문: 「한국사상사학」 6 (1994.12)
49) 앞의 책, 340-344.

연구를 소개하여 그 가능성을 타진한다. 그리고 변선환은 미야다의 연구를 통해 일본형 미륵 신앙은 종말론적 의식이 없는 반면, 한국형 미륵 신앙은 강력한 말세사상, 저항 의식, 변혁 사상을 갖고 있었다는 점을 확인한다. 그리고 변선환은 궁예, 견훤, 묘청, 삼별초, 만적, 동학농민 운동 등 한국사 연구 결과를 통해 미륵 신앙의 전통이 강한 역사의식, 사회의식을 갖고 있었다는 점도 확인한다. 더 나아가 변선환은 미륵 신앙이 상생 신앙이 아닌 하생 신앙의 편을 택했을 때, 말법종말 사상에 의해 천년왕국운동을 대망한 강력한 민중 운동이 일어나게 하는 원동력이 되었음을 확인한다.50)

그러면 변선환의 신학은 사회 해방으로 흘러갔는가? 존재 신비주의는 어디로 갔는가?

변선환은 종교가 역사성으로만 흘러가는 것에 대해서도 경계했다. 그는 불교의 즉의 논리가 몰 역사성을 갖고 있다는 점을 지적하면서도, 미륵하생의 신앙이 불교의 즉의 논리와 서로 관계해야 함을 주장했다. 즉, 즉의 논리는 몰 역사적인 왕통 불교, 호국 불교에 빠질 위험이 있으므로 미륵 신앙의 역사의식이 필요하고, 미륵 신앙은 광신주의나 열광주의적인 이데올로기에 빠질 위험이 있으므로 지혜가 필요하다는 것이다.51) 또한 변선환은 천년왕국적 민중 운동이 정치 이데올로기가 되거나 정치가들에 의해 기만당하고 이용당하는 것을 경계했다.52)

이 논문에서 변선환은 지혜와 정의, 종교와 정치, 종교성과 역사성이라는 대비가 아니라, 불교와 기독교의 대화의 문제를 메시아니즘과 미

---

50) 앞의 책, 347-348(노로 요시오, 일본민중불교); 349-350(미야다 노보루, 일본형 미륵 신앙); 352-355, 361-367(한국형 미륵신앙과 민중운동).
51) 앞의 책, 356, 372-374.
52) 앞의 책, 384.

룩신앙에 각각 바탕을 둔 기독교와 불교의 관점에서 서술했으며, 그 접점을 민중 불교와 민중신학의 공통 개념인 민중에 두었다. 아베 마사오가 '자비와 지혜를 강조한 불교'와 '사랑과 정의를 강조하는 기독교' 사이의 열린 대화를 주장하며 종교성에 비중을 두었던 것과 대비되는 대목이다.

그리고 변선환은 그 목적을 천년왕국적 민중 운동에 두었다.53) 독재 시대와 민주화 운동을 거쳐 90년대에 이르렀던 변선환의 신학은 한국에서의 불교와 기독교의 대화를 '민주화를 위한 투쟁의 현장, 사건 현장에서의 실천 중심 해방 중심의 대화'라고 선언하기에 이르렀던 것이 아닐까 한다.

처음부터 역사성과 책임성을 강조해왔던 변선환의 신학은 아시아 신학, 특히 피에리스의 신학과의 만남을 통해 그 관심의 영역이 한걸음 더 현실적인 문제로 다가섰다. 그리고 80년대의 민주화 운동과 민중신학자들과의 만남은 더욱 더 현실적인 문제, 이 땅에서의 우리의 삶의 문제를 신학의 문제로 다루게 되었다.

이쯤해서 묻게 되는 말이 있다.

"종교란 무엇인가?"

변선환에게 그것은 해방이었다.

---

53) 앞의 책, 379-385.

III. 종교해방신학의 의미 그리고 종교 간 대화 백년 전망
: 일아 신학과 오늘

지금까지 이 글은 종교해방신학을 향한 여정이라는 관점에서 불교와 기독교의 대화를 중심으로 한 선생의 글들을 빠짐없이 모두 되돌아보았다.54) 글을 마치는 시점에서 필자는 변선환의 종교해방신학이 종교신학과 해방신학이 서로 합류점을 이루고 있다는 점을 더욱 확실히 느낄 수 있었다.

혹자는 변선환의 종교해방신학은 폴 니터의 종교해방신학이란 용어를 차용했다고 한다. 그러나 변선환의 종교해방신학은 피에리스의 아시아 해방신학과 더욱 가깝게 느껴진다. 해방이란 말의 의미는 일차적으로 사회 경제적인 의미에서의 해방을 의미한다. 실천 중심, 해방 중심의 대화를 강조했던 변선환의 사상 안에서 보아도 그렇다. 그러나 변선환은 남미 해방신학이 해당 문화의 종교성을 담아내지 못했다고 보는 피에리스의 관점에 동조했으며, 물질적 가난과 영적인 가난의 개념을 통해 각 문화의 종교성과 사회적 실천성을 함께 담지하고자 했던 아시아 해방신학과 공감했다.

인간의 해방과 사회의 해방에 더해 한 가지 더 생각해볼 것이 있다면, 종교해방신학을 글자 그대로 이해해보는 것이다. 정작 변선환이 말하고자 했던 것은 종교 자체의 해방이 아니었을까?

변선환 신학은 오늘 어떤 의미를 던져주고 있을까?

---

54) 사실 해설서인 〈십우도〉에 대한 글은 제외되었다. 영문본은 「신학과 세계」(1989 봄)에 게재된 바 있으며, 이후 「불교연구」(1990.12)에 "십우도에 나타난 진정한 자기의 추구"를 게재했고, 그 다음해 『불교와 역사』(1991)에 "십우도: 참 자기에 이르는 길"이 실렸다. [변선환 전집 2권]에는 1991년 제목이 실려 있다.

오늘 2015년은 변선환의 시대와 다르다. 또한 변선환의 신학적 담론들을 그대로 수용하기에는 많은 변화가 있었다. 그러나 보다 많은 사람들이 안식과 평화를 누릴 수 있는 그 나라를 대망하던 선생의 정신은 여전히 유효하다. 선생 역시 교리, 신념, 사상보다 중요한 것은 바로 실천, 사랑, 자비, 해방이라고 보았다. 말의 성찬만 늘어놓지 말고, 이 땅에서 아파하는 사람, 슬퍼하는 사람, 눈물 흘리는 사람들, 즉 가난한 사람들을 위해 즉각 행동하라는 말이리라. 그것이 바로 예수가 가르쳐 준 하나님 나라 사람들이 해야 할 바가 아니던가?

변선환은 "종교 간의 대화 백년과 전망"이란 논문에서 세계종교대회 백년의 역사를 되돌아보며, 앞으로의 과제에 대한 전망의 글을 썼다. 아직도 인간화와 세계 변혁을 향한 종교 간 대화와 협력, 평화와 공존이 요원한 지금 이 시점에서, 변선환의 신학이 어떠한 의미를 갖고 있는가 하는 물음에 대하여, 선생이 이 논문의 마지막 글로 남긴 문장을 인용하는 것으로 그 대답을 대신하고자 한다.

"대화는 인류의 최후의 희망이다."55)

---

55) 변선환, "종교 간의 대화 백년과 전망," 『종교간 대화와 아시아신학』[전집 1], 54. 원문: 출처 분명(1993. 9월 이후 추정).

邊鮮煥 先生의
"불교적 그리스도교 신학"의 의미

김 승 철

(南山大学, 南山宗教文化研究所)

"그 인도 사내는 큰소리로 대답하였다.

'들어오세요. 이 강에 들어오면 기분이 좋아요.'

미쯔꼬는 고개를 끄덕이면서 강 속으로 한 발을 넣고 다른 발도 담갔다.

발을 담그기 직전에는 주저했으나, 몸 전체를 담그고 나니 불쾌감이 사라

졌다." _ 엔도 슈사쿠, 『깊은 강』(深い河)

1. 들어가면서

21세기 아시아 기독교인의 신앙은 아시아의 종교적 전통과 자연과
학적 실재 이해와의 만남에 의해서 형성되고 있다는 사실을 특징으로
한다. 기독교 신앙의 자기 이해로서의 신학은 종교와 자연과학이 현대
아시아인의 기독교 신앙을 어떻게 형성하고 있으며, 그렇게 해서 형성

된 기독교적 아이덴티티가 다시금 어떻게 아시아의 종교와 자연과학과 만나고 있는지를 밝혀내야 할 해석학적 과제에 직면해 있다.[1]

이렇게 볼 때, 우리들이 먼저 기독교적 아이덴티티를 가지고 나서 그 후에 아시아의 종교와 대화하고 자연과학과 만난다고 하는 방식의 문제 설정은 지극히 제한적인 의미에서 타당성을 가질 뿐이다. 현대 아시아 기독교인의 신앙적 아이덴티티 자체가 아시아의 종교와 자연과학과의 만남에 의해서 형성되고 있으며, 그렇게 형성된 기독교적 아이덴티티를 가지고 그들은 종교와 자연과학과 만난다고 하는 왕환운동 (往還運動)을 반복해 나가고 있기 때문이다. 달리 표현해 본다면, 아시아인의 기독교 신앙, 아시아의 종교적 전통, 그리고 현대의 자연과학적 실재 이해는 아시아 기독교인의 자기 이해를 수행함에 있어서 삼위일체적이고 "회호적 상입"(回互的相入)[2]이라는 관계를 형성하고 있는 것이다. 그러므로, 결론을 앞당겨서 말하는 것이 허락된다면, 기독교 신앙에 대해서 병렬적-타자적 객체로서 여겨졌던 아시아의 종교와 자연과학이 기독교 신앙을 내적으로 구성하는 중층적-"주체적 주체"(主體的主體)[3]로서 자각될 때, 비로소 아시아적 기독교 신앙에 있어서 타종교와

---

1) 신학적 사유가 근본적으로 해석학적 성격의 것이라는 데 대한 논구로는 다음을 참조하시오. Heinrich Ott, *Dogmatik*. In *Theologie Vix12 Hauptbegriffe* hrsg. Claus Westermann, Kreuz-Verlag, 1967, S.192ff; ders., "Das Hermeneutische als das Unumgängliche der Philosophie" In *Die Zukunft der Philosophie* hrsg. Heinz Robert Schlette, Walter-Verlag, 1968, S.87ff.

2) 西谷啓治,『宗教とは何か』(『西谷啓治著作集 第十卷』)創文社'298頁. 니시타니의 이 책을 영어로 옮긴 브라흐트 (Jan Van Bragt, 1928-2007) 신부는 "回互的相入"이라는 화엄불교적 용어를 "circuminsessional interpenetration"이라는, 삼위일체 사이의 관계를 표현하는 전통적인 개념으로 번역하였다. 참조. Keiji Nishitani, *Religion and Nothingness*. Translation with an Introduction by Jan Van Bragt, University of California Press, 1982, p.270.

3) "주체적 주체"라는 표현은 선불교적 자각을 절대무의 철저한 주체화로 이해하였던 불교철

자연과학은 본래적인 논의의 장소(*topos*)에 서게 된다. 일아(一雅) 변선
환 선생의 신학적 여정에서 탄생했던 "불교적 그리스도교 신학"은 이러
한 장소를 향하고 있으며, 또 그러한 장소로부터 비롯된 사유였다는
것이 이 글이 고구(考究)하려는 바의 것이다.[4]

일아는 평생에 걸쳐서 신학과 문학, 동서양의 철학과 자연과학과 대
화하면서 아시아인의 기독교 신앙을 밝혀내는 일에 헌신한 신학자였
다. 일아처럼 폭넓은 분야에서 자유롭게 유영(遊泳)하면서 사유의 폭과
깊이를 더해 나갔던 신학자를 만나기는 쉽지 않을 것이다. 그 가운데에
서도 일아가 특히 혼신의 힘을 기울였던 것은 불교와의 대화를 통해서
형성되어 왔으며 또 형성되어 가고 있는 아시아적 기독교 신앙의 정체
성을 밝혀내는 일이었다. 우리들은 그러한 신학적 시도의 핵심을 "불교
적 그리스도교 신학"이라고 하는 일아 자신의 표현으로 응축해 낼 수
있다고 생각한다.[5] "불교적 그리스도교 신학"은 아시아의 불교적 전통

학자 히사마쯔 신이찌(久松真一)의 표현을 빌린 것이다. 히사마쯔는 선불교가 추구하는
절대무(絶對無)란 인간을 초월하면서 지배하는 주체가 아니라 어디까지나 인간 자신이
라는 것을 강조하여 자각의 절대적 주체화를 주장하였는데, 이런 의미에서 그는 절대무가
인간에 대해서 타자적 주체가 아니라 자자(自者)인 주체, 곧 "주체적 주체"라고 불렀다.
참조, 久松真一『東洋的無』(『久松真一著作集 第一巻』) 理想社, 1969年, 58頁.

4) 이런 의미에서 일아의 "불교적 그리스도교 신학"은 전통적 기독교 신앙을 재해석하고
이론적인 체계를 세우기 위하여 불교를 "신학의 시녀"(*theologiae ancilla*)로 여기는 존 키
난의 이른바 "대승불교 신학"(Mahayana Theology)의 발상과는 정반대의 신학적 시도
이다. Cf. John P. Keenan, *The Meaning of Christ: A Mahayana Theology* Orbis Books,
1989, p.121ff.

5) "불교적 한국신학의 여명" 『변선환전집2』, 271. 일아는 불교의 空사상과 기독교의 케노시
스 개념을 비교한 이재숙 박사의 논문을 평가하는 자리에서 이 논문을 "한국에 있어서의
불교적 가톨리시즘, 불교적 그리스도교 신학의 탄생을 알리는 여명이라고 받아들이고
싶다. 주사위는 던져졌다. 루비콘 강이 저쪽에 보인다"라고 말한 바가 있다. 또 "예수 보살
론"을 전개한 종교학자 길희성 박사의 글을 평한 글에서 그러한 시도를 "불교적 그리스도
론"이라고 명명하고 있다.

을 통해서 형성되어가는 아시아인의 신앙을 신학적으로 표현해내고자 했던 일아의 선구자적 시도의 결실이었지만, 우리들은 그것이 종교와의 대화뿐만 아니라 자연과학과의 대화를 위한 신학적 패러다임이기도 하다고 믿는 바이다.

일아는 불교와의 대화를 수행함에 있어서 한국의 불교학자 이기영 (李箕永, 1922-1996)이나 일본의 신약성서학자 야기 세이이치(八木誠一, 1932-)와 적극적으로 대화하였다.6) 특히 일아는 야기의 "장소론적 신학"에 대해서 스위스 바젤대학에 제출한 자신의 박사학위 청구 논문에서 다룰 정도로 다대한 관심을 보였다. 야기가 일본의 쿄토학파(京都学派)의 철학자들, 즉 니시다 기타로(西田幾多郎, 1870-1945), 니시타니 케이지(西谷啓治, 1900-1990), 우에다 시즈테루(上田閑照, 1926-) 등과 대화하면서 불교적으로 조형된 기독교 신학을 지향한다는 점에서, 야기와의 대화를 통해서 자신의 신학적 사유를 전개해 나갔던 일아의 신학적 관심이 어디에 있었는가는 불문가지(不問可知)의 사실이라고 하겠다.7) 난잔종교문화연구소(南山宗敎文化硏究所)의 소장을 지냈던 얀 반 브라후트는 야기를 필두로 하여 불교와 대화하려는 일본의

---

6) 주지하다 싶히 1975년에 바젤대학 신학부에 제출하였던 일아의 박사학위청구논문(The Problem of the Finality of Christ in the Perspective of Christian-Zen Encounter: Carl Michaelson and Sei-Ichi Yagi)은 칼 마이켈슨과 야기 세이이치의 신학을 스위스의 "비케리그마화"(Entkerygmatisierung)의 신학자 프리츠 부리(Fritz Buri)의 신학적 관점에서 비교한 것이었다. 이 논문이 한국어로 옮겨질 수 있다면, 일아의 신학적 사고의 형성, 전개 과정이 보다 분명해지리라고 기대한다.

7) 일아가 일본의 불교철학자들에 대해서 보였던 관심은 일아가 번역, 편집하여 대원정사에서 『불교와 기독교의 대화총서』의 5, 6, 7번 시리즈로서 펴낸 3권의 논문집에서도 잘 드러난다. (아베 마사오(阿部正雄)와 히사마쯔 신이찌(久松眞一)의 『선과 현대철학』, 아베 마사오의 『선과 현대신학』, 『선과 종교철학』) 아쉽게도 이 책은 일아가 서거하고 난 후인 1996년에 출판되었다.

신학자들—혼다 마사아키(本多正昭), 오노데라 이사오(小野寺功), 오다가끼 마사야(小田垣雅也) 등—의 신학적 작업을 가리켜서 "기독교를 그리이스적 이해 방식으로부터 해방시키려는 소망," 특히 "그리스 철학의 논리가 종교적 사실, 특히 셈족의 사고방식에 뿌리를 지닌 기독교를 표현하는데 적합하지 않다는 자각"을 지닌 채, "그리스적인 것 대신에 보다 종교적인 불교의 범주나 논리를 가지고 기독교의 가르침을 다시 생각"하고자 하였으며, 이러한 일에 "기독교인으로서의 자신의 섭리적 과제와 사명이 있다는 자각"을 지녔다고 표현하였는데, "불교적 그리스도교 신학"을 구축하려는 일아의 신학자로서의 사명도 이와 다르지 않았다고 하겠다.8)

이러한 일아의 신학적 문제의식은 20세기에 들어서 분명하게 그 모습을 드러낸 서구신학의 과제, 곧 기독교는 타종교와 자연과학과 대화함으로서 자기 이해를 수행한다고 하는 과제를 내적으로 다시 한 번 돌파한 것이라고 할 수 있다. 브라후트의 표현을 빌려서 표현해 본다면, 일아는 위와 같은 서구 신학의 과제 역시도 "불교의 범주나 논리를 가지고 … 다시 생각하고자 하였다"고 할 수 있다. 기독교 신앙의 자기 이해로서의 기독교 신학은, 종교적으로 다원화되고 자연과학적인 세계관의 영향 하에 있는 현대 사회라는 해석학적 상황 속에서 의미를 지닐 수 있는 신학적 패러다임의 형성을 요구받고 있음은 재언의 여지가 없을 것인바,9) 아시아와 한국의 신학자로서의 일아의 신학적 작업은 이러한

---

8) ヤン・ヴァン・ブラフト「キリスト教は仏教から何を学べるか」金承哲,寺尾寿芳編 『宗教間対話に導かれて―京都学派・仏教・キリスト教』南山宗教文化研究所'2014 年'141-142頁; 이들 일본 신학자들이 불교와 대화한 족적에 대해서는 拙著,『無住와 放浪: 기독교 신학의 불교적 상상력』(동연출판사, 2014), 241 이하를 참조하시오.

9) 본 소고의 문제 제기와 논구의 내용은 이미 다음의 논문에서 거론되었다. 金承哲,「宗教と 科学に面してのキリスト教神学」『東西宗教研究』vol.8 (2009년), 85-105. 이 논문은

서구 신학의 흐름에 단순히 편승(便乘)한 것은 아니었다는 말이다. 일아는 상기와 같은 서구 신학의 흐름을 치밀하게 추적하면서도, 그러한 문제의식과 문제 제기의 방법을 내적으로 한 번 더 돌파하여, 그러한 서구 신학이 담지하는 문제의식 자체의 불철저성을 폭로하고, 문제 제기의 방식 자체를 문제시함으로서, 아시아에 있어서의 신학의 패러다임 전이를 자신의 신학적 사명으로 여겼던 것이다. "불교적 그리스도교 신학"은 이러한 일아의 신학적 사유를 끌어당기는 자력장(磁力場)과도 같은 것이었다.

일아 스스로도 말하고 있듯이, 그의 신학적 여정은 "(아시아라는) 문화의 변혁자로서의 그리스도"를 일방적으로 수입(輸入)한다고 하는 "일방통행적인 십자군 멘탈리티로서 문화 종교적인 제국주의적 정복의 사고 형식"[10])에서 출발하여, 기독교 신앙의 "토착화"를 시도하는 신학을 거쳐서, 그러한 토착화를 시도하는 서구 신학적 주체의 변혁을 추구하는 종교다원주의 신학에 이르는 변증법적 여정이었다.[11]) 그것은 서구적 신앙을 수입하는 자아가 아시아라는 대지에 뿌리를 내림(土着)으로서 부정되고, 토착화하려는 신학적 주체가 다시 한번 아시아의 종교에 의해서 세례를 받는 여정, 즉 서구 신학적 주체의 부정의 부정으로 나아가는 변증법적 여정이었다고 할 수 있다. 그러므로 일아는 현대 서구 신학의 변천과 궤를 같이 하면서도 그러한 서구 신학의 흐름 자체를 내적으로 다시 탈구축(脫構築)하도록 인도해 주는 신학적 사고를

2008년 9월, 京都에서 열렸던 東西宗敎交流學會에서 발표되었던 것을 바탕으로 한 것이었다.

10) "좌담회—한국 토착화 신학 논쟁의 평가와 전망" 『기독교사상』 6(1991년), 82면.

11) 변선환, "나의 신학수업", 『종교다원주의와 한국적 신학: 변선환학장 은퇴기념논문집』 한국신학연구소, 1992년, 18면.

지향하고 있었다는 점에서, 단순한 서구 신학의 추수(追隨)는 아니었다. 오히려 일아는 서구 신학의 문제의식의 불철저성을 비판함으로서 서구신학의 문제 제기가 본래 무엇을 의미하는가를 밝히는 작업을 수행하였다고 할 수 있다.

2. 종교와 과학: "無"에 직면한 신학

그렇다고 한다면 그러한 일아의 신학적 사유의 내용과 특징은 무엇인가? 우리들은 이러한 질문에 대답하기 위하여, 종교와 자연과학과 대화한다는 신학적 과제의 본령(本領)은 어디에 있으며, 그러한 두 가지 대화를 수행한다는 것은 무엇을 의미하는가를 먼저 논하고자 한다.

타종교와 자연과학과 대화하는 일이 현대 신학에게 주어진 최우선적 과제라는 말은, 타종교가 기독교의 전통적 진리 주장의 근저를 흔드는 것으로서 받아들여지고 있으며, 자연과학은 기독교를 포함한 종교 자체의 존재 의의에 대하여 심대한 문제를 대담하게 던지고 있음을 의미한다.

한편으로 기독교는 "교회 밖에는 구원이 없다"라는 전통적인 배타적 자기 이해가 종교의 역사 속에서 상대화되고, 나아가 그러한 절대성 주장의 근거가 무화되어 감을 경험해 온지 오래이다. 에른스트 트뢸치가 "세계종교 속에서의 기독교의 위치"(Die Stellung des Christentums unter den Weltreligionen)에 대해서 묻지 않을 수 없었던 것은, 이처럼 종교의 역사가 기독교의 절대성의 근거를 무화한다는 신학적 자각에 의한 것이었다. 트뢸치는 그러나 "신적인 삶은 우리의 이 땅에서의 경험에 있어서는 하나가 아니라 다수이며, 다수 속에서 하나를 예감하는 것이야말로 사랑의 본질이다"[12]라고 결론지음으로서, 전통적인 기독교와 타종교의 문제를 "일과 다"의 문제로 치환함으로서 "역사적 반성과 진리와 가치의 기준의 결정 사이의 충돌"을 해결할 수 있다고 생각하였다. 그는 종교의 "역사"가 기독교에 대해서 제기하는 문제를 "역사"를 뛰어넘는 "一"에게로 소급함으로서 해결하고자 하였던 것이다. 이러한 일과 다의 관계로서 기독교와 타종교의 문제를 해결하려는 전통은 폴니터의 "통일적 다원주의의 신학"(Theology of unitive pluralism)이나 존 힉의 "다원주의적 작업가설"(Pluralistic Hypothesis)로 계승되었음은 주지의 사실이다. 니터는 트뢸치야말로 현금의 다원주의를 둘러싼 논의를 대부분 선취하였다고 봄으로서, 자신을 포함하여 많은 다원주의 신학자들이 트뢸치의 후손임을 인정하고 있다.13)

흥미롭게도, 트뢸치가 "세계 종교 속에서의 기독교의 위치"을 물었던 거의 같은 시기에, 철학자 막스 쉘러(Max Scheler, 1874-1928)는 "우주 속에서의 인간의 위치"(Die Stellung des Menschen im Kosmos, 1928)에 대해 묻고 있었다(트뢸리와 쉘러가 각각 기독교의 위치와 인간의 위치를 새삼스럽게 묻지 않을 수 없었다는 사실은, 기독교와 인간이 당연히 차지하고 있다고 여겨지던 위치가 물음의 대상이 되었음을 의미한다). 쉘러는 인간은 정신적 존재라고 하는 사실을 형이상학적이고 신학적인 논의에 근거해서 뒷받침하려는 전통적 시도를 탈피하여, 인간에 대한 생물학적 접근을 통하여 설명하고자 하였다. 쉘러는 인간의 정신성은 본능의 결핍

---

12) Ernst Troeltsch, "The Place of Christianity among the World Religions." In: *Christianity and Other Religions*, eds. John Hick and Brian Hebblethwaite. Fortress Press, 1980, p.11; 김승철 편역, 『종교다원주의와 기독교 1』 (도서출판 나단, 1993), 103-104.

13) Paul F. Knitter, *No Other Name? A Critical Survey of Christian Attitudes Toward the World Religions* Orbis Books, 1985, 23; 변선환 역, 『오직 그리스도로만?』 (한국신학연구소, 1985).

에서 비롯되는 환경과의 거리두기로서 설명될 수 있다고 봄으로서, 인간의 특수성을 자연과학적 사실에 근거해서 확립하고자 했던 "철학적 인간학"을 확립하였지만, 쉘러의 이러한 시도는 인간의 윤리와 종교역시 진화의 역사라는 자연적 과정의 산물에 불과하다고 보는 자연과학적 설명의 효시가 되었다고 하겠다. 생물학자 대닛의 다음과 같은 주장은 종교에 대한 자연과학적 주장을 단적으로 보여준다.

"다른 동물들과 마찬가지로, 우리들은 번식하고자 하고, 그렇게 하기 위해서는 거의 어떤 것이라도 하려는 생래적인 욕망을 가지고 있다. 하지만 우리들은 신조(信条)를 가지고 있으며, 우리들의 유전적 명령을 초월할 수 있는 능력 또한 가지고 있다. 이러한 사실들은 우리들을 동물들로부터 구별짓는다. 하지만 그러한 사실 자체는 자연과학으로 알 수 있는 생물학적 사실이며, 따라서 자연과학에 의한 설명을 요구하는 바의 것이다."[14]

이처럼 기독교는, 한편에서는 자신의 절대성을 부정하는 타종교의 존재에 의해서, 다른 한편에서는 모든 종교적 자각을 인간의 진화론적 변천의 결과로 설명해 내려고 하는 자연과학적 시도에 의해서, 자신의 전통적인 자기 이해가 흔들리어, 마치도 어떤 "무"라고 하는 심연에 직면해 있는 것처럼 여겨진다. 기독교와 종교가 처한 "위치"는 "무"에 의해서 삼켜져, "무"의 심연 속으로 사라지는 것처럼 보인다. "역사"는 기독교의 절대성의 주장을 무화하고, "자연"은 기독교를 비롯한 종교의 초월적 자기주장 자체를 무화시키고 있는 것이다.

---

14) Daniel C. Dennett, *Breaking the Spell: Religion as a Natural Phenomenon*. Viking Penguin, 2006, p.4.

그러나, 기독교가 직면하고 있다고 생각되는 이 "무"는 단순히 부정적이고 파멸적인 "무"일 것인가? 오히려 우리들은 이 "무"에 아직 본질적으로, 그리고 철저하게 직면해보지 못했으며, 그렇게 직면하는 방법을 알지 못한다고 해야 하지 않을까? 우리들이 이 "무"에 철저하게 직면함을 통해서 비로소 이 "무"는 거기로부터 새로운 신학적 자기 이해가 싹틀 수 있는, 가능성으로 가득 찬 "무"가 되는 것은 아닐까?

앞에서 언급하였듯이, 일아의 신학적 여정이 아시아를 변혁시키려는 서구 신학적 주체가 토착화를 통해서 부정되고, 그럼에도 불구하고 여전히 토착화의 주체로서 남아있는 서구 신학적 주체가 이번에는 아시아의 종교다원주의라는 강물에서 세례를 받을 수 있었던 것은, 일아의 신학의 중심이 부정의 모티브, 즉 "무"와 끝없이 직면하려는 용기와 지혜에 있었음을 말해준다. 일아가 만년에 선불교의 "십우도"를 중심으로 자신의 신학적 사유를 전개하였던 것은, 그의 신학적 사유가 "무"를 둘러싸고 시종(始終)하였음을 역으로 말해주고 있는 것이다.

3

위와 같은 문제의식 속에서 일아의 "불교적 그리스도교 신학"의 근본 모티브를 고찰하려고 할 때 우리들이 특히 주목하게 되는 것은 "타종교와 신학"과 "유전공학과 기독교 신앙"이라는 두 편의 논문이다. 먼저 일아는 "타종교와 신학"이라는 논문에서 다음과 같이 말하고 있다.

"본인에게 주어진 제목은 '타종교와 신학'이다. 그러나 타종교와 관계시켜서 신학을 논한다고 할 때 가장 큰 문제는 타종교를 악마시하거나 저주하는 종교적 배타주의를 넘어야 한다는 것이겠으나, 타종교를 '복음에으로의 준비'(*preparatio evangelica*)라고 보며 호교하고 변증하려는 성취설 (fulfillment theory) 도 지양하여야 한다. [중략] 타종교는 서구 신학의 관점에서 보게 되는 신학의 수단이 아니라 오히려 목적이며, 신학의 객체가 아니라 오히려 주체가 되므로 '타종교와 신학'이 아니라 '타종교의 신학'이 새로운 주제가 된다."15)

여기서 일아는 타종교에 직면한 기독교 신학에 있어서 "타종교와 신학"이라는 종래의 안이한 문제의식을 탈각하여 "타종교의 신학"으로의 이동을 주장하고 있는바, 이는 대단히 획기적인 발상의 전환이라고 하지 않을 수 없다. 주지하다시피, 타종교에 대한 기독교의 입장은 배타주의, 포괄주의, 다원주의로서 분류되면서 각각의 입장에 근거한 다양한 논의가 전개되고 왔으나, 이 경우 타종교는 예외 없이 일단 기독교와 "병행적으로 존재하는"(exists alongside) 타자로서 자리매김되고 난 후, 기독교와 만나게 될 객체라고 여겨져 왔다.16) 타종교는 기독교 신학에 의하여 수단화되고 객체화된 것이다. 포스트 콜로니알리즘 계열의 인도학자 발라강가하라가 유럽인들의 인도이해에는 인도에 대한 이해보다 유럽인들의 자의식이 더욱 묻어나온다고 했던 표현을 빌린다면,17) 서구 신학이 타종교를 다루어 온 시도들은 우리들에게 "타종교가 무엇인지를 말해주는 것이 아니라, 기독교가 무엇인지를 말해줄 뿐이

---

15) "타종교와 신학"『변선환전집 1』, 180-181면.
16) Alan Race, *Christians and Religious Pluralism: Patterns in the Christian theology of religions*. SCM Press LTD, 1983, x-xi.
17) S.N. Balagangahara, *Reconceptualizing India Studies* Oxford University Press, 2012, 5.

다." 그러므로 타종교를 타자화하고 수단화하려는 신학이 타종교와 교환하는 언어는 다만 자신의 타종교 이해를 반복할 뿐인 "복화술"(腹話術, ventriloquism)에 불과하다고 하지 않을 수 없다.[18] 기독교 신학은 타종교와 대화한다고 하면서도 사실은 자기 자신과의 대화를 반복하였던 것이다. 난잔종교문화연구소의 하이직 신부의 다음과 같은 주장도 이러한 비판적 맥락에서 읽을 수 있다. "기독교 신학은 종교적으로 다원화된 사회에서 교리적 진리의 본질에 대한 논의에 빠져버린 나머지 만남의 직접성은 만남에 대한 언설에 의해서 대체되어 버리고 말았다. 시간이 지나면서 대화에 참여한 불교도들은 기독교인들이 자기 자신과의 대화에 빠져들어가 있음을 발견하게 되었다."[19] 타종교의 신학은 기독교 신앙을 독립된 주체로 놓고서 아시아의 종교를 타자화하는 타종교와 신학이라는 패러다임을 내부적으로 해체한다.

일아는 "타종교와 신학"이라는 패러다임 하에서 타종교에 접근하는 것은 기독교 중심적 식민지주의에 불과하다고 간파하고, "타종교의 신학"으로의 패러다임 전이를 주장하였다. 그는 "타종교의 신학은 식민지주의 이후의 시대에도 여전히 계속되고 있는 서구 신학의 종교적, 정치적 편견을 불식시키고 그리스도교인이나 비그리스도교인이 다함께 선교의 주체가 되고 상호 체가 되고 열려진 대화의 길을 밝혀 나가는데서 신학적으로 크게 공헌하게 될 것이다"[20]고 말한다. 일아의 "타종교의 신학"은 "종교에 대한 서구적 편견과 교회 중심주의와 그리스도론의

---

18) Seung Chul Kim, "How could we get over the monotheistic paradigm for the interreligious dialogue?" *Journal of Inter-religious Studies* 13(2014), 20.

19) James W. Heisig, "The Misplaced Immediacy of Christian-Buddhist Dialogue." In: *Interreligious Dialogue and Cultural Change* Catherin Cornille / Stephanie Corigliano eds., Wipf and Stock Publishers, 2012, p.97.

20) "타종교와 신학" 185면.

배타적 절대성의 주장"이라고 하는 "한국교회가 포기하고 타파해야 할 우상들"을 극복하려는 길이었다.[21] "타종교의 신학"은 이처럼 서구기독교 중심으로 아시아의 종교를 타자화하는 패러다임을 지양하고, "아시아 문화와 그 종교 속에 숨겨져 있는 가치를 적극적으로 수용하고 동화하며, 종합하고 순화하는 것을 통하여 새로운 절충주의 신학을 형성하려는 지적인 용기"[22]를 촉진시키려는 신학이다.

작금의 종교학계에서 "종교학"이라는 학문이 기독교 신학의 틀 내에서 주조되었음을 자각하고 종교학의 탈신학화를 주창하고 있는 것을 보면, 일아의 신학적 사유의 선견성을 읽어낼 수 있다. 예를 들어서 독일의 종교학자 프리드리히 하일러(Firedrich Heiler 1892-1967)가 종교학과 신학의 관계에 대해서 피력한 다음 문장에서도 종교학과 신학의 관계가 단적으로 드러난다. 하일러에게 있어서 종교학은 신학에 수렴된다. "종교에 있어서 소중한 것은 인간에게 계시 되어 인간을 압도하는 궁극적 실재이다. 신, 계시, 영원의 삶이라고 하는 것은, 종교적 인간에게 있어서는 현실이다. 종교학이 종교를 심리학적인, 또 역사학적인 현상으로서 관계하는 것이 아니라, 초월적인 현실에 대한 경험으로서 취급하는   한,   모든   종교학은   궁극적으로는   신학이다(Alle Religionswissenschaft ist letztlich Theologie). 종교는 확실히 정신적 삶과 정신의 문화의 일부이며, 나아가 이러한 정신적 삶은 궁극적으로는 형이상학적 근원으로부터 이해할 수 있는 것이다."[23] 종교학을 신학

---

21) 이하의 종교학과 신학에 관한 논술은 金　承哲, 「E・トレルチの神学思想におけるヨーロッパ中心主義について」『金城学院大学論集』(人文科學編)7(1) (2010), 47-48頁를 참조하면서 이루어졌으며, 다음의 논문으로부터도 가져온 것이다. 김승철, "종교다원주의 패러다임의 가능성에 대한 연구: 한국의 신종교운동으로서의 대순사상과 관련하여"『대순사상논총』24-1집(2014) 6-14면.
22) "불교적 그리스도론의 여명", 『변선환전집2』, 256.

에 환원시키는 태도는, 스웨덴의 루터파 신학자이며 종교학의 창시자의 한 사람으로서 꼽히는 나단 죄더블롬(Nathan Söderblom 1866-1931)에게서 더욱 두드러지게 된다. 죄더블롬에게 있어서 종교학은 전통적인 자연신학(theologia naturalis)이 담당하고 있던 역할을 완수하는 것이며, 그러므로 종교사는 신의 보편적 존재와 활동을 나타내는 장소와 다름없다. 이런 점에서 위의 하일러가 "모든 종교학은 궁극적으로는 신학이다"라는 자신의 주장을 뒷받침하기 위하여 죄더블롬의 다음과 같은 말을 인용한 소이를 이해하게 된다: "나는 신이 살아 계시는 것을 알고 있다. 나는 그러한 사실을 종교사에 의해서 증명할 수 있다."24)

나아가 "타종교의 신학"은 기독교와 타종교를 어떤 초월적 일자에 의해서 묶으려 하는 시도 역시 무효화시킨다. "타종교의 신학"은 타종교를 기독교에 대한 타자로 보는 시각을 해체하는 바, 그러한 해체는 동시에 기독교와 타종교를 "일자"(一者)라고 하는 공통의 지반으로 묶으려는 시도 또한 거부하기 때문이다. 우리들은 존 힉이 기독교와 세계 종교를 공통의 "일자"에 대한 문화적 역사적 응답이라고 보는 다음의 글에서 타종교의 신학이 그러한 입장 역시 넘어섬을 간취할 수 있다.

"위대한 세계의 신앙들은 하나의 궁극적 실재에 대한 서로 다른 이해와 관념이며, 따라서 서로 다른 응답이다. … 이렇게 되면 우리들은 위대한 세계의 종교들인 하나의 신적 실재에 대한 서로 다른 인간적 응답이라고 보게 된다. 그들은 서로 다른 역사적, 문화적 환경 속에서 형성된 서로

---

23) Friedrich Heiler, *Erscheinungsformen und Wesen der Religion*, W.Kohlhammer Verlag, 1961, S.17.
24) Edgar Almén, "Nathan Söderblom as a pioneer of religious studies, as a theologian and as an archbishop of the Church of Sweden."

다른 이해를 구체화한 것이다. … 위대한 세계 종교 속에서 사람들은
자기 중심성으로부터 실재 중심성으로 변환하게 된다."[25]

힉은 이처럼 자기 중심성으로부터 실재 중심성으로의 전환을 통해
서 신학의 코페르니쿠스적 전환이 일어났다고 주장하였다. 마치도 코
페르니쿠스의 천문학이 천동설로부터 지동설로의 패러다임 전환을 가
져왔음에 빗댄 표현임은 말할 나위도 없다. 그러나 힉의 이런 주장이
과연 패러다임의 전환을 가져올 정도의 획기적인 것인가에 대해서는
회의적이지 않을 수 없다. 왜냐하면 힉에게 있어서 타종교의 타자성은
하나의 궁극적 실재 속으로 녹아들어가야 할 타자적인 무엇으로 남아있
다고 하지 않을 수 없기 때문이다. 문제는 모든 것이 "일자"로 수렴되는
가 아닌가에 있는 것이 아니라, 신앙의 자기 중심성이 내부로부터 해체
됨에 있다.

인도의 신학자 레이문도 파니카도 지적하고 있는 것처럼, 이처럼
"一"에 근거하여 종교간의 다원적 공존을 꾀하려는 시도—니터의 "통일
적 다원주의"를 포함하여—가 여전히 "보편화 징후군"(a universalizing
syndrome)에 사로잡혀 있으며, 따라서 "익명의 제국주의"(anonymous
imperialism)을 숨기고 있다고 하겠다. 모든 종교를 "一"에 이르는 "多"
로서 파악하려는 태도는 여전히 "一"에 집착하는 에고이즘이며, 그러한
의미에서 "제국주의"의 잔해를 남기고 있다는 비판이다. 여기서 우리들
은 기독교 내에서 이루어져 온 종교에 대한 언설(言說)들이 유대-기독
교적 전통인 일신론적 실재관이라는 "문화적 화법"(Kultursemantik)에

---

25) John Hick, *An Interpretation of Religion: Human Responses to the Transcendent,* Yale
University Press, 1989, p. 240.

근거한 것이며, 그것은 근본적으로 폭력적이고 이분법적인 지배의 사고방식, 곧"이웃인가, 원수인가"에서 비롯되었음을 기억할 필요가 있다.26) 왜냐하면, "오직 하나의 신이 있고, 그 나머지는 아무 것도 아니다"라는 사고방식이 일신교의 근본에 있으며, 그 "하나"에 포함되는가, 거기에서 벗어나는가에 따라서 "이웃인가, 원수인가"가 결정되기 때문이다. 그러므로 일신교적 패러다임은 "이웃인가, 원수인가"를 구분하려 한다는 점에서 본질적으로 배타적이며, 이런 점에서 독일의 정치학자 칼 슈미트(Carl Schmitt, 1888-1985)가 "정치적인 것"(das Politische)이라고 불렀던 바에 해당한다. 그것은 근본적으로 "이웃인가, 원수인가"를 구분하려는 태도이다.27) 여기서 흥미로운 것은 이러한 슈미트의"정치적인 것"이라는 개념이 그가 유년시절의 체험에서 비롯된 것인 바, 그 체험이란 그가 프로테스탄트 국가였던 프로이센에서 가톨릭 교도라는 소수자의 신분으로 살았던 경험을 가리킨다는 사실이다.28) "이웃인가, 원수인가"를 양분하는 태도의 발원지가 종교 간의 차이로 말미암은 배타적 타자 의식이었다는 사실은 우리들에게 많은 것을 시사해준다고 하지 않을 수 없다.

파니카는 이러한 "통일적 다원주의"의 한계를 지적하면서 "비이원론적 다원주의"(advaitic pluralism, non-dualistic pluralism)를 주창한다.29) 이것은 모든 종교적 전통을 "一"에 수렴시키려는 "一"에의 집착마

---

26) Jan Assmann, "Monotheismus und die Sprache der Gewalt" In: *Das Gewaltpotential des Monotheismus und der dreieinige Gott,* hrsg. Peter Walter, Herder, 2005, S.19.

27) Cf. Carl Schmitt, *Der Begriff des Politischen. Texte von 1932 mit einem Vorwort und drei Corollarien*, Duncker & Humbolt, 1963.

28) Horst Althaus, *„Heiden"„Juden"„Christen" Positionen und Kontroversen von Hobbes bis Carl Schmitt*, Königshausen & Neumann, 2007, S.481

저도 버리고, 여러 가지 종교적 전통 안에서 각각의 "중심점"을 인정하는 사고방식이다. "중심점"이 도처에 있다고 한다면 "一"에의 집착은 이미 사라져 버리는 것이다. "비이원론적 다원주의"란 "多"를 "多"의 장소에서 "多"로서 인정하려고 하는 관점이다.

이러한 사고방식은 일아가 주창한 "타종교의 신학"과 상통하는 사고방식으로서, 아시아인의 기독교적 아이덴티티가 이미 타종교와의 내적 만남에 의해서 형성되어 있음을 자각하기에 가능한 사고방식이다. 카술리스가 주장하는 대로 이해라는 행위는 마치도 우리들이 음식을 먹어서 소화하는 것처럼 이해되는 대상을 우리들의 육체 안으로 소화(消化)해 들인다. 생리학적 용어를 빌려서 카술리스는 이것을 "진리의 소화(assimilation) 이론"이라고 명명한다. 이것은 음식을 먹으면 그 음식이 우리들의 몸 안으로 소화됨으로서 우리들 몸의 일부분이 된다는 사실에 빗댄 이론이다. 그리고 그처럼 소화된 음식을 우리들 몸에서 다시 떼어내어 분리하는 일은 불가능하다. 이러한 관점에서 본다면 진리는 육체적으로 우리 안에서 소화되어서 우리들의 존재를 형성하는 것이지, 우리들이 소유하는 어떤 것이 아님을 알게 된다. "지식은 소화되는 것이지 획득되는 어떤 것이 아니다. 지식은 아는 자와 알려진 것 사이에 중첩된 곳에 존재한다."[30]

이렇게 본다면, 불교를 이해한다는 것은 불교적인 몸으로 변해 감을 의미한다. 불교를 포함하여 다종교적 영향사(影響史)를 살고 있는 아시아의 기독교인의 입장에서 본다면, 불교와의 대화를 통해서 그가 깨달

---

29) Raimon Panikkar, *A Dwelling Place for Wisdom,* Westminster/ John Knox Press, 1993, p.109-110.

30) Thomas Kasulis, *Intimacy and Integrity: Philosophy and Cultural Difference*, University of Hawai'i Press, 2002, p.79.

게 되는 사실은 자신의 몸이 이미 불교에 의해서 구성되어 있으며, 그러한 몸으로 받아들인 기독교 역시 자신의 불교적인 몸과 혼효(混淆)되어 간다는 사실이다. 그의 주체는 혼합적인 주체이다. 일아의 "타종교의 신학"은 파니카의 다음과 같은 신학적 인식을 가능하게 하는 토대가 된다. 나는 기독교인으로 "출발해서" 나 자신이 힌두교도임을 "발견하고", 불교도로 "되돌아 갔다."31) 그 동안 "통일적 다원주의의 신학" 주창해 온 폴 니터가 그의 최근의 책인『붓다 없이 나는 그리스도인일 수 없었다』(*Without Buddha I Could not be a Christian*)에서 자신은 불교도이면서 기독교인이고, 기독교인이면서 불교도라고 하는 이른바 "이중적 신앙"(double belonging)을 주장한 것은 그가 "통일적 다원주의"라는 집착에서도 한발 더 나아가 타종교가 자신의 신학적-신앙적 주체임을 천명한 것이라고 해석할 수 있지 않을까 한다. 그는 우리들의 종교적 실존이 언제나 복수의 종교적 전통에 속한다(multiple religious belonging)32)는 사실을 다음과 같이 기술하고 있다. 그의 주장은 일아가

---

31) Raimon Panikkar, *The Intrareligious Dialogue*, Paulist, 1978, p.2; 김승철 역,『종교간의 대화』서광사, 1992년,40면; Seung Chul Kim, "Rethinking religious pluralism from an Asian perspective", *Toronto Journal of Theology* vol.2 issue2 (2008) pp.197-208.

32) "복수적 신앙"(multiple religious belonging)라는 테마는 유럽과 미국의 신학자와 종교학자를 중심으로 활발히 논의되고 있는 주제이다. 이와 관련해서는 다음의 글을 참조하시오. Christoph Bochinger, "Multiple religiöse Identitäten im Westen zwsichen Traditionsbezug und Individualisierung" Reinhold Bernhardt/Perry Schmidt-Leukel hrsg., *Multiple religiöse Identität. Aus verschiedenen religiösen Traditionen schöpfen*, Theologischer Verlag Zürich, 2008, S.137ff.; Jan Van Bragt, "Multiple Religious Belonging of the Japanese People" Catherin Cornille ed., *Many Mansions? Multiple Religious Belonging and Christian Identity*, Orbis Books, 2002, pp.7-19; Cf. Xavier Gravend-Tirole, "Double Commiment: or The Case for Religious Mestizaje (Creolization)" David Cheetham et.al. ed., *Interreligious Hermeneutics in Pluralistic Europe: Between Texts and People*, Editions Rodopi B.V.,

주창해 온 "타종교의 신학"을 자신의 종교적 아이덴티티로 삼는 아시아 기독교인의 자기 이해를 묘사하는 언사라고 할 수 있다.

> "우리의 문화적, 사회적 자아처럼 우리의 종교적 자아도 그 핵심과 행동에서 하나의 혼종(hybrid)이다. 우리의 종교적 정체성은 순종이 아니라 혼종이다. 단일한 것이 아니라 복수적인 것이다. 종교적 정체성은 하나의 삶의 자리에서 다른 삶의 자리로 이동하고, 하나의 자아를 형성한 후 다른 자아들을 만나면서 본래의 자아를 확장하거나 수정하는 지속적인 과정을 통해 형성된다. 명료하게 정의되는 불변의 정체성 같은 것은 없다. 불자들이 옳다. 분리되어 있고 불변하는 자아는 없는 것이다. 우리는 종종 우리와 매우 다른 타자와 상호작용하는 혼종화 과정을 통해 끝없이 변화하고 있는 것이다."[33]

4

일아의 "불교적 그리스도교 신학"은 타종교와 함께 현대의 자연과학적 세계상도 포괄하는 아시아의 해석학적 지평에서 유의미한 신학이 될 수 있다고 우리는 주장하였었다. 이 점에서 우리들이 관심을 갖게 되는 것은 일아의 "유전공학과 기독교 신앙"이라는 글이다. 일아는 다음과 같이 주장하고 있다.

2011, p. 415ff.

[33] 폴 니터/정경일, 이창엽 옮김, 『붓다 없이 나는 그리스도인일 수 없었다』(클리어마인드, 2011), 389.

"신의 죽음을 선언한 니체의 광인은 '나는 너무 일찍 왔다. … 아직 올 때가 아니었다'고 말하였다. 그러나 현대판 연금술인 유전공학의 최근의 발달을 보면, '신은 죽었다'는 광인의 선언은 결코 너무 일렀던 것은 아니었다. [중략] 그러나 유전공학! 그것은 정히 신에 대하여 도전하는 사탄의 시도로 기독교 신앙이 받아들일 수 없는 것이기만 할까? 기독교 신앙은 오늘의 유전공학이 말하는 분자생물학을 받아들일 수 있을까? 그런 경우 인간과 신은 어떻게 재해석되어야 할 것일까?"[34]

일아가 앞에서 예언자적으로 지적하고 있듯이, 진정한 "무"의 체험, 그리고 "무"의 체험에 의한 신학의 패러다임의 전환은 "타종교와 신학"에서 "타종교의 신학"으로의 전환에서 경험되었다. 그리고 앞에서도 주장하였듯이, "타종교와 신학"에서 "타종교의 신학"으로의 전환에서 경험되는 "무"는, 모든 것을 자연과학적 원리로 환원시키려는 시도에 직면해서 체험되는 "무"로부터 분리될 수 없다. 왜냐하면, 뒤에서 설명하게 되겠으나, 인간의 종교적 자각과 과학적 자각은 동일한 실재에 대한 "二重寫"(西谷啓治)와 같은 것으로 이해되어야 하기 때문이다.

이렇게 보면, "타종교와 신학"에서 "타종교의 신학"으로의 전환에서 경험되는 "무"는, "신은 죽었다"(death of God)라는 니체의 선언에 필적된다고 할 수 있는 자연과학에 의한 "신의 탄생"(birth of God)의 선언—신은 인간의 진화의 역사라는 과정을 통해서 태어났다!—에 의해서 비롯되는 "무"의 체험과 등근원적(等根源的, gleichursprünglich)[35]으로

---

34) "유전공학과 기독교 신앙"『변선환전집 7』135면.
35) "등근원적"(等根源的, gleichursprünglich)이란 용어는 하이데거가 현존재(Dasein)를 분석함에 있어서 현존재의 현(Da)을 구성하는 두 가지 존재 양식, 즉 情狀性(기분, *Befindlichkeit*)과 이해(諒解, *Verstehen*)가 "등근원적"이라고 한 곳에서 따온 것이다. 이

경험되지 않으면 안 된다. 니체의 "신의 죽음"의 선언이 "인간이 인간에게 있어서 신이다"(*homo homini deus*)(포이에르바허)라고 하는 신학의 인간학적 전환의 맥락에 서있다면, 신이라는 존재와 그에 대한 인간의 의식은 자연적 진화의 산물에 불과하며, 따라서 "자연이 인간에게 있어서 신이다"(*natura homini deus*)라는, 신학의 자연주의적 전환을 불러온다고 할 수 있다.

이러한 상황 속에서 "인간과 신은 어떻게 재해석되어야 할 것일까?"라고 일아는 묻고 있다. 일아는 우선 "분자생물학은 생명의 정체는 고상하고 신비한 형이상학적인 어떤 것이 아니라 디옥시리보핵산(DNA)이라는 물질이라고 한다"는 사실을 상기하면서 는 사실을 지적한다. 그러면서 "생명의 본질은 DNA라는 점에서 인간도 초목도 미생물도 같다고 하는 분자생물학의 지혜는 '제행무상'(諸行無常), '색즉시공'(色卽是空)이라고 말하는 동양의 지혜와 비슷한 것이었다. '색즉시공'은 모든 생명 현상이 DNA라는 물질의 분자의 화학 반응이 낳는 것에 지나지 않다고 하는 것과 이미지가 비슷하기 때문이다"(136). 그러면서 일아는 인간이 흙으로 만들어졌다는 창세기 2장을 지적하면서, 이러한 "성서적 인간관은 분자생물학이 밝히고 있는 생명관과 유사하다"고 본다. "인간이 흙으로부터 나와서 흙으로 돌아간다는 리얼리스틱한 인식은 분자생물학이 인간을 물리적 기계로 보는 것과 비슷하다"(136).

그러므로 "분자생물학의 발상에 따른다면 기독교인들의 전통적인

말의 의미는 어느 한 요소도 다른 요소로 환원될 수 없으면서도 서로가 서로를 규정하면서 동일한 현존재의 실존론적 구조를 이룬다는 뜻이다. "정상성(기분)은 이해 내용을 가지고 있고, 이해란 항상 기분적으로 규정된 이해이다"라고 하이데거는 말한다. Martin Heidegger, *Sein und Zeit*, Sechzehnte Aufl., Tübingen: Max Niemeyer Verlag, 1986, S.161ff; 마틴 하이데거/전양범, 『존재와 시간』(시간과 공간사, 1989), 201.

신에 대한 이미지는 죽어야 한다"(137). 뒤에서 언급할 니시타니의 표현을 빌린다면, 전통적인 인격신의 너머의 "인격적인 비인격적 신"으로 이해되지 않으면 안 된다. 여기서 일어나는 유신론 이후의 세계에서 "신에게 솔직히"(Honest to God) 되는 길을 제시하고자 하였던 로빈슨(John A.T. Robinson)의 말을 인용하면서, 분자생물학이 제시하는 실재 이해가 신학에 불러오는 신선한 충격, 곧 신학의 자연주의적 전환 이후의 신 이해의 가능성을 말한다. 흥미로운 점은 그가 이러한 신 이해의 가능성을 불교적 실재이해와 연관시킨 로빈슨의 구절을 인용한다는 점이다.

"초자연론자의 투영도법과 기독교의 결합은 점차로 분명하지 않게 되어가도 있다. 많은 목적을 위해서 우리는 신을 더 이상 별개의 인격화한 존재로서 상상한다는 것은 실제로는 불가능하다는 것을 안다. … 그것은 신을 한계적이고 말초적인 것으로 만든다.

우리 시대의 현저한 특징의 하나는 … 다른 세계의 신앙에 대한 새로운 개방성과 그들 앞에서의 겸손이다. 초자연주의적 투사가 특히 동양과의 대화를 어지럽혀 왔다는 것이 분명해졌다. 불교가 비이신적(非二神的)이다고 하여서 그것이 서구적 의미에서 무신론적인 것이 되는 것은 아니다. 불교의 실재에 대한 이해는 더 한층 동적인 기독교의 관점과 함께 공감적으로 보아야 한다. 더욱이 힌두교는 신의 인격성을 거부하여 왔으나 그렇다고 해서 그것 자체가 기독교와 대화할 가능성을 폐쇄하고 있는 것은 아니다."36)

---

36) "유전공학과 기독교 신앙", 137-138.

비록 일아가 분자생물학적 사유를 끝까지 전개하지 않고 비판하는 것으로 이 논문을 끝맺음하고 있지만, 그가 정확하게 이해하는 바대로 분자생물학의 실재 이해는 불교적인 실재 이해와 상통하는 바가 있다. 원래 불교는 인간을 포함한 일체의 것을 조정하는 "자유롭게 움직이는 절대자"를 상정하지 않는 관계로 인간을 포함한 일체의 것을 인과율적인 방식으로 탐구하는 것에 대해서 저항감이 없다. 오히려 인과율적으로 사물의 움직임을 철저히 분석하는 바에서, 인간을 사로잡는 고(苦)로부터 해방될 수 있는 길이 보인다고 믿기 때문이다.

"물질과 정신의 양면을 처음부터 '신 없는 기계론적 세계관'에서 보았던 불교는 '마음속의 번뇌를 완전히 끊는다'는 최종목표를 달성하기 위하여, '정신은 도대체 어떤 법칙에 따라서 움직이는가'라는 문제를 철저하게 추구하였다. 과학이 물질을 추구하는 것에 대해서 불교는 마음을 추구하여 왔다. 마음을 개량하기 위해서는 먼저 마음의 구조를 정확히 이해하지 않으면 안 된다는 논리이다. 세상을 자신이 마음먹은 대로 움직이는 절대자가 없는 이상, 마음도 또 엄격한 법칙에 따라서 움직임에 틀림없다. 그 법칙을 숙지하여 바르게 이용하는 것이 유일한 길인 것이다."[37]

이렇게 보면, 일아가 주창하는 "불교적 그리스도교 신학"은 기독교 일변도로 이루어진 과학과의 대화를 지양하여 아시아의 종교적 멘탈리티 속에서 종교와 과학의 만남을 이해함으로서 종교과 과학 그 자체에 대한 재정의를 촉진시킨다는 의미를 지니고 있다.[38] 기독교와 자연과

---

37) 斉藤成也·佐々木閑, 『生物学者と仏教学者　七つの対論』, ウエッジ '2009年' 45-49.

38) Seung Chul Kim, "*Śūnyatā and Kokoro*: Science-Religion dialogue in the Japanese Context", *Zygon: Journal of Religion and Science* vol.50, no.1 (March 2015),

학의 관계에 대해서는, 벌써 많은 선행 연구가 있으며, 종교와 과학의
관계에 대해서도, 수많은 연구가 활발하게 행해지고 있어 양자의 관계
는 "갈등"(conflict), "독립"(independence), "대화"(dialogue), "통합"
(integration) 등의 유형으로 일반적으로 정리되곤 한다.39) 지금까지의
종교와 과학의 대화가 거의 기독교에 의해서 독점되어 왔다는 문제를
떠나서 보더라도 —"종교와 과학"이라는 타이틀 밑에서 논의되어 온
것은 대부분 "기독교와 과학"에 대해서였음은 부인할 수 없는 현실이다
— 이러한 상투적인 분류법은 문제점을 지니고 있다. 이러한 선행 연구
의 대부분은 "기독교와 종교," "종교와 과학"에 대해 묻는 형태로 행해지
고 있기 때문에, 어디까지나 기독교와 종교와 과학을 병렬해 두고 나서
객관적으로 비교하는 형태를 취하고 있다. 즉, 종교와 과학을 별개의
독립적인 개체로서 전제한 다음, 그 두 개체 사이의 관계에 대해서 묻는
것이다. 그러나 이러한 병렬이라고 하는 생각에 있어서는, 앞에서 기독
교와 종교를 병렬시키는 문제에 대해서 지적한 바대로, 기독교를 포함
종교와 과학은 객관적인 것으로 취급되어 버려서, 인간의 주체적 자각
으로서의 종교적 행위와 과학적 행위라고 하는 면은 도외시되어 버린
다. 그럴 경우, 종교와 과학에 대한 객관적 논의는 형성될지도 모르지
만, 종교와 과학을 영위하는 인간의 주체적 자각이라고 하는 측면은

---

pp.155-171; 金　承哲『神と遺伝子—遺伝子工学時代におけるキリスト教』教文館'
2009, 79頁이하; 金　承哲,T.J.ヘイスティングス外編『撰集 近代日本における宗教と
科学の交錯』南山宗教文化研究所, 2015年. 이 책은, 책의 타이틀이 시사하듯이, 근대
일본에서 서구의 과학이 수용되어 온 제 양상을 모아놓은 자료집으로서, 과학에 대한
아시아적 접근을 위한 기초연구로서 수행된 것이다. 참고로 이 책의 출판은 John
Templeton Foundation에 의한 연구기금조성에 의해서 이루어졌다.

39) Cf. Ian Barbour, *Religion and Science: historical and Contemporary Issues*, Harpers San
Francisco, 1997, pp.77ff; Ted Peters, *Science, Theology, and Ethics,* Ashgate, 2003.

상실되어 버리는 것이다.

"기독교와 타종교"에 대해서 묻는 인간의 주체적 자각과 "기독교와 자연과학"에 대해서 묻는 인간의 주체적 자각은 서로 별개의 것이 아니라 실은 등근원적인 것이 아니어서는 안 된다. 다른 표현으로 한다면, "기독교와 아시아의 종교"의 대화를 가능하게 하는 신앙적 자각과 신학적 패러다임이 있다고 한다면, 그러한 신앙적 자각은 "기독교와 자연과학"의 대화를 가능하게 하는 신앙적 자각과 신학적 패러다임이 되지 않으면 안 되는 것이다. 그렇다고 한다면, 그러한 신앙적 자각과 신학적 패러다임은 과연 어떠한 것인가 하는 물음이 우리들의 물음이 되는 바, 일아의 "불교적 그리스도교 신학"은 이 물음에 대하여 답하려는 것이었다고 할 수 있는 것이다. 이런 의미에서 독일의 물리학자 바이츠제커가 정신과학과 자연과학의 관계에 대해서 진술한 다음의 구절은 일아의 "불교적 그리스도교 신학"이 두 날개—기독교와 아시아의 종교와의 대화, 기독교와 자연과학과의 대화—에 의해서 비상(飛翔)하였다는 사실을 상기시켜주기에 충분하다.

"자연과학과 정신과학은 나에게는 두 개의 반원처럼 생각됩니다. 우리는 이 두 반원들을 갖다 붙여 하나의 완전한 원이 되도록 해야만 하며, 그리고 나서는 이 원을 여러 차례 완전히 굴러다니게 해야만 하는 것입니다. 이 비유는 다음과 같은 것을 생각한 것입니다.
한편으로는 인간도 하나의 자연존재입니다. 자연은 인간보다 오래된 것입니다. 인간은 자연에서 생겨났고, 자연의 법칙들 밑에 놓여 있습니다. … 이런 뜻으로는 자연과학의 정신과학의 한 가지의 전제(조건)입니다. 다른 면으로는 자연과학도 인간에 의해, 인간을 위해 만들어지고, 또 인간의 모든 정신적, 물질적인 산물들의 조건아래 놓여 있습니다. 인간은 자연과학보타 오래된 것입니다. 자연은 인간이 존재하는데 필요한 것이고, 인간은 자연의 개념들이 존재하기 위해 필요한 것이었습니다. 자연과학을 인간의 정신생활의 일부라고 이해하는 것은 가능하고 또 필연적인 일입니다. 이런 뜻으로는 정신과학이 자연과학의 한 전제(조건)입니다."[40)

바이쯔제커는 자연과학과 인문과학을 "의존관계"로 보고, 두 학문 사이에는 "서로 연쇄적으로 조건지워지는 사고"가 필요하다고 지적하고 있다. 우리들은 여기서 두개의 원이 하나로 만나서 완전한 원을 이룬다고 하는 플라톤주의자 바이츠제커를 발견하게 되는 것이 사실이다. 그러나 사실 두 원은 직접적으로 연결될 수 있는 것이 아니라 상호부정적으로 역접할 수 있을 뿐이다. 두 입장은 서로가 서로를 가능하게 해줌과 동시에 서로가 서로를 부정한다고 하는 역접성(逆接)의 관계에 의해서 연결되므로, 그 사이에는 "죽음의 비약"(*salto mortale*)이 개재(介在)하는 것이다.

지금까지 일아의 "불교적 그리스도교 신학"은 "타종교와 신학"에서 "타종교의 신학"으로의 신학적 패러다임의 전이와 유전공학 시대에 있어서의 인간과 신의 재해석을 위한 신학적 패러다임의 전이를 동시에 수행하도록 해주는 신학적 틀이 될 수 있다고 진술해왔다. 다른 표현으로 한다면, "불교적 그리스도교 신학"은 다종교적인 역사적, 문화적 문맥 속에서 유전공학 시대를 살고 있는 아시아(한국)인들에게 "인간과 신의 재해석"을 가능하게 해주는 유의미한 신학적 틀이 될 수 있다는

---

40) Carl Friedrich von Weizsäcker, *Die Geschichte der Natur,* Vandenhoeck & Ruprecht, 8.,unveränderte Aufl., 1979, S.8-9;『自然의 歷史』姜聲渭 譯, (삼성문화재단출판부, 1975), 14-15.

주장이었다. 이에 대한 근거로서 우리들은 일아의 "불교적 그리스도교 신학"의 내용이라고도 할 수 있는 〈십우도〉(十牛圖)에 대한 논구를 살펴보고, 그것을 "공(空)의 입장"에서 종교와 과학을 역접적으로 만나게 하려는 니시타니 케이지의 사상에 견주어서 이해해보고자 한다.

5

앞에서는 종교의 역사에 의해서 무화되는 기독교의 절대적 자기주장과 자연의 역사사에 의해서 무화되는 기독교(종교)의 자기주장에 대해서 논구해 보고, 일아의 신학적 지향점인 불교적 그리스도교 신학이 이러한 점에 대해서 어떻게 대응하여 왔는가를 고찰해 보았다. 문제는 타종교와 자연과학이 기독교 신앙에 대해서 가져다주는 무의 체험을 출발점으로 하여 신학의 새로운 패러다임 전이가 어떻게 일어날 수 있는가 하는 것이다. 이를 위해서 우리들은 일아가 "십우도"를 중심으로 자신의 신학적 사유를 심화하고 전개했던 내용을 살펴보고, 이러한 일아의 사유가 일본의 불교철학자 니시타니 케이지가 말하는 "공의 입장"과의 관련성에 대해서 말해보고 싶다. 일아의 "십우도: 참 자기에 이르는 길"이라는 글은 그가 말하는 "타종교의 신학"이라는 신학적 패러다임이 "불교적 그리스도교 신학"을 가능하게 하였다면, "십우도: 참 자기에 이르는 길"은 "불교적 그리스도교 신학"의 내용이라고 할 수 있다.

먼저 일아기 십우도의 「제8도」(人牛俱忘)와 「제9도」(返本還源)에 대해서 기술하는 부분을 인용해 보겠다. 제8도에 대해서 일아는 다음과 같이 말한다.

"자기의 실현을 위한 결정적인 도약은 여덟 번째 단계에로의 돌파에 의해서 이루어진다. 첫 번째 단계로부터 일곱 번째 단계까지는 점진적인 되어감의 과정이었지만, 일곱 번째로부터 여덟 번째 단계에로의 이행은 대사(大死), 즉 일종의 비연속적 연속에 의한 환멸(還滅: entwerden)이다.

사람도 소도 함께 잊음(人牛俱忘)이라는 제목이 붙은 여덟 번째 단계에는 그 안에 소도 사람도 없는, 아무 것도 들어있지 않은 공원(空圓)만이 그려져 있다. 이 아무 것도 갖고 있지 않은 공(空), 즉 절대무는 일곱 번째 단계를 뛰어넘는 절대적 부정을 의미한다. 불교에서 절대무는 아무 것도 존재하지 않는다는 것을 의미하지 않는다. 공은 우리로 하여금 실체화하고 대상화하는 사유, 그리고 참 자기에 대한 실체적이고 대상적인 이해로부터 벗어나게 해준다. 실체적이고 대상적인 사유는 자기에 대한 개체의 실체화에 그 뿌리를 갖고 있다."[41]

제8도는 진리로서의 소를 찾는 주체와 그에 의해서 추구되는 진리 자체가 모두 사라지고 커다란 원이 의미하는 공(空)만이 남는 상태이다. 일체 모든 것이 부정되는 장소, 그곳이 제8도이다. 자신이 주체로서 진리를 찾는다는 의식도 사라진 이곳에서는 지금까지 자신이 추구해오던 진리 그 자체에 대해서도 집착하지 않는 상태를 의미한다. 우리들의 논의의 맥락에서 말해 본다면, 제8도의 공(空)은 종교사에 의해서 기독교의 절대성이 부정되고, 자연과학에 의해서 기독교를 포함한 모든 종교의 초월적 근거가 박탈되는 곳을 의미한다. 일체의 근거(Grund)가

---

41) "십우도: 참 자기에 이르는 길", 『변선환전집 2』, 299-300.

심연(Ab-grund)으로 빠져드는 곳이 바로 여기이다. 일체 모든 것이 무화되는 장소가 바로 이 공에서이다. 일아가 말하는 그대로이다. "여기서 우리의 궁극적인 종교적 관심은 우리들 자신의 종교까지도 버리는 것이다. 좋은 불교인은 불교인으로 된다거나 불교인이라는 데에 집착하지 않는다. 따라서 이 여덟 번째 단계는 절대무를 향해 결정적이며 단호한 비약을 이룩한다. … 이 참된 자기 아닌 자기를 실현하기 위해서 우리는 지금까지 쌓아온 모든 종교적 통찰과 경험을 버려야만 한다"(300).

하지만 이 공의 장소는 일방적인 부정의 장소는 아니다. 그곳은 일체 모든 것을 무화시키면서도, 거기서 무화된 일체의 것을 소생시키는 출발점이기도하다. "절대무는 일종의 '실체의 반대급부(minus-substance; *nihilum*)가 아니다. 그것은 절대무의 비실체화하는 역동성, 즉 무의 무, 철학적 표현을 빌리자면 부정의 부정과 관계가 있다. 절대무는 무의 무로서의 부정과 긍정, 공과 충일의 역동적 상의상관 속에서 움직인다. 괴테의 말은 빌리자면, '죽어라, 그리고 태어나라!'이다. 선사는 이렇게 말할 것이다. '한번 크게 죽어서 다시 태어나라'(大死一番絶後蘇生)"(301).

아시아의 종교에 의해서 무화되고 무효화되었던 기독교의 절대성 주장이 자신은 이미 타종교와의 혼종(hybrid)임을 자각함으로서 새롭게 태어나는 곳이 바로 여기이다. 또 이곳에서는 기독교(종교)의 근거를 무화시킨다고 여겨졌던 자연과학이 인간의 자기 이해의 하나임을 자각되는 곳, 즉 자연과학이 기독교에 가져다 준 무화의 심연이 기독교인의 주체적 자각의 장소로서 새롭게 태어나는 곳이다. 즉 자연과학적 고찰에 의해서 신앙의 대상이 철저하게 비신화화된 형태로 신앙되는 장소이다. 일아의 설명을 들어보자.

"여기서 중요한 것은 자기 없는 자기의 재현으로서의 전적으로 새로운 실재이다. 그것은 무無로부터의 부활과 관계된 것이며 또한 절대적 부정으로부터 대긍정으로의 철저한 전환이다"(303).

그러므로 이 절대부정 즉 절대긍정의 자리로서의 제8도는 부정의 부정으로서의 새로운 현실인 아홉 번째 단계에로의 비약을 이미 자신 안에 포함하고 있다. 제9도는 사실 제8도안에 이미 내장(內藏)되어 있으며, 제9도는 제8도의 다른 표현에 불과하다.

"여덟 번째 단계에서 아홉 번째 단계로의 이행은 점진적인 발전이 아니다. 이는 상호투입(相互透入)이고 상즉호전(相卽互轉)한다. 여덟 번째 단계에서의 무(無)와 아홉 번째 단계에서의 단순성은 같은 것이다. 그러나 이 두 단계는 같은 것도 아니고 또 그렇다고 해서 다른 것도 아니다. 이 둘은 오히려 서로 서로를 꿰뚫는 두 개의 거울과 같은 관계이다. 다른 말로 하면 여덟 번째에서 아홉 번째에로의 방향은 아홉 번째에서 여덟 번째로의 반대 방향과 하나이다"(304).

일체가 무화(無化)되는 자리로서의 공(空)은 기독교적-종교적 주체가 직면하는 허무의 자리이다. 그러나 이 허무를 우리들의 신앙과 존재의 발밑으로 끌어당김으로서, 우리들은 우리들의 신앙이 어떤 객관적 근거에 근거한다는 생각을 탈각하여, 신앙의 주체적 자각이 일어난다. 그렇게 됨으로서 허무는 허무 그 자신의 속성에 의해서 허무화되고 허무 위에 존재하는 신앙은 주체적 신앙으로 거듭난다.

그렇다면 이러한 내용을 지니는 일아의 "불교적 그리스도교 신학"은

"타종교의 신학"과 유전공학 시대의 신과 인간에 대한 새로운 이해를
포괄하는 신학으로 제시될 수 있는 보다 구체적인 이유는 무엇일까?
이 물음에 대답하기 위해서 우리들은 종교와 과학의 관계를 "공의 입장"
에서 접근하였던 니시타니 케이지의 주장과 만나게 된다. 일아가 「십우
도」에 대해서 논했던 상기의 내용들이 니시타니의 "공의 입장"과 오버
랩된다고 여겨지기 때문이다.[42]

　　니시타니는 "종교와 과학이라는 문제"를 해명하기 위해서 "지금까지
보통으로 이루어져 왔던 것과는 약간 다른 새로운 각도로부터 접근해보
고 싶다"(89)[43]고 말한다. 그 "새로운 각도"란 종교와 과학의 영역을
최초부터 독립한 것으로서 설정해 놓고 나중에 양자의 관계를 묻는 방
법을 지양하여, 양자를 존재의 이법(理法)의 "중첩성"(重疊性) (93)이라
는 각도로부터 논하는 것을 의미한다.

　　앞에서 인용하였던 대넷의 주장으로부터도 명확하게 알 수 있듯이,
과학의 자기 주장은 종교를 포함 인류의 모든 지적 활동을 과학의 원리
아래에 수렴하고자 한다. 그렇다면, 과학적 견해를 진리로서 전면적으
로 인정하고, 동시에 종교적 진리 이해도 그와 동일하게 인정함으로서
만 우리들은 "종교와 과학이라는 문제"를 해결할 수 있을 것이다. 그런
데 "종교와 과학이라는 문제"의 해명을 위해서 "새로운 각도"가 요구되
는 더 중요한 이유는 종교와 과학이 "생과 죽음", "존재와 허무"와 같이
이중으로 현실을 구성해 있기 때문이다. 종교와 과학은 동일한 리얼리

---

42) Cf. Seung Chul Kim, "Kū(sunyata) und Körper: Die Stimmung der
　　Vergänglichkeit und die Welt des Teufels" Andreas Cesana (hg.) *Subjekt und
　　Kulturalität II: Körperbilder. Kulturalität und Wertetransfer,* Peter Lang Verlag, 2011,
　　pp.115-122.

43) 이하, 니시타니의 『宗教とは何か』로부터의 인용은 본문중에 페이지를 직접 기입하겠다.

티의 "이중사"(二重寫) (58)로서 파악된다. 같은 현실을 "생명"이라고 하는 관점으로부터 잘랐을 때 나타나는 단면이 종교의 세계라고 한다면, 그 현실을 "물질"이라고 하는 관점으로부터 자름으로서 드러나는 단면이 과학의 법칙이다. 니시타니는 이렇게 말한다.

"그러한 이중사가 진정한 실재관이다. 사실 그 자체가 이 이중 렌즈라는 보는 방식을 요구한다. 그곳에서는, 정신, 인격, 생명, 물질이 하나이며, 별개의 것이 아니다. 더욱이 같은 사실을 정신 또는 인격, 생명, 물질이라고 하는, 각각의 단층으로부터 볼 수도 있고, 그 단층 사진의 각각에 또 리얼리티가 있다. 더욱이 본래의 리얼리티는, 그러한 단층들을 합쳐놓은 것에 해당한다. [중략] 그 리얼리티를 죽음의 면에서 자른 단면이 "물질성"이며, 생의 면에서 자른 단면이 이른바 "생명"이다. 그리고 영혼, 인격, 정신 등이라고 하는 것은, 지금까지는 오로지 그 생의 면으로부터만 생각해 왔다. 신도 마찬가지이다"(59-60).

물질의 세계란 인간성에 대해서는 완전히 무관심한 자연법칙에 의해서 지배되는 세계이지만, 현실에서 이 물질의 세계는 이른바 종교의 세계와 다른 것이 아니다. 그것은 "종래의 종교적 경험에 있어서의 신과 인간과의 사이의 인격적 관계를 가로지르는, 말하자면 횡단하는 것으로서 출현"(65)하는 것이다. 바꾸어 말해 보면, 과학의 객관적인 자연법칙은 일단 인간에게 무관심한 성격을 가지는 것처럼 보이지만, 그러나 그것은 종교적 관점과 마찬가지로 인간의 주체적 자각의 기반을 이룬다고도 말할 수 있다. 왜냐하면 "종교와 과학이라고 하는 문제"는 오히려 "생 즉 사"를 자각하는 인간의 주체적 자각의 문제라고 하는 입장으로부터 대답되어야 하기 때문이다. 그리고 이러한 "생 즉 사"의 입장, 즉 종교와 과학이 "이중사"로서 자각되는 것은 "공의 입장"에서 가능하다.

니시타니가 강조하고 있는 것처럼 "종교와 과학이라는 문제"에는, 역사적으로 고찰해 보았을 때, "근세 이래의 인간에 있어서의 주체적 자각의 문제"(60)가 포함되어 있다. 그리고 "인간에 있어서의 주체적 자각의 문제"에는 근대 과학의 자연관과 전통적인 기독교의 사이에 일어난 하나의 중요한 문제가 잠복하고 있다. 왜냐하면 근대적 인간에 있어서의 주체성의 자각이 "무신론의 주체화라고 하는 형태로 철저되"었으며, 그러한 무신론의 등장은, 자연과학의 물질적, 기계적 세계관을 배경으로 하고 있기 때문이다. 즉, 물질적, 기계적 세계가 인간에게 "허무"를 가져왔던 것이다. 그리고 "그 허무가 자기 존재의 탈자성의 장으로서 심연으로서 자각되고, 더욱이 심연을 바닥으로서 지니는 것으로서 비로소 인간의 주체가 실로 주체로서, 즉 인간이 실로 자유롭고 자립적인 것으로서 스스로를 자각하고 있는 것이다"(65-66).

여기서 우리는 니시타니가 "종교와 과학이라는 문제"에 대답하기 위한 출발점으로서 착안한 성서 구절에 주목하고 싶다. 그 성서 구절은 "종교와 과학이라는 문제"뿐만 아니라, "기독교와 종교라고 하는 문제"의 해명을 위해서도 극히 계발적인 빛을 비추어 준다고 생각되기 때문이다. 니시타니는 마치도 선사(禪師)가 공안(公案)을 들듯이, 마태복음 5장의 다음 구절을 높이 내건다.

"네 이웃을 사랑하고, 네 원수를 미워하여라" 하고 이른 것을, 너희가 들었다. 그러나 나는 너희에게 말한다. 너희의 원수를 사랑하고, 너희를 박해하는 사람을 위하여 기도하여라. 그래야만, 너희가 하늘에 계신 너희 아버지의 자녀가 될 것이다. 아버지께서는, 악한 사람에게나 선한 사람에게나, 똑같이 해를 떠오르게 하시고, 의로운 사람에게나 불의한 사람에게나, 똑같이 비를 내려 주신다.

니시타니에 의하면, 여기에서는 두 개의 무차별성이 말해지고 있다. 첫째는 "자연의 무차별"이다. 그것은 "모든 사물을 그것들에 공통된 가장 추상적인 것―그것은 "물질"이라고도, 혹은 물리적 요소라고도 생각될 수 있다―에 환원하는 무차별하다"(67). "자연의 무차별"이라고 하는 것은 비가 내리고 태양이 떠오르듯이, 인간의 의지와는 완전히 무관계의 차원에서 자연이 자연으로서 일으키는 현상을 지시한다. 이러한 자연법칙 아래에서 무생물로부터 인간에 이르기까지의 모든 것이 동일하게 지배되고 있는 것이다. "자연법칙 그 자체는 인간적 이해에 무관하고, 차가운 비인간성을 나타내고 있다. 더구나 그 법칙은 인간도 포함하여 모든 존재를 지배하고 있는 것이다"(58). 일아가 유전공학과 관계하여서 말하였듯이, "생명의 본체가 DNA라는 점에서 … 결국 같다"는 자각이 거기에는 있다. 따라서 인간 역시 DNA를 지배하는 자연법칙 하에 놓여있지 않을 수 없는 존재이다. "근세 이래의 자연과학에 의해서 자연적 세계의 상은 일변하였고, 세계는 완전히 비정한, 인간적 관심에 대해서 완전히 무관심한 세계로서 드러났다. 그것은 신과 인간과의 인격적 관계를 횡단하는 것이었다. 그러한 사태에 접할 때, 인격이라든지 정신이라든가 하는 입장, 혹은 신과 사람과의 사이의 인격적 관계라고 하는 입장만으로는 도저히 해결할 수 없는 것이 나타나고 있다고 생각하지 않을 수 없다"(101).

그러나 위의 성서 구절에서는 "차갑고 비정한 무차별"과는 다른 "사랑의 무차별"도 주창되고 있다. 그것은 "모든 사물을 가장 구체적인 상 (相)—예를 들면 선한 인간이라든지 악한 인간이라든지 하는—에 있어 서, 차별하지 않는 무차별이다"(67). "사랑의 무차별"이란 선인은 선인 으로서 악인은 악인으로서 차별하지 않고 그대로 인정하면서 그들을 기르는 신의 보편적 사랑을 지시하는 것이다.

문제는 이러한 두 가지 "무차별"이 어떠한 상관관계에 있는지 그리고 이 두 종류의 무차별이 어떻게 동시에 가능한가 하는데 있다.

상술한 것처럼, "인간의 선악 화복에 대한 자연의 무관심함"이라는 "자연의 비정성"은 "인간의 자유로운 자립성, 주체적 자각"을 위한 적극 적 계기로 된다. 이것은 자연법칙이 인간을 "허무의 자각"(56)에 이끄는 것과 관계가 있다. 왜냐하면, 그곳에서는 인간 이외의 존재로부터 주어 지는 일체의 목적론이 부정되기 때문이다. 바로 그렇기 때문에 이 "허 무"는 "필연 되지 않는 자유와 생을 가능하게 하는 지평을 열어준다"(56).

위에서 인용한 성서 구절에서는 또 하나의 무차별성이 말해지고 있 다. 그것은 선인과 악인에게 평등하게 비를 내리고 태양을 떠오르게 하는 신의 무차별적 사랑이다. 신의 사랑은 모든 차이를 박탈하는 무차 별이 아니라 차이를 차이로서 인정하면서 그 차이를 넘는 무차별, 즉, "다"를 "다"로서 인정하면서 그것을 무리하게 "一"로 수렴하려고 하지 않는 비이원론적 무차별하다. 이 "사랑의 무차별"은 영원불멸이면서 전 능한 신을 독점하려고 하는 "에고이스트의 허구"로서의 신을 부정한다. 오히려 신의 "사랑의 무차별"은 신을 자신의 것에 독점하는 것을 목표로 하는 여하한 시도도 비판하고 부정한다고 할 수 있다. 왜냐하면, "사랑 의 무차별"은 "자기를 비우는 것"(67)을 요구하기 때문이다. 나같은 악 인에게도 태양이 비추고 비가 내리는 것은 신이 악인과 선인을 구별하지 않고 사랑하여 모든 이에게 태양을 비추게 하고 비를 내리게 한다는 의식, 곧 스스로를 "죄인의 괴수"(디모데전서 1:15)라고 여기는 자의식과 동전의 앞뒷면을 이루는 것으로 자각되지 않으면 안 된다. 그렇지 않다면, 신의 "사랑의 무차별성"은 자기중심적 자아의 자기합리화를 위한 구실에 지나지 않게 되기 때문이다. 인간의 차별적 사랑은 이웃과 원수를 차별하고 구별하는 "자아의 입장"에서의 사랑이지만, 성서가 요구하는 사랑은 "무아"의 사랑이다. 여기서 요구되고 있는 "신의 완전함"이란 특정의 민족이나 특정의 종교만을 선택하며, 절대적 의지와 권력을 가지고 선한 사람을 사랑하고 악인을 심판하는 "신의 인격적인 절대성"은 아닌 것이다.

　니시타니가 지적하는 대로, "종래의 기독교는, 이 인격성이라는 면만 주의를 기울이고, 다른 면에 대해서 주의를 기울이는 일은 거의 없었다"(69). 니시타니가 말하는 인격성의 "다른 면"이란 무엇인가? 그것은 신의 완전성으로서의 사랑이 사랑으로서 성립되기 위해서는, "인격적"이란 것이 "'인격적'이라고 하는 것보다 한층 근원적인 것, 오히려 '인격적'인 것이 그것의 구현 또는 모방으로서 비로소 성립하는 것"에 근거하지 않으면 안 됨을 의미한다. 종래 "인격적"이라고 생각할 수 있던 것보다 "한층 근원적인 것"이란, "인격적인 비인격성"이다. 이 "인격적인 비인격성"은 "초인격성 내지 비인격성"이라고도 불릴 수 있는 바, 그것은 "인격성에 대한 단순한 반대로서의 비인격성"이 아님은 물론이다.

　니시타니는 궁극적 실재로서의 신을 "인격적인 비인격성"으로서 이해함으로서 "종교와 과학이라는 문제"를 규명할 수 있다고 본다. 궁극적 실재로서의 신의 "사랑의 무차별"은, "다"를 "차갑고 비정한 무차별"로서의 자연법칙 아래에 "일"로 환원하려고 하는 자연과학적 무차별하고는 달리 "다"를 "다"로서 인정하는 "무차별"이다. 그것은, "다"를 "일"으로 이끌려고 하는 자연과학적 움직임과는 정반대의 움직임으로서 "일"을 "다"에 되찾으려고 하는 움직임이다. 그러나 "자연의 무차별"이든, 사랑의 "차별적인 무차별"이든, 거기에는 "무차별"이라고 하는 공통성이 일하고 있다. 이 "무차별"은 과학에 있어서는 인간과 다른 생명체를 구별하지 않는 자연법칙의 무차별성이고, 선한 사람과 악한 사람을 차별하지 않은 신의 사랑의 무차별성이다. 그러므로 종교에 있어서도 과학에 있어서도 이 "무차별"은 우리들에게 에고이즘으로부터의 탈각을 요구한다.

"자연의 무차별"은 인간의 자기의식마저 진화의 결과로서 파악시키는 것에 의해서 인간의 주체성을 해체한다. 다른 존재와 격절된 독립적인 인간의 자아라는 개념은 오랜 동안의 진화의 결과 우리들에게 습관적으로 붙어있는 허상에 불과하다. 진화라고 하는 무차별적인 법칙은 우리들의 자아라고 하는 의식을 해체시킨다. 자연의 역사는 우리들의 자아를 탈중심화(decentering)시키는 것이다.[44]

그리고 앞에서도 말하였던 것처럼 신의 "사랑의 무차별성"은 자기중심(에고이스트)적 신 이해를 무화시킴으로서 그러한 신 관념의 소유자로서의 자기의식 또한 해체로 이끈다. 발디의 용어를 사용할 수 있다고 한다면, 신의 "사랑의 무차별성"은 자기중심적 자아를 "분쇄시킨다" (shattering).

니시타니는 이처럼 자기중심적인 자아가 과학적이고 종교적인 자각에 의해서 해체되는 장소가 다름 아닌 "공의 장소"라고 말한다. "공의

---

44) Pierre Baldi, *The Shattered Self: The End of Natural Evolution*. Cambridge: The MIT Press, 2002, p.10-12.

장소"는 "자연의 무차별성"과 신의 "사랑의 무차별성"이 "거기에서" 성립하는 장소이다. "공의 입장"이란 "종교와 과학"을 "생 즉 사", "존재 즉 허무"라고 하는 "二重寫"의 시점으로부터 파악하는 관점이다. 우리들의 관심사로부터 말해 본다면, "공의 입장"은 "기독교와 타종교라고 하는 문제"와 "기독교와 과학이라는 문제"의 등근원적인 해명을 위한 장소가 된다. 그리고 니시타니가 말하는 "공의 장소"는 일아의 "불교적 그리스도교 신학"이 십우도를 따라가면서 도달하였던 절대부정과 절대긍정으로서의 제8도와 제9도에서 드러난 경지에 다름 아니다. 일아가 말하듯이 제8도와 제9도가 는 "상호투입(相互透入)이고 상즉호전(相卽互轉)"하기에, 이 둘은 "같은 것도 아니고 또 그렇다고 해서 다른 것도 아니다." 그 두 단계는 "서로 서로를 꿰뚫는 두 개의 거울과 같은 관계이다"(304). 니시타니가 "공의 입장"에서 "종교와 과학이라는 문제"에 접근하고자 하였듯이, 일아는「십우도」가 말하는 절대무의 장소에서 "기독교와 타종교라는 문제"와 "기독교와 과학이라는 문제"에 다가갔던 것이라고 하겠다.

6. 열린 결론을 위하여

이상으로 우리는 대단히 치졸한 형태로나마 일아가 주창한 "불교적 그리스도교 신학"이 아시아의 종교와 대화함과 동시에 자연과학적 세계상과도 대화하지 않으면 안 되는 21세기의 아시아 신학의 수행을 위한 하나의 전거(典據)가 될 수 있음을 논의해 보았다. 일아의 신학적 사유에 대한 연구는 이제 막 시작 단계에 있다고 여겨지기에 이 논의에 결론도 잠정적인 것이 되지 않을 수 없다. 앞으로 보다 일아의 삶의 역정과 그의 신학적 행보사이의 관계에 대한 정치한 연구, 일아가 처해 있던 한국의 역사적 상황과 당시 세계 신학과의 관계에 대한 고찰, 일아가 자신에게 영향을 주었던 신학적 사고를 어떻게 창조적으로 변형시켜 왔으며, 그 결과가 지니는 영향은 무엇인지에 대한 연구 등등, 우리들을 기다리는 연구과제는 산적해 있다고 하겠다.

여기서는 일아가 추구하였던 신학의 패러다임전이가 과연 무엇을 지향하고 무엇을 함축한 것인지에 대해서 두 구절을 인용하는 것으로 결론을 대신하고자 한다. 첫 번째의 인용은 패러다임론으로 유명한 토마스 쿤의 『과학혁명의 구조』로부터이고, 두 번째는 일아가 쿤의 표현을 패러프레이즈한 내용에 동감을 표한 부분이다.

"지구가 돈다고 해서 그를 이상하다고 했던 사람들을 생각해 보라. … 적어도 그들의 지구는 움직여질 수 없었다. 따라서 코페르니쿠스적 혁명은 단순히 지구를 움직여보겠다는 것이 아니었다. 그보다는 물리학과 천문학의 문제에 관한 전혀 새로운 방법이었다. 그것은 필연적으로 '지구'와 '운동'의 의미를 바꾸어 놓았던 것이다. 그러한 변화가 없었다면, 지동(地動)의 개념은 무모한 것이었을 것이다. 한편, 일단 그러한 변화가 이루어지고 이해되면 지구의 운동이라는 것이 과학의 내용이 될 만한 문제가 아니라는 점을 깨달을 것이다."[45]

"기독교 밖에도 구원이 있다고 주장하는 그를 이상하다고 했던 사람들을 생각해보라.… 적어도 그들의 구원은 기독교 밖에는 있을 수 없었다.

---

45) 토마스 쿤, 『과학혁명의 구조』조형역, 이화여대출판부, 1980년, 186면.

따라서 종교다원주의는 단순히 기독교 안에만 있다고 여겨지는 구원을 기독교 밖에까지 확장해보겠다는 것이 아니었다. 그보다 그것은 신학에 대한 전혀 새로운 방법이었다. 그것은 필연적으로 '구원'과 '그리스도'(계시)의 의미를 바꾸어 놓았던 것이다. 그러한 변화가 없었다면 다원주의의 개념은 무모한 것이었을 것이다. 한편, 일단 그러한 변화가 이뤄지고 나면, … '기독교 밖의 구원'이 신학의 내용이 될 만한 문제가 아니라는 점을 깨달았을 것이다."[46]

일아가 자신의 "불교적 그리스도교 신학"에 의해서 내다보았던 세계는 이러한 패러다임의 전환이 열어주는 세계였던 것이 아니었을까? 일아는 누구보다 먼저 그러한 세계의 도래를 희구하면서, 아니 도처에서 이미 "불교적 그리스도교 신학의 탄생을 알리는 여명"이 목전에 도래했음을 예감하면서, "주사위는 던져졌다. 루비콘 강이 저쪽에 보인다"라고 예언자의 소리를 외쳤던 것은 아니었을까?

---

46) 변선환, "과학기술과 기독교 윤리", 『변선환전집7』, 124.

4부
세월호 그 이후
신학 이야기

2015년, 불이적 종교해방신학의 테제들

신 익 상
(성공회대학교 신학연구원)

1. 들어가는 말: 2015년

적어도 논자에게 2015년은 2014년의 연장이자 외부라는 점에서 2014년과 구별되기 힘든 비식별의 영역이다. 기득권자들은 2015년을 2014년과 차별화함으로써, 예컨대 세월호 참사를 계속 말하는 것은 소모적인 탐욕의 발로라고 매도하고 이를 통해 2014년의 참사를 봉합하여 덮어버리려고 함으로써 애써 경계선을 설정하려고 한다. 하지만 세월호 참사의 당사자들은 2014년 4월에 멈춰 선 채 2015년을 살면서 (또는 죽어가면서) 이 경계선을 넘나듦으로써 기득권자들의 시도를 무력화한다.

그럼에도 불구하고 현실적으론 갈 길이 멀다. 현 독재 권력은 언론 통치를 통해서 여론을 조작하고 조정하는 기술을 성공적으로 적용하고

신익상 | 2015년, 불이적 종교해방신학의 테제들 229

있다. 그들이 기민하게 설정하는 경계선들은 광화문 사거리를 가로질러 설치된 차벽만큼이나 견고한 것만 같다. 그들의 경계선들은 주체를 규정하는 선들인 까닭에 2015년, 우리가 고민해야할 지점은 적어도 세 가지가 된다. 첫째, 경계선을 설정하는 방식에 대한 고찰이다. 둘째, 이 경계선에 의해서 규정되는 주체에 관한 고찰이다. 셋째, 경계선들이 그어지고 주체들이 뛰어노는 영역을 어떻게 규정해야 하는가에 대한 고찰이다.

위 세 지점들을 고찰하는 틀로서 논자는 불이적 종교해방신학을 사용할 것이다. 이어지는 장에서 이 신학의 개념을 개관하겠다. 그 다음 장에서는 이 신학을 경계선, 주체, 영역 규정의 문제들에 차례로 적용함으로써 2015년 한복판에서 고민해야 할 주제들을 구체화할 수 있는 시작으로서의 테제들을 제시해보고자 한다.

2. 불이적(不二的) 종교해방신학[1]

1) 변선환의 한국적 종교해방신학

변선환 신학의 최종판을 한국적 종교해방신학이라고 할 때, 이 신학을 잘 이해하기 위해서는 먼저 그의 실존 이해를 살펴봐야 한다. 그의 실존 이해는 무엇보다 야스퍼스의 가르침에 토대를 두고 있는데, 인격성에 한정된 야스퍼스의 실존 개념을 넘어 비인격적 실존까지도 말한다

---

1) 이 장은 졸저,『변선환 신학 연구』(서울: 모시는사람들, 2012), 295-357의 내용을 부분 발췌하여 대폭 수정·보완한 것이다.

는 점에서 변선환의 실존 이해를 "불이적(不二的) 실존"이라고 이름 붙일 수 있다. 이 명칭에 있어서 '불이적'(不二的)이라는 말이 의미하는 것은 물론 인격과 비인격의 양극단을 동시에 지양하면서도 긍정하는 이중부정의 변증법적 논리를 지칭하는 것이다.[2) 예컨대 인격과 비인격은 자성을 갖지 않는 상호의존, 운동성의 입장에서 말하면 상입상즉(相入相卽)하는 관계 내적인 명칭이다. '실존'이라는 말이 의미하는 것은 실존주의가 실존이라는 개념으로서 이해하던 바를 불이적 실존 또한 이어간다는 것이다. 실존주의에게 실존은 "본래적 자기"를 의미한다. 그렇다면 불이적 실존은 양립할 수 없는 둘을 이어놓은 형국이 된다. 불이적인 것은 자성(自性)이 부정되기 때문에 자기(self)를 설정할 수 없다. 반면 실존은 자기를 정립한다. 무론(無論)과 유론(有論)의 어색한 조합인 것처럼 보인다. 그러나 이 어색함은 무론으로써 유론을 포섭하기 때문에 우리가 느낄 수밖에 없는 낯설음에서 기인한다. 원효는 일찍이 이렇게 낯선 사유방식을 무리지지리 불연지대연(無理之至理 不然之大然)이라는 말로 요약한 바 있다. 불이적 실존은 무리지지리 불연지대연을 변선환이 신학적 방법론으로 푼 것을 개념화한 것이라 하겠다. 참다움(眞如)은 있음에도 머물지 않고 없음에도 머물지 않는다. 본래적 자기는 자기의 부정을 통해 도달하는 운동이다. 그리고 이 운동이 도달하는 것은 그러한 운동성이다. 운동성은 다시 운동으로 반환된다. 불이적 실존은 머물지 않음[無住]의 실존으로서, 변선환은 바로 이것을 통해

---

2) 물론 '불이적(不二的)'의 원래 의미는 단지 인격과 비인격의 관계에 국한되지 않는다. 두 개 이상의 대립항을 상정할 수 있는 상황에서 이 항들의 개별적 속성을 지양하면서 동시에 긍정하는 이중부정의 변증법적 논리라면 어떤 것이든 이 개념어로 표현될 수 있다. 여기서는 이 말이 인격성에 한정된 야스퍼스의 실존 개념과 관련되어 논의되고 있기 때문에 두 대립항을 인격과 비인격으로 제시하여 설명한다.

신학적 사유들과 만났다. 불이중도(不二中道)는 그 운동을 멈추지 않는다.

불이적 실존은 무엇보다도 토착화신학과 민중신학을 바라보는 그의 관점에서 명확하게 드러난다. 종교와 민중해방을 극단적으로 양자택일 하는 이원론적 사유 방식을 편협함으로 비판하는 그는 토착화신학은 정치에 무감각한 열매 없는 신학이며, 민중신학은 불의한 세계에 저항 하는 하느님을 말하는 성속 이원론 속에서 세속의 민중이 가진 종교성 의 가치에 무관심한 신학이라고 비판한다. 이것도 아니고 저것도 아니 다(*neti, neti*). 그러나 이러한 비판이 양자를 폐기하는 것으로 나가지 않 고 양자의 "열려진 만남에서 더 넓은 지평을 열어야 한다"[3]고 역설하면 서 양자를 긍정하는 방향(*sive, sive*)으로 나아간다. 양자의 대결과 대립 을 넘어서 통전적인 한국신학이 되길 소망하는[4] 불이적 실존의 방법론 은 다름 아닌 화쟁(和諍)이다.

원효의 화쟁은 여러 종파로 갈라져 있는 불교를 통섭(統攝)하기 위한 방법일 뿐만 아니라 진리의 세계와 세속적인 세계가 둘이 아님을 말하 는 원리이기도 하다. 불이중도를 핵심 원리로 해서 전개되는 화쟁의 통섭은 그러나 무차별적인 일치를 말하는 것은 아니다. 화쟁이 여러 종파의 불교를 통합하는 원리로 사용될 때, 그 방식은 불교의 모든 종파 들과 경전들을 하나도 버리지 않고 "그 가치 질서를 매기며 회통적으로 이해하는 일승의 중요성을 알고 끝까지 종파적 편협성과 종파적 투쟁을 배격해"[5]내는 데 있었다. 종파적 독선과 배타성마저도 조화의 한 형식 으로 끌어안으면서도 가치의 경중을 무시하지 않고 무차별적인 평등을

---

3) 변선환아키브 편, 『변선환 전집3: 한국적 신학의 모색』(서울: 한국신학연구소, 1997), 96.
4) 『변선환 전집3: 한국적 신학의 모색』, 260.
5) 이기영, 『元曉思想研究 I』(서울: 한국불교연구원, 1994), 106-107.

추구하지 않음으로써 윤리적 차원을 계속 유지할 수 있게 한다. 변선환의 한국적 종교해방신학은 종교토착화신학과 민중토착화신학 각각의 공과를 평가하면서 이 둘의 상호개현(相互開顯)6)을 말하고 있다는 점에서 화쟁의 정신을 잇고 있다고 볼 수 있다.

변선환이 처음 종교해방신학을 말하기 시작한 것은 1988년의 일로, 이를 기점으로 그의 종교다원주의는 신 중심적 비규범적 종교다원주의에서 하느님 나라 중심적, 해방 중심적, 프락시스 중심적, 구원 중심적 종교다원주의로 강조점을 옮기고 있다.7) 이 때 그는 니터(Paul Knitter)의 종교해방신학을 소개한 후 "한국적 종교해방신학"이라는 자신의 신학적 이상을 밝혔다. 그가 한국적 종교해방신학을 제안한 이유는 한국 신학의 앞으로의 과제를 두 가지로 보았기 때문이다. 하나는 토착화신학과 민중신학이 상호 보완되면서 종합되어야 한다는 것이다. 또 하나는 종교와 해방의 문제를 함께 공유하고 있는 아시아 신학과의 유대가 필요하다는 것이다. 이 두 가지 과제를 위해 변선환이 초점을 맞추고 있는 주제는 바로 '인간화'다. 변선환에게 인간화는 절대성 주장이 야기하는 배타주의에 대한 반대와 밀접한 관련을 맺고 있으며, 이것이 不二的 사유를 관통하게 되었을 때 인간화의 영역이 윤리적 차원을 넘어선 관계성의 구현으로 확대된다. 이러한 인간화의 다른 이름이 '민중의 종교성'이다. '민중의 종교성'은 토착화신학과 민중신학의 지향을 한데 어우르면서 아시아 신학과 만나게 되는 교차점이다. 그 교차점은 바른

---

6) '개현(開顯, manifestation, die Offenheit)'은 야스퍼스(Karl Jaspers, 1883-1969) 철학의 개념으로서 고독과 교제를 매개하는 계기 중 하나다. 고독 가운데서 대치 불가능한 본래성을 획득한 단독자는 다른 자기(self)와 관련을 맺음으로써 비로소 실존적 교제를 실현할 수 있을 것인데, 이렇듯 실존적 교제를 위해 단독자가 다른 단독자에게 자신을 전적으로 개방하는 것을 '개현'이라고 한다.

7) 변선환, "토착화신학의 미래,"「감신대학보」87 (1988. 2), 1.

실천과 바른 경험으로 이어진다. 경험에 관해서 말하자면, "민중의 시각"에서 고난의 현실을 직시하는 역사적 현장성을 갖는 것이야말로 참된 종교성과 만나는 계기다. 참된 종교 체험은 역사 속에서 겪는 민중의 삶에 있다는 것이다.8) 현장으로, 갈릴리로, 아래쪽으로. 변선환은 종교해방신학을 통해서 무엇보다도 토착화신학이 민중신학으로부터 배우면서 자신을 깎아내는 회개와 반성으로 거듭나기를 바라는 소망을 표현했다. 지금 여기의 역사적 현장을 외면하지 말자는 것이다. 거기에서 참된 휴머니즘을 추구할 수 있으며, 휴머니즘이 추구되는 곳에 참된 종교가 있다는 것이다.9) 따라서 종교 체험은 인간화를 향한 실천과 따로 생각할 수 없다. 1988년을 채우고 있는 변선환의 한 주제는 그래서 바른 실천, 바른 경험이었다.10)

바른 경험과 실천은 자신의 종교 내에서만 전개되는 해방운동일 때 배타성으로 인해 해방과 오히려 모순되는 관계에 놓일 수 있다는 사실에 의해서 자신의 종교 밖에 있는 해방의 잠재성에도 관심을 기울여야 한다는 자각을 이끌 뿐만 아니라, 참된 종교란 인간화를 위한 투쟁 위에서 이루어진다는 자각 또한 일깨운다. 종교성에 대한 관심을 촉구하는 까닭은 不二的 실존에 의해서 지지되는데, 인격적 실존에서 비인격적 실존에 이르기까지 실존의 영역을 확장하고 나면 실천의 근거도 확장되기 때문이다. 의식화뿐 아니라 "의식의 신비적 심화"에도 근거해야 한다

---

8) 같은 글.
9) 같은 글.
10) 변선환, "웨슬리와 민중"(1988), 『변선환 전집 4: 요한 웨슬리 신학과 선교』, 변선환아키브 편 (서울: 한국신학연구소, 1998), 102, 111-112; 변선환, "감리교신학과 교리 - 21세기를 향한 웨슬리 신학"(1988), 『변선환 전집 4: 요한 웨슬리 신학과 선교』, 174; 변선환, "웨슬리 신학의 현대적 의미"(1989), 『변선환 전집 4: 요한 웨슬리 신학과 선교』, 83.

는 것이다.[11] 이러한 이해는 아시아 민중의 정치 경제적 현실과 아시아의 민중종교를 모두 관심하는 아시아 종교해방신학을 수용하면서 한국적 종교해방신학을 추구하고자 하였던 변선환의 토착화 여정에 토대가 되고 있다고 할 수 있을 것이다. 하지만 의식의 신비적 심화는 의식이 발생하는 토대와 더불어 가야 한다. 인간화가 함께 성숙해야 하는 것이다. 그래서 1988년 무렵 변선환의 또 다른 주제는 바른 경험과 바른 실천의 궁극적 목표인 인간화(full humanity)였다.[12] 인간화는 실존주의와 같이 인간세계에 한정된 고독한 인간을 추구하는 것이 아니다. 가난한 민중들과 함께 하면서 만물의 우주적 회복(recapitulation)을 향해 나아가는 사회적 성결을 추구하는 것이다.[13] 해방의 지평을 만물에게로 확대하는 것에서 불이적 실존으로 향하는 여정의 일단을 볼 수 있겠다.

2) 한국적 종교해방신학에서 불이적 종교해방신학으로

변선환이 처음 한국적 종교해방신학을 도입했을 때, 니터가 종교신학자들은 해방신학자들로부터 배워야 한다는 입장에서 종교해방신학을 말한 것과 같은 맥락에서, 토착화신학이 민중신학으로부터 배워야 한다는 입장을 견지하면서 이 신학을 전개해 나갔다.[14] 이것이 또한

---

11) 변선환, "불교와 기독교의 대화"(1985), 『변선환 전집2: 불교와 기독교의 만남』, 변선환 아키브 편 (서울: 한국신학연구소, 1997), 130.

12) 변선환, "칼 라너의 익명의 기독교"(1988), 『변선환 전집 6: 현대 신학과 문학』, 변선환아 키브 편 (서울: 한국신학연구소, 1999), 163; 변선환, "웨슬리와 민중," 105.

13) 변선환, "웨슬리와 민중," 104, 111.

14) 박일준은 이러한 설명이 통속적이고 일반적인 외적 시각이며, 그렇기 때문에 피상적 이해에 머물고 만다고 주장한다(박일준, "일아 변선환의 생애와 사상," 『한국신학의 선

아시아 해방신학과 조우하면서 가장 부각된 것은 바른 실천과 사랑의 휴머니즘이었다. 토착화신학의 입장에서 자기비판의 철저화를 꾀한 결과라고 할 수 있을 것이다. 이러한 모습이 1993년에 더욱 확고히 나타난다.

먼저, 자기 비판의 철저화에 관해서. 진리는 상대적-역동적-대화적-관계적 성격을 지녔기에 진리의 도반들은 스스로의 생각 또한 상대화-관계화 시킬 수 있어야 한다.15) 비판적 사고는 먼저 자신을 향해야 한다는 것이다. 따라서 서구의 기독교는 복음과 복음의 문화적 표현을 동일시하면서 자기 문화권에 들지 않은 모든 종교와 문화를 배타적으로 차별하고 정복하려고 했던 자기 절대화의 죄를 회개해야 한다. 상호 변혁은 "철저한 자기 (종교)비판"을 통해 가능하다.16) 종교, 특히 기독

구자들』, 김성수 외 (서울: 너의오월, 2014), 370). 나는 그가 변선환의 종교해방신학을 민중신학과 토착화신학의 창조적 종합을 열망하는 꿈이라고 평가한 것에는 전적으로 동의하지만, 이 문장 하나를 짚어서 마치 나의 논지에는 이러한 평가가 들어설 여지가 없는 것처럼 주장하는 것은 부당하다고 생각한다. 변선환이 처음으로 니터의 종교해방신학을 한국에 소개한 것은 본 졸고의 각주 7)에서 제시한 대로 1988년 2월자 「감신대학보」에서였고, 그는 이 소개의 말미에 자신의 "한국적 종교해방신학"을 처음으로 제안하였다. 따라서 니터의 개념을 바탕으로 하지 않은 독자적인 생각으로서 변선환의 종교해방신학을 말하기는 어렵다. 게다가 이러한 영향사를 밝히는 것이 변선환 자신의 "한국적" 종교해방신학을 내적으로 파악하는 것에 어떻게 장애가 되는지도 이해하기 어렵다. 오히려 변선환의 신학을 당대의 한국이라는 실존적 상황뿐만 아니라 그의 학문적 여정이 걸어온 내적이고도 외적인 상황까지 종합하여 이해하는 것이 더욱 풍성한 이해를 가능케 할 것이다. 그런 의미에서 박일준이 비판 지점으로 선택한 문장은 이러한 이해 방법의 한 축과 관련된 것이지 내 논지의 전체가 아니다. 그랬기 때문에 그가 비판하고 있는 동일한 저서에서 나 또한 그와 동일하게 한국적 종교해방신학의 이상 중 하나를 "토착화신학과 민중신학이 상호 보완되면서 종합되어야 한다는 것"(졸저,『변선환 신학 연구』, 319)이라고 밝힐 수 있었지 않았겠는가. 영향사뿐만 아니라 토착화신학에 대한 변선환의 생각과 그의 시대 인식 및 문제의식도 끊임없이 나의 저서에서 숙고되고 있다.

15) 변선환, "만국 종교 대회와 지구윤리"(1993),『변선환 전집7: 현대문명과 기독교 신앙』, 변선환아키브 편 (서울: 한국신학연구소, 1999), 227.

16) 변선환, "종교 간의 대화 백년과 전망 세계종교대회를 중심하여서"(1993?),『변선환 전집1: 종교간 대화와 아시아 신학』, 변선환아키브 편 (서울: 한국신학연구소, 1996), 31.

교는 타자 비판이 먼저가 아니라 자기 비판이 선행될 때,[17) 비로소 참된 휴머니티를 향한 세계 윤리에 나설 수 있다. 토착화신학의 입장에서 기독교 자기 비판의 이러한 수순은 과거의 역사에만 심취되어 현재의 역사에 무관심함으로써 앞으로 나아갈 실천적 힘을 잃어버렸음에 대한 자기 비판적 성찰이다. 이 비판적 성찰에 의거할 때 토착화신학은 비로소 민중신학과 겸손하게 대화하면서 상호 협력하고 상호 변혁하여 사랑의 휴머니즘을 향한 실천에 나설 수 있게 될 것이다. 예수를 진정 따르려거든 자기를 먼저 부인하고 자기의 사랑의 십자가를 져야할 것이다.

자기 비판의 철저화는 자신의 진리 주장을 절대화하는 것에 대한 회개와 반성에 다름 아니다. 이러한 회개와 반성이 휴머니즘에 도달하기까지 변선환이 보여주는 거의 일관된 세 가지 국면이 있는데, 이것을 명시적으로 보여주는 논문으로 "탁사 최병헌 목사의 토착화 사상"(1993년)이 있다. 이 논문에서 그는 이 세 가지 국면을 그리스도 신앙의 특수성, 神체험의 보편성, 사랑의 보편성으로 제시한다. 그리스도 신앙의 특수성은 비케리그마화의 측면에서 읽을 수 있다. 그리스도 신앙의 객체와 주체 모두가 상대적 성격을 가진다는 것이다. 이 신앙은 그리스도 신앙고백의 해석학적 성격을 직시하면서 배타성을 제거하고자 한다. 일단 해석학적인 해방을 성취하고 배타성을 제거하고 나더라도 그리스도를 통한 신앙고백은 여전히 유효하다는 점에서 그것은 유일한 신앙고백으로 남는다. 그러나 그것은 어디까지나 보편적인 것이 아니라 특수한 것으로서 그러하다. 신앙고백은 신앙 주체의 상대적인 성격을 전제로 하게 되기 때문이다. 우리의 문화 속에서 우리가 믿는다. 하지

---

17) 변선환, "종교 간의 대화 백년과 전망 – 세계종교대회를 중심하여서"(1993?), 『전집 1』, 31.

만 문화상대주의에 그리스도 신앙고백을 해소시킴으로써 신앙의 가치를 무화하고 마는 것은 아닌가. 그렇지 않다. 변선환이 보고 있는 것은 유일회적으로 고백되는 신앙의 특수성이 神 체험의 보편성에 의해서 유대의 길을 확보할 수 있다는 점이다. 신앙 체험은 그것을 체험하는 이의 입각점에서 유일한 것으로 남지만, 그 체험의 보편적 가치를 승인할 수 있는 것은 신체험이 시공을 넘어 보편적이라는 사실에 있다. 이 체험은 "대립의 일치"라고도 하고 "무지의 지"라고도 하고 "이일련지전정미야"(以一臠知全鼎味也)[18]라고도 하고 "무리지지리 불연지대연"이라고도 하고 "일심본각여래장"이라고도 하며 "하느님"이라고도 한다. 누구에겐 신이라고 불려도 좋고 누구에겐 궁극적 실재라고 불려도 좋고 누구에겐 공(空)이라고 불려도 좋다. 그것은 불이적인 면모로 우리의 체험에 나타난다. 그리고 우리의 신체험은 불이적인 면모로서 보편적이다. 따라서 그것은 출세간에서 출출세간으로, 상승 운동에서 하강 운동으로 이내 전환한다. 사랑의 보편성을 찾아가는 것이다. 변선환이 신 중심적 비규범적 종교다원주의에서 구원 중심적 실천 중심적 다원주의로 강조점을 옮기는 과정은 이에 상응한다. 그러나 강조점을 옮겼다고 해서 전자를 버리고 후자로 넘어갔다는 뜻은 아니다. 변선환에게 이 둘은 함께 가는 것이다.[19] 신 체험의 보편성과 사랑의 보편성은 다른 것이 아니기 때문이다. 신은 사랑이다. 신 체험과 사랑하기는 같은 체험이다. 사랑의 휴머니즘은 신 체험과 맞물리면서 다시 민중의 종교성과

---

18) 한 점의 고기로 솥에 든 요리 전체의 맛을 알게 된다는 뜻이다. 최병헌이 신체험의 보편성을 설명하면서 한 말로 이는 원효의 "일미(一味)"와 통하는 바가 없지 않다. 일련(一臠)과 일미와의 관련성에 대해서 논한 것으로는 이한영, "감리교 토착화 신학의 흐름과 전망 - 윤성범, 변선환, 이정배를 중심으로,"『제3세대 토착화 신학』변선환아키브-동서신학연구소 편 (서울: 모시는 사람들, 2010), 252-254.를 참조하라.

19) 변선환, "만국 종교 대회와 지구윤리," 251.

연결된다. 민중의 종교성으로 맺어진 토착화신학과 민중신학은 민중의 종교성이 표시하는 불이적 성격을 매개로 해서 종교해방신학으로 나타난 것으로, 이러한 종교해방신학을 우리는 "불이적 종교해방신학"이라고 부른다.

3. 2015년과 不二的 종교해방신학의 테제들

그러나 변선환의 불이적 종교해방신학은 불이적 사유를 도입하기는 해도 시간성을 충분히 중요하게 다루고 있지는 않다는 점에서 한계를 갖는다. 반면 불이적 종교해방신학이 진정한 불이적 사유를 구현하기 위해서는 시간성에 터한 운동성을 기반으로 해서 전개되어야 한다. 철저하게 세계 내적이라는 말이다. 그러나 이러한 철저성 자체가 이미 세계 초월과 어떤 관계를 맺게 된다는 점을 불이적 사유가 지적하고 있는데, 아감벤은 이것을 "남겨진 시간" 또는 "메시아적 시간"이라고 불렀다. 변선환의 불이적 종교해방신학은 실존의 불이적인 성격을 배중률과 대비되는 이른바 용중률에 의거해서 파악하고 있지만, 메시아적 시간을 표현하기 위해서는 이중부정률의 부정이라는 계기적 사유가 추가되어야 한다. 이 점을 염두에 두고 이제 우리의 불이적 종교해방신학을 2015년 우리가 고민해야 할 세 지점으로 가져와서 생각해보자.

1) 광화문 차벽 앞에서: 우리의 경계선은 아펠레스의 절단이다.

지금 민중의 종교성은 종교의 외부에 있기에 이미 종교가 아니다.

다만 종교적일 뿐이다. 하지만 종교적인 것은 종교 없이 개념화될 수 없기에 이 외부는 종교의 내부에 존재하는 외부이다. 따라서 민중의 종교성은 종교와 비종교의 경계를 가로지르는 불이적 실존이며 따라서 경계선을 무력화한다.

이것은 일종의 "아펠레스의 절단"이다. 고대 그리스의 화가였던 아펠레스가 역시 당대의 화가였던 프로토게네스를 방문하여 누가 더 곧게 훌륭한 선을 그릴 수 있는가를 놓고 경합을 벌었다. "프로토게네스는 인간의 붓으로 불가능할 만큼의 가는 선을 긋는다. 하지만 아펠레스는 자신의 붓으로 경쟁 상대가 그은 선의 중심을, 보다 가는 선으로 나눈다."[20] 분할의 분할. 아감벤은 이 분할이 가리키는 논리적 구조를 쿠자누스의 글에서 찾고 있지만, 사실 이 절단은 불이적 사유의 논리적 구조를 보여준다. 배중률과 이중부정률을 해체하는 방식으로 작동하는 논리적 구조를 말이다. 배중률은 어떤 A도 A이면서 동시에 $\sim A$(not A)인 그런 A는 없다고 말하고, 이중부정률은 모든 A에 있어서 $\sim(\sim A)$(A가 아닌 것이 아님)은 다름 아닌 A와 같다고 말한다. 불이적 사유는 이 둘을 위배하는 것을 허용한다. 프로토게네스의 절단선을 무효화함(배중률의 해체)으로써 이 절단선에 의한 구분을 불가능하게 하고, 이 불가능성에 의해 창조되는 비식별의 영역을 잔여의 시공간으로 만든다. 그런데 이 잔여의 시공간은 단지 양 영역에 걸쳐있다는 의미에서의 잔여가 아니라 동일한 시공간의 질적 변용(이중부정률의 해체)이라는 의미에서 잔여다.

이 잔여는 신학적 측면에서 볼 때 메시아적 시공간이다. 메시아적

---

20) 조르조 아감벤/강승훈 옮김, 『남겨진 시간: 로마인들에게 보낸 편지에 관한 강의』(서울: 코나투스, 2008), 89.

시공간은 '~이 아닌 것처럼'(고전 7:29-32 참조)이 작동하는 비식별의 영역으로서 현세의 시간, 말하자면 크로노스의 시간을 의미화 하여 카이로스의 시간이 진입해 들어와 질적 변용이 일어나는, 종말이 전혀 아니라 오히려 종말에 앞선 시공간, 크로노스의 내부에서 형성된 反크로노스의 영역, 따라서 내부를 포섭하는 외부, 그러한 뜻에서의 잔여이다.

분할의 분할, 또는 잔여의 공간은 저 광화문 광장을 가로지른 차벽이 결정하는 절단면을 절단한다. 불이적 종교해방신학의 견지에서 볼 때 이 차벽은 하나의 가상이다. 그럼에도 불구하고 차벽을 형성한 공권력과 이 차벽에 의해 폭도라는 누명을 쓰고 배제되며 외부에 놓이는 시민들은 이 가상의 차벽으로 인해 자신들의 정체성을 확인하고자 시도한다. 그러나 이것은 양쪽 모두에게 기만이자 위선이다. 불이적 종교해방신학에서는 차벽이 형성하는 내부와 외부가 그 어떤 정체성도 규정할 수 없다. 차벽은 이 신학에 의해 절단되기 시작한다. 메시아적 시·공간이 차벽을 넘나들며 잔여의 시·공간으로 형성되기 시작하고, 이에 따라 차벽은 무효화된다. 차벽 앞에서 차벽의 무효화를 진정으로 생각하기 시작할 때, 단지 그 물리적 무력화가 아니라 그것이 강제하는 의미화 작용 자체를 무효화하기 시작할 때, 우리는 비로소 메시아적 시·공간의 현현을 체험하게 된다.

따라서 우리는 잔여의 시·공간이 가져오는 전혀 새로운 활로를 모색해야 한다. 그리고 이 활로는 여전히 차벽 외부에서 폭도로 내몰린 민중들에게서 시작된다. 그들이 가진 종교성의 불이적 성격, 다시 말해 그 어떤 경계면이건 가로지르는 역량이 그들의 존재 자체이기 때문이다. 민중은 단지 계급의 한 층위가 아니라 계급과 계급 사이를 가로질러 형성된 장벽을 걷어치울 유일한 희망이다.

2) 광화문 광장에 선 주체들: 우리의 주체는 경계선의 내부에 있는 외부이자 외부에 있는 내부이다

광화문 광장에는 두 부류의 '동일한' 주체들이 있다. 이 주체들은 차벽을 형성하는 권력에 의해, 그리고 차벽 자체의 효력에 의해 잠재적 폭도인 시민들과 이들을 방어하는 현실적 공권력인 전경들로 구분된다. 그리하여 광화문 광장에 서 보라. 차벽의 현실성이 실감나면 날수록 시민들은 점차 폭도로 규정됨으로써 공권력이 설정한 잠재성이 현실화되기 시작하고, 전경들은 공권력의 전위대로 급부상하게 된다.

그러나 차벽이 아펠레스의 절단에 의해 무효화되고 메시아적 시공간에 놓이게 됨에 따라 이 두 주체들 또한 허상임이 드러나게 된다. 공권력에 의해 법의 내부(법의 수호자)와 외부(범법자)로, 그리하여 차별과 배제를 통해 우열이 가려지던 두 주체들의 사실적 동일성이 드러나게 된다. 다시 말해, 전경들은 공권력 자체가 전혀 아닐 뿐만 아니라, 시민들 또한 폭도나 범법자가 전혀 아니다. 그들은 차벽이 의미화 하는 가상의 설정에 따라 허구적으로 구별된 주체들일 뿐 메시아적 시공간에서 여실히 드러나는 실존에 있어서는 모두 불이적 실존으로서 메시아적 시공간을 창출할 "남겨진 자들"(롬 11:5)이다. 아감벤에 의하면 차벽 외부에 놓여 배제된 이들은 반드시 차벽 내부의 효력이 미치지 않는 형태로 배제라는 관계를 유지한다는 점에서 여전히 차벽 내부의 효력 안쪽에 있다. 따라서 배제는 언제나 '포섭되는 배제'다. 차벽의 외부는 언제나 차벽 내부에 있는 외부인 것이다. 이와 마찬가지로 차벽 내부는 언제나 차벽 외부에 있는 내부라고 할 수 있다. 시민들의 주체성이 설정되지 않고서는 전경들의 주체성이 설정될 수 없다는 점에서 그렇다. 따라서 불이적 종교해방신학의 견지에 있어서 차벽은 주체들에 의해 그 경계를 식별할 수 없게 됨으로써 효력이 정지된다.

남겨진 자들, 또는 포섭되는 배제로서의 주체는 이 효력정지를 통해 메시아적 시·공간을 창조한다. 우리가 의식적으로 인식해야할 지점이 바로 여기다. 남겨진 자들은 보편적 진리에 기대어 출현하는 것이 아니라 보편적 진리의 허구성을 폭로하고 해체함으로써 출현한다. 진리는 언제나 이중부정의 변증법이라는 자기부정의 형식을 통해서만 드러난 다는 점에서 비진리의 영역에 머물러 있다. 따라서 전경과 시민의 대치는 시민이 가진 보편적 진리의 현시를 통해서 극복되는 것이 아니라, 이 대치를 가능케 한 허구적 보편을 해체함으로써 극복된다. 쉽게 말해서, 전경은 공권력의 전위대가 아니라 시민이며, 이에 따라 우리의 시민적 주체 지형도를 다시 그려야 하는 것이다. 이러한 의미에서, 우리의 주체는 경계선의 내부에 있는 외부이자 외부에 있는 내부이다. 이 주체는 아펠레스의 절단 자체이다.

그러나 이 절단의 칼자루는 내부에 있는 외부가 아니라 외부에 있는 내부의 손에 쥐어져 있다. '내부에 있는 외부'라는 개념은 포섭이 언제나 '배제된 포섭'이라는 사실에 의해 뒷받침된다. 포섭되는 대상들은 때로는 명시적으로 때로는 암묵적으로 정해진 유효기간이 있다. 언제든지 외부로 밀려날 수 있는 그들에게 내부란 잠재하는 외부 이상도 이하도 아니다. 그럼에도 불구하고 이들은 경계선의 효력을 정지시키는 역량을 발휘하기 어렵다. 그들에겐 외부가 잠재하는 것이고 내부가 현실인 것으로 느껴지기 때문이다. 내부가 주는 잠정적 안정감은 외부가 주는 불안감을 외면하도록 하는 아편 역할을 한다. 따라서 인간에게 주어진 최악의 아편은 종교라기보다는 권력의 내부가 제공하는 잠정적 안정감이다. 이 잠정성이 안정감의 상실을 그림자처럼 드리우고 있는 것이며, 이 상실이 잠재적이면 잠재적인 만큼 안정감을 향한 열망을 증폭시킨다. 이러한 증폭이 내부에 있는 외부에겐 경계선을 가로지를 수 없는 무력함으로 나타나는 것이다.

반면 '외부에 있는 내부'는 내부의 안정감이 자신에겐 효력 정지되어 있다는 사실에 의해 내부에 강력하게 구속되어 있다. 이 구속의 다른 이름은 앞서 밝힌 바대로 '포섭되는 배제'로서 이러한 구속에 묶인 주체야말로 메시아적 시·공간을 창출하는 주체일 수 있다. 이들에겐 불안과 좌절이 현실이며, 이 현실감이 증폭되면 증폭되는 만큼 저 경계선 너머 내부의 안정감이 자신들의 불안과 좌절을 먹고 산다는 사실을 뼈저리게 느낀다. 여기서 관건은 이들에게 목소리가 주어지는가의 여부인데, 이들에게서 민중의 종교성을 발견하는 불이적 종교해방신학은 이들에게 주체적 목소리가 잠재하고 있음을 주장한다. 따라서 이들에게 목소리가 주어지는 것이 아니라 이들 스스로가 목소리를 낸다. 메시아적 시공간 속에서는 차벽 외부에 놓인 법적 객체들이 이 법과 이 법의 경계인 차벽을 동시에 가로질러 그 효력을 다시 한 번 정지시키는 주체로 전화한다. 첫 번째 효력 정지에서는 포섭되는 배제였던 존재들이 메시아적 시공간을 창출하고서는 두 번째 효력 정지를 만들어내며 남겨진 자들로서 불이적 잔여의 주체로 선다. 이로 인해 광화문 광장에 선 주체들, 내부에 있는 외부와 외부에 있는 내부는 종말에 앞서는 메시아적 시공간의 광장에서 화해할 수 있으리라. 이 화해의 순간까지 차벽 외부에 선 민중은 아펠레스의 절단을 불러일으킬 칼자루를 벼리어야 한다.

3) 2015년, 세월호 이후의 대한민국: 우리는 지금 강제수용소에 있다.

푸코(Michel Foucault, 1926-1984)는 신체를 효율성의 원리에 따라 세밀하게 규정하고 통제하는 자본주의 세계를 하나의 감옥에 비유하고 있지만, 아감벤은 이 문명 세계가 감옥보다는 강제수용소에 더 가깝다고 주장한다. 강제수용소는 경계선과 주체 모두가 비식별의 영역, 또는 회색지대를 갖는다는 점에서 불이적 종교해방신학의 견지에도 잘 맞는다고 할 수 있다. 이 회색지대에서는 배제되는 포섭과 포섭되는 배제, 외부에 있는 내부와 외부에 있는 내부가 공존하며 메시아적 시·공간을 견인한다.

강제수용소 아우슈비츠의 '특수작업반'은 배제되는 포섭의 매우 좋은 예인데, "그들의 임무는 벌거벗긴 수인들을 가스실로 이끌고 가서 죽음을 맞게 하고 그들 사이의 질서를 유지하게 하는 것이었다."[21] 논자는 차벽 너머의 전경들에게서 특수작업반의 가혹한 현실을 본다. 공권력이 설정한 가상의 경계 내부에서 가상의 주체를 체험하며 서로의 욕망과 희망을 추구하는 한, 우리가 처한 현실은 강제수용소다. 광화문 광장에 선 세월호 유가족들을 통제하고 감시하며, 왜곡하고 유린하는 이들은 때로는 전경, 때로는 기자, 때로는 어용 시민단체로 나타나며 특수작업반의 역할을 하고 있는 또 다른 시민들이기 때문이다.

아우슈비츠의 '무젤만'은 포섭되는 배제의 예이다. 극도의 영양부족으로 웅크린 채 엎드려 온 몸을 흔들어대는 것이 기도를 하고 있는 이슬람교도와 같다고 하여 붙여진 이름 '무젤만'은 수용소에 감금되어 있는

---

21) 조르조 아감벤/정문영 옮김,『아우슈비츠의 남은 자들: 문서고와 증인』(서울: 새물결, 2012), 34.

유대인들에게나 이들을 가두고 있는 독일 기독교인들 모두에게 회피의 대상이었다. 그들은 살았으나 죽은 자처럼 취급되는 존재들, 그럼에도 다른 존재들은 물론이려니와 스스로를 자각할 능력마저 상실하였기에 스스로에 대해 증언할 목소리를 가지고 있지 못한 자들이다. 논자는 차벽 이쪽의 시민들에게서 무젤만의 참담한 현실을 본다. 공권력이 설정한 가상의 경계 밖에서 가상의 객체를 체험하며 욕망이 거세되고 절망을 일상적인 양 경험하는 한, 우리가 처한 현실은 강제수용소다. 전경들과 대치하며 광화문 광장에 선 세월호 유가족들은 차벽 외부에서 스스로의 목소리를 낼 수 없도록 차단당한 무젤만인 것이다.

이러한 전망 속에서 불이적 종교해방신학이 제시하는 희망으로서 민중의 종교성을 다시 생각하게 된다. 제도 종교로는 더 이상 담아낼 수 없는 민중의 종교성이 수용소의 철조망 안에서 매 순간마다 새롭게 설정되고 있는 단조로운 경계면들(또는 차벽들)을 가로지를 수 있는 메시아성이 됨으로써 결국 강제수용소의 철조망마저 허물 수 있으리라는 꿈은 더 이상 꿈을 꾸지 않고 절망을 예언하고 있는 젊은이들의 시대에 민망스럽게도 눈치 없는 꿈을 꾸는 기성세대 종교인의 공허한 설교로 끝나고 말 것인가. 그러나 도처에 수문이 있다. 도처에 잠재성이 있다. 오늘의 카타르게시스(*katargesis*), 효력정지는 메시아적 에네르게이아(*energeia*), 실현인 것이다.

참고문헌

박일준. "일아 변선환의 생애와 사상."『한국신학의 선구자들』. 김성수 외. 서울: 너의오월, 2014.

변선환. "칼 라너의 익명의 기독교."『변선환 전집6: 현대 신학과 문학』. 변선환아키브 편. 서울: 한국신학연구소, 1999.

_____. "만국 종교 대회와 지구윤리."『변선환 전집7: 현대문명과 기독교 신앙』. 변선환아키브 편. 서울: 한국신학연구소, 1999.

_____. "감리교신학과 교리 – 21세기를 향한 웨슬리 신학."『변선환 전집4: 요한 웨슬리 신학과 선교』. 변선환아키브 편. 서울: 한국신학연구소, 1998.

_____. "웨슬리 신학의 현대적 의미."『변선환 전집4: 요한 웨슬리 신학과 선교』. 변선환아키브 편. 서울: 한국신학연구소, 1998.

_____. "웨슬리와 민중."『변선환 전집4: 요한 웨슬리 신학과 선교』. 변선환아키브 편. 서울: 한국신학연구소, 1998.

_____. "불교와 기독교의 대화."『변선환 전집2: 불교와 기독교의 만남』. 변선환아키브 편. 서울: 한국신학연구소, 1997.

_____. "신학의 과제로서의 한국 종교."『변선환 전집3: 한국적 신학의 모색』. 변선환아키브 편. 서울: 한국신학연구소, 1997.

_____. "한국 개신교의 토착화: 과거, 현재, 미래."『변선환 전집3: 한국적 신학의 모색』. 변선환아키브 편. 서울: 한국신학연구소, 1997.

_____. "종교 간의 대화 백년과 전망 – 세계종교대회를 중심하여서."『변선환 전집1: 종교간 대화와 아시아 신학』. 변선환아키브 편. 서울: 한국신학연구소, 1996.

_____. "토착화신학의 미래."「감신대학보」 87 (1988.2): 1.

신익상.『변선환 신학 연구』. 서울: 모시는사람들, 2012.

이기영.『元曉思想硏究』, Ⅰ. 서울: 한국불교연구원, 1994.

이한영. "감리교 토착화 신학의 흐름과 전망 - 윤성범, 변선환, 이정배를 중심으로."『제3세대 토착화 신학』. 변선환아키브·동서신학연구소 편. 서울: 모시는 사람들, 2010.

조르조 아감벤/정문영 옮김.『아우슈비츠의 남은 자들: 문서고와 증인』. 서울: 새물결, 2012.

_____/강승훈 옮김.『남겨진 시간: 로마인들에게 보낸 편지에 관한 강의』. 서울: 코나투스, 2008.

세월호 그 이후, 이야기 신학
: 변선환의 이야기 신학 열기

김 정 숙

(감리교신학대학)

"모든 위대한 이야기꾼은 마치 사다리를 위아래로 오르내리는 것처럼 그들의 경험을 자유자재로 이야기할 수 있다. 이 사다리는 아래로는 지구의 내부에까지 이르고, 또 위로는 구름 속으로 사라지는 모습으로 집단적 경험을 보여준다. 이 모든 집단적 경험에는 가장 사소하거나 가장 충격적인 개인적 경험이 망라된다."[1] (발터 벤야민, 이야기꾼)

글을 열며: 혁규 이야기

모든 것이 우연이었다. 아빠와 혁규는 왜 하필 그 때 그 시간 그 배를 탔을까? 이것저것 생각하며 망설이다 내린 아빠의 결정에 따라 혁규는

---

[1] Walter Benjamin, "The Storyteller" *Illuminations*, (New York: Schocken Books, 1968), 102. 번역은 http://www.changuptoday.co.kr/news/articleView.html?idxno=8374에서 가져옴.

그 날 그 시간 그 배를 타게 되었다. 엄마에겐 빨리 갔다 오겠다고 인사하고 아빠 따라 나선 제주도 여행길, 처음 타보는 배도 좋았지만 사실 혁규는 대부분의 또래 아이들이 그렇듯이 배보다는 비행기가 더 좋았다. 그러나 5살짜리 어린아이의 요청이 실현될 수 있는 범위가 얼마나 되겠는가. 비행기를 타자고 졸랐지만 배보다 비싼 여비에 비행기는 다음에 타자는 엄마의 약속을 받고 혁규는 아빠와 함께 제주도로 가는 배 세월호에 올랐다. 수학여행 떠나는 언니 오빠들, 신혼여행 가는 사람들, 이곳저곳에서 죽음을 향해 모여든 수많은 사람들, 그들도 혁규나 아빠처럼 아무것도 모른 채 참으로 불의한 배, 탐욕이 과적된 배, 죽음의 배에 승선했고 그렇게 그들은 자신들의 선택과는 상관없이 제주도가 아닌 죽음으로 향했다. 그렇게 진주 바다 속으로 잠기고 너무도 일찍 원통하게 주검이 된 사람들, 그래도 그들 중 대부분의 사람들은 가족의 품으로 돌아갔지만 혁규와 아빠는 여전히 바다 안에 있다. 혁규는 뭍으로 가고 싶고 엄마 품에 안기고 싶다.

도스토옙스키의 이반과 카뮈의 리외가 신을 향해 항거하는 근본적인 문제는 '어린아이의 고통과 죽음'이다. 죄 없는 무구한 어린아이가 고통 속에서 죽어가는 실상은 사람들이 겪는 모든 부당한 고난의 정점으로서 그 어떤 이유로도 용납될 수도 없기 때문이다. 극한의 고통 속에서 몸부림치며 죽어가는 어린이를 그저 바라볼 수밖에 없는 현실에 대해 그 어떤 의미나 가치가 부여될 수 있으며 그 어떤 방법으로 보상될 수 있을까? 이성으로서도 이해할 수 없고 의지로도 극복할 수 없는 슬픔과 분노로 이반과 리외는 주변을 둘러보다 마침내 하늘을 향한다. 분출구를 찾던 의분이 마침내 신을 향해 봇물처럼 쏟아진다. 이반과 리외가 항변하고 부인하는 것은 신의 존재가 아니다. 그들이 저항하고 거부하는 것은 불의와 악이 득세하고 무의미하며 무가치한 고통과 비극으로 가득한 불합리하며 부조리한 세계이며 그와 같은 세계를 허용한 신이다.[2] 이반과 리외의 저항은 신이 만들어 자신의 피조물인 인간에게 허락한 세계, 이해할 수도 용납할 수도 없는 불의하고 불합리한 세계, 그럼에도 불구하고 그 세계를 살아내야만 하는 인간의 부조리한 삶과 운명에 대한 항변이다.

대한민국 국민들에게 엄청난 트라우마와 집단 우울증을 안겨준 4·16. 세월호 침몰 사태는 발생한지 1년하고도 수개월이 지났건만 여전히 베일에 싸인 것처럼 사태의 진실은 묘연하기만 하다. 거대한 선박이 바다 속으로 침몰하면서 수학 여행길에 올랐던 한 고등학교 2학년 250여 명 학생들이 그대로 배와 함께 바다 속에 잠겼다. 그렇게 330여 명의 생명이 깊은 바다에 수장되어 주검이 된 그 날의 사건은 돌이킬 수 없는 역사적 재앙이 되었으나 여전히 사태에 대한 명백한 해명도 책임지는 사람들 역시 없다. 거대한 선박이 왜 갑자기 침몰했는지, 인적 물적 장비를 가지고 있는 정부는 왜 단 한명도 구조하지 않았는지에 대해 이 나라의 국민들은 지금까지 납득할 수 있는 그 어떤 설명도 들은 바가 없다. 다하지 못한 삶의 이야기가 강제로 종결되고 안타까운 생명들을 어이없게 탈취 당했는데, 더욱이 아직도 9명의 사람들이 진도 바다 속을 떠도는데 세상은 아무 일 없었던 양 일상이 반복된다. 진도 바다 한가운데서 아직도 가족의 품으로 돌아오지 못하는 9명의 실종자 가운데는 2명의 여고생과 5-6살 정도로 보이는 어린아이도 한 명이 있다. 그 어린이의 이름이 권혁규다. 혁규는 여전히 진도 바다 한가운데 있으며 엄마 품으로 돌아오지 못하고 있다. 어린 혁규의 5년 남짓한 삶이 종결된 그 날의

---

2) 변선환, 「만일 신이 존재하지 않는다면」, 『변선환전집5』, 한국신학연구소, 1998. 279.

죽음에 대해 그리고 여전히 바다 속을 떠돌며 안식하지 못한 어린 주검에 대해 이반과 리외의 고뇌어린 항변이 주변을 향하고 하늘을 향한다.

세월호 침몰 사태의 원인과 결과를 신에게 묻는 것은 아니다. 다시 말해 이반과 리외의 항변이 세월호 침몰 사태와 같은 비극이 인재(人災)가 아닌 천재(天災)라는 의미에서 신을 향한 것은 결코 아니다. 더욱이 무능한 정부와 무책임한 관료주의, 생명보다 이익이 우선된 정관유착의 부패하고 타락한 대한민국의 기업과 사회에 면죄부를 주려는 의도 또한 아니다. 침몰한 세월호를 인양하고 진상을 낱낱이 규명하여 책임소재를 밝혀서 먼저 떠난 자, 남겨진 자들의 한을 풀어야 하며 다시는 이와 같은 비극이 이 땅에서 발생하지 않도록 해야 한다. 여기서 하늘을 향한 이반과 리외의 항변은 국민의 생명을 보호하고 구조해야 할 국가로부터 배신당하고 버림받은 사람들, 구조를 요청하고 살려 달라 애걸해도 외면당한 사람들, 우연이라는 폭력에 의해서 송두리째 삶을 빼앗긴 사람들, 그래서 하나님 외에는 호소할 곳도 도움을 청할 곳도 없는 이들이 하늘을 향해 외치는 호소와 절망의 탄식이다.

5살 혁규의 삶이 바닷물이 차오르는 고통 속에서 주검이 되어 여전히 바다 속을 떠돌며 세월호의 비극은 그대로 정지되어 있는데 사람들은 더 이상 세월호의 이야기를 들으려 하지도 말하려하지도 않는다. 죄 없는 어린 아이가 아직도 엄마에게 돌아오지 못하고 있는데 이 나라 정부는 침묵을 강요하고 별반 해결하려는 움직임을 보이지 않는다. 그래서 이렇게 참담하고 불의한 현실에 대해 도스토옙스키와 카뮈는 이반과 리외를 통해 불의하고 부조리한 세계와 그 속에서 고통당하는 인간의 비극적 실존과 운명과 그리고 신에 대해 질문을 제기한다. 그리고 하나님의 말씀을 선포하는 이 땅의 목회자에게 그리고 신학자에게 세월호 참사의 비극에 대해 신학적 질문을 제기한다. 말할 수 없는 것에 대해, 때로 말해져야만 할 것들에 대해 반드시 말해야 하고 선포해야 하는 운명을 지닌 이 땅의 목회자와 신학자에게 리쾨르와 이반이 질문하고 응답을 촉구한다.

이 글은 "세월호 그 이후, 이야기 신학: 변선환의 이야기 신학 열기"라는 주제로, 대한민국의 총체적 변화가 요구되는 세월호 참사 사태를 직면하며 변선환 신학을 통해 신학이 나아갈 방향을 새롭게 배우고자 하는 하나의 시도다. 변선환은 소위 신학의 범주로 분류할 때 "이야기 신학"3)을 전개하는 신학자는 아니다. 그러나 그는 여느 조직 신학자와 달리 문학과 철학과 신학의 경계를 넘나들며 폭넓게 다양한 방법론을 활용하여 강의와 저술을 해왔다. 때로 엄격하게 논리적이며 체계적인 형식을 갖춘 신학을 전개하지만 때로 문학 작품 속의 이야기를 통해 인간의 사랑과 애환, 소외와 불안, 고독과 죄악과 구원 등의 인간 실존의 구체적인 내용들을 소재로 삼아 신학화하는 작업을 시도해왔다. 변선환은 도스토옙스키와 베르쟈예프, 사무엘 베케트, 엔도 슈사쿠의 작품 등, 특별히 실존주의적 문학과 철학 작품들이 다루고 있는 구체적인 인간의 삶과 죽음 그리고 인간과 신에 관한 이야기를 통해 전통적인 신학이 배제해버린 힘없는 인간들의 이야기, 야만적 힘에 의해 감추어지고 무가치한 것으로 걸러진 이야기를 신학의 주제와 내용으로 다룬다.

따라서 이 글은 변선환의 신학을 이야기 신학으로 새롭게 조명하고자 한다. 여기서 관심하는 이야기는 어린아이의 고난으로 절정을 이루

---

3) 이야기 신학은 전승되어 온 사건들이 해석되었던 성서의 이야기에 우위성을 둔 후기자유주의 신학(postliberal theology), 혹은 예일 학파로 알려진 학파로서 주요 학자로는 한스 프라이(Hans Frei)와, 조지 린드벡(George Lindbeck`s Postliberal Theory) 등이 있다.

는 힘없는 자들의 고난의 이야기이며 불의하고 부조리한 세계에서 당하는 억울한 이야기로 말할 곳 들어줄 곳 없어 하늘을 향한 이야기다. 그래서 한숨과 탄식으로 하나님께 호소하는 이야기며 절망과 분노 속에 오직 하나님께만 쏟아 놓을 수 있는 이야기이기에 하나님만이 그 모든 것을 기억하고 알고 있는 이야기, 그래서 다른 이야기며 두려운 이야기고 전복의 이야기며 그래서 신학 이야기라 말한다. 변선환의 신학을 이야기 신학으로 조명하고 열기 위해, 먼저 변선환 자신의 저술에서 다룬 실존주의적 문학작품과 철학 작품에서 제기하는 부조리한 세계 그리고 인간과 신의 관한 질문에 대해, 실존주의가 묻고 변선환이 답하다라는 이야기로 다룰 것이다. 그리고 변선환이 이야기하는 민중 이야기 예수이야기를 하다로 글을 전개한 후, 마지막 부분에서는 아직 끝나지 않은 이야기 변선환과 세월호를 이야기하자라는 각각의 주제로 이야기를 엮어나가고자 한다.

I. 변선환이 여는 다른 이야기

본 글에서 지시하는 '이야기'란 형이상학적인 철학이나 전통적인 신학의 잘 짜인 이론을 의미하지 않는다. 더욱이 여기서의 '이야기'가 이데올로기로서의 담론이나 목적론적 역사관의 틀을 채우기 위해 선택된 개관적인 사료로서의 이야기 또한 아니다. 오히려 이 글에서 관심하는 이야기는 역사가들의 선택에서 무가치한 것으로 걸러진 이름 없는 사람들의 이야기, 논리적 합리성과 보편적 객관성의 잣대에서 빗겨나간 부조리한 이야기, 권력과 권위에 억눌린 주변으로 밀려난 이야기들이다.

그래서 발터 베냐민이 말하는 이야기꾼들이 사다리를 오르내리듯 자유 자재로 풀어놓는 다양하고 다채로운 이야기 때로 충격적이고 기막힌 경험의 이야기들이 포함된다.

그래서 변선환의 이야기신학 새로 열기에서 관심하는 이야기들은 침묵을 강요당한 가슴에 묻어둔 이야기, 기억이 조작되고 망각을 강요하는 이야기, 은폐되고 감추어져 역사의 이면으로 사라져가는 이야기, 필연에 의해 제거당한 우연의 이야기, 주변을 향해 호소하다 외면당한 이야기 그래서 하늘 향해 쏟아 놓는 이야기들이다. 때문에 오직 하나님 께만 탄식하며 항변할 수 있는 이야기며 그렇기에 하나님이 들으시는 이야기이며, 그래서 하나님께서 그 모든 것을 세세히 아시는 이야기다. 그 이야기는 아직도 진주바다를 떠도는 혁규 이야기이며, 330여 명의 생명과 함께 잠겨버린 500여 일된 세월호의 이야기이고, 돌아가신지 20년이 지나도록 해결되지 않는 변선환의 이야기다. 그래서 맘몬이 지배하는 부조리한 21세기에도 여전히 계속되는 다하지 못한 민중들의 이야기, 하나님이 아시는 이야기, 그래서 신학 이야기다.

이야기에는 구전되는 이야기, 기록된 이야기, 사실에 기초한 이야기 혹은 상상이나 추론에 기초한 이야기 등 다양한 형식과 종류의 이야기 가 있으나 어떤 형식으로 표현될지라도 이야기란 "총체적 삶의 자료"로 서 인간이란 어떤 존재이며 세계란 어떤 곳인지를 드러내는 주요한 통 로가 된다.4) 이야기꾼이 전술하는 경험의 이야기가 청중들에게 전달되 고, 청중과 화자 사이에는 매개된 이야기를 통해 과거의 경험이 공유되 고 이야기에 동화됨으로 서로 유대감을 나누게 된다. 비록 논리적으로

---

4) 이 부분은 본인의 박사논문 1장의 앞부분에서 다루고 있는 주제와 내용의 유사함을 밝힌다.

공교하게 체계화된 정체성의 이론이 아닐지라도 이야기꾼과 청중들이 매개된 이야기를 전개하고 공유하고 그 이야기를 반복하는 과정 속에 우리가 누구인지 정체성이 드러나고 공유되며 이야기의 서술 속에 이 세계가 어떤 곳인지 또한 드러나게 되고 알려지게 된다는 의미다. 폴 리쾨르가 지적한 것처럼, 문학형식을 갖춘 소설의 경우도 이야기의 구성에 따라 일련의 사건이 전개되고 복잡한 사건의 정황 한가운데서 인간이 누구인지 세계가 어떤 곳인지가 드러나게 된다.5) 비록 그 형식은 다를지라도 이야기를 통해 드러나는 우리의 정체성은 형이상학적 본질로서 출생 이전에 주어진 고정되고 불변하는 실체 그래서 타자와는 전적으로 구별된 동일성으로서의 정체성이 아니다.

리쾨르가 말한 것처럼, 형이상학적 본질로서의 동일성에 근거해 주어진 정체성은 변화하는 세계 속에서 인간 주체를 불변하는 실체로서의 "무엇"으로 규정하는 반면, 이야기를 통해 드러나는 정체성은 하나의 실체로서 "무엇"이 아닌 살아 숨 쉬는 인격 주체 "누구"라는 의미를 갖는다고 설명한다. 동일성에 근거한 형이상학적 본질로서의 인간의 주체성은 그가 처한 삶의 자리와는 무관한 고정된 주체인 반면, 이야기를 통한 정체성은 계속해서 변화하는 시간과 사건의 연속 속에서 이야기의 전개에 따라 새롭게 드러나고 공유되는 삶의 정황으로서의 세계이며 또한 "누구"라고 하는 '실존적인 주체'라 할 수 있다.

한 번도 주인공이 되지 못한 이름 없는 희생자의 사연, 역사의 이면에 감춰지고 묻힌 사건의 억울한 내용이 다양한 형식의 이야기로 전달되고 공유되고 끊임없이 반복함으로 역사의 이면에 감춰진 이야기가 전복되

---

5)Paul Ricoeur, "Narrative Identity" in *On Paul Ricoeur: Narrative and Interpretation* (London and New York: Routledge, 1991), 195.

어 표면의 역사가 되고 잊혀 사라진 무명의 인물이 역사의 주체로서 드러나게 한다. 목적론적 필연에 의해 무가치한 것으로 분류되어 제거된 '우연'의 사건이 이야기로 열거됨으로 새로운 가치를 주목을 받고 조리와 이치에 부조리로 범주화되어 무의미한 것으로 평가 절하된 이야기가 일상의 가치와 의미를 품은 인간 실존의 이야기로 새롭게 조명된다. 따라서 세월호 이후, 이야기 신학, 변선환을 통해 새롭게 열어나가는 다른 이야기, 전복의 이야기, 이야기 신학은 지금까지 전통과 제도가 금기시한 그러나 인간 실존의 기막힌 이야기들이다. 변선환이 저술을 통해 관심했던 고통과 고난의 이야기, 신과 인간에 관한 실존주의적 이야기, 아시아의 다수의 가난한 사람들의 이야기, 제도적 종교가 재판하고 금기한 이야기, 권력에 의해 조작된 제도권의 이해를 초월해 모두가 함께 연대해야만 하는 생명과 자유와 해방의 이야기, 그래서 하나님이 관심하는 이야기, 신학이야기다. 먼저 문학과 철학적 양식을 통해 제기하는 인간 실존의 이야기와 변선환의 응답을 살펴보겠다.

1) 실존주의적 문학과 철학이 묻고 변선환이 답하다

실존주의적 문학과 철학에 대한 변선환의 관심과 사랑은 지대하다. 변선환의 학문 연구의 범위는 매우 넓고 다양하며 심층적이어서 동·서양의 경계를 넘고 종교와 종교의 진리를 잇대며 이론과 실천을 포괄하면서 자신의 학문을 전개한다. 이렇게 다양한 범주와 단계를 거쳐 전개되는 변선환의 학문 세계를 관통하며 이어가는 중심에는 실존주의, 좀 더 정확히 실존주의적 관심이 있다. 실존주의는 두 차례의 세계대전을 경험한 유럽인이 그동안 자신들이 가지고 있던 인간 이성에 대한 신뢰와 과학 기술 혁명에 의한 진보적 역사관, 신의 선하심과 전능하심에 대한 믿음 등 인간과 신에 대한 신뢰와 도덕적 가치를 상실하고 절망하게 되었을 때 이를 극복하고자 태동했다. 그동안 역사와 전통을 지지해온 가치 체계와 종교적 권위가 무너져 내리고 회의와 불안과 절망이 지배하는 허무의 시대에 이르자 이를 극복하고자 나타났던 철학적 문학적 운동이 실존주의다. "실존은 본질에 앞선다"는 실존주의 철학자 샤르트르의 명제처럼 그동안 철학의 중심이 개체적 실존이 아닌 집단으로서의 체제, 실존이 아닌 본질, 추상적이고 초월적인 형이상학에 있었음을 비판하며 본격적으로 절망과 불안의 세계에 처한 인간의 실존에 관심을 두는 문화적 사상적 흐름이다. 변선환이 전개한 학문 세계의 중심에는 실존주의적 관심, 즉 고통과 절망의 상황, 불의와 부조리한 실존에서 제기되는 구체적이고 실제적인 질문과 이에 대한 응답이 자리하고 있다.

실존주의 문학과 철학 그리고 신학에 이르기까지 다양한 장르와 유형으로 제기되는 인간의 고통과 소외, 불안과 죽음과 비극에 대한 심층적 문제 제기와 이에 대한 반응으로서의 그의 신학적 작업은 인간에 대한 깊은 이해와 사랑을 바탕으로 한다. 때때로 이해할 수도 납득할 수도 없지만 그럼에도 불구하고 삶을 지속해야 하는 인간의 운명과 불의가 지배하는 부조리한 세계 등, 구체적인 인간 실존의 정황과 한계에 대한 변선환의 정직한 성찰과 고뇌는 무신론적 실존주의를 넘어 인간 실존의 한가운데서 만나고 응답하는 신 이해를 추구한다. 그럼으로 변선환은 단순한 무신론뿐만 아니라 불성실하고 피상적인 유신론, 인간의 실존과 무관한 형이상학적 존재 신, 종교권력 위에 세워진 교조적인 신 개념은 기독교의 진리와는 관계없는 것으로 거부한다.

변선환은 실존주의 문학과 철학과 신학을 섭렵하며 인간과 신의 문제를 다양한 양식으로 진솔하게 다룬다. 실존주의의 선구자라 할 수 있는 러시아의 문호 도스토옙스키의 작품들, 베르쟈예프의 작품들, 그리고 프랑스의 실존주의 문학가 카뮈의 작품들은 자신의 신학 세계를 구성하는데 있어 그가 사랑하는 대화의 파트너들이다. 변선환은 자신의 논문들을 통해 도스토옙스키의『카라마조프가의 형제들』의 등장인물들을 분석하고 설명함으로 신 관념의 문제, 악과 고통의 문제, 신정론의 문제를 논한다.『페스트』,『이방인』그리고『시시포스의 신화』와 같은 카뮈의 작품 세계가 제시하는 부조리한 세계, 목적과 의미를 찾을 수 없는 반복되는 일상의 순환, 그 가운데 있는 인간의 운명과 자유 등 역시 변선환이 자신의 신학을 전개하고 발전시키는데 주요한 역할을 하는 주제들이다. 선구적인 실존주의 철학자 키르케고르, 하이데거를 통한 니체와 그리고 칼 야스퍼스 등의 실존주의 철학 또한 그가 아시아 신학, 토착화신학, 종교해방신학 등 자신의 신학적 관심을 확장시키고 구성하는데 있어 핵심적인 역할을 한다. 이는 그가 걸었던 학문의 여정 속에서 자신만의 독특한 신학적 세계들을 이루어 왔지만 그의 근본적인 신학의 모티브와 토대는 구체적인 인간의 실존의 이야기, 특별히 약자들이기에 겪어야 하는 의미 없는 고통과 부당한 희생과 죽음의 이야기, 그리고 그러한 부조리한 생의 한가운데서 요청되는 신, 즉 우리를 위한 신(pro nobis God)에 대한 추구라고 할 수 있다.

이반이 묻고 알료샤가 고뇌 속에 이야기한다. 리외가 묻고 파늘루가 절망 속에 이야기한다. 그리고 저잣거리의 광인이 묻고 초인이 이야기한다. 세월호의 물음에 목사들은 설교로 대답하고 이야기해야만 한다. 작품 속에 등장하는 수많은 인물들의 질문들, 고뇌어린 답변들, 신에게

향하는 인간의 탄식과 고백, 호소와 항변을 변선환이 듣고 이야기한다. 그리고 불의하고 부조리한 세계와 그 속에서 의미 없는 고통과 죽음을 당해야 하는 인간의 실존, 그리고 그와 같은 세계를 만들고 허용한 신에 대한 이야기를 한다, 신학을 이야기한다.

2) 이반의 수첩: 이 세계를 고발합니다

이반 카라마조프의 수첩에는 무수히 많은 이야기가 적혀있다. 이반의 수첩에 특이점이 있다면 그 많은 이야기의 내용이 하나같이 모두 비극적인 이야기라는 점이며, 비극적 이야기 중에서도 모두 죄 없는 어린아이들이 겪은 잔인하고도 슬픈 내용을 담고 있다는 것이다. 변선환은 이반이 "죄 없는 어린이들의 고난에 관심을 가지고 신문이나 이야기나 일화에서 자료를 수집하여 상당한 콜렉션을 만들고 있었다"[6]고 저작을 인용하여 밝힌다. 수첩 속에 기록된 어린아이가 당한 비극적 이야기가 자연재해나 질병과 같은 이야기보다는 주로 인간의 악한 행동이 어린아이에게까지 극도로 잔인하게 학대하거나 살해하는 내용을 담고 있다.[7] 이반은 말하기기를 자신은 본래 "지구 표면에서 핵심까지 침투하고 있는 일반 인간의 눈물"에 대하여 말하고 싶었다고 한다. 그러나 어른이 당하는 고통은 자신들이 저지른 죄와 연관된 고통일 수 있다는 일반적인 생각 때문에, 죄와 무관한 어린이들조차 고통을 당하는 사실에 주목하며 이유와 목적이 없는 고난, 의미 없는 부당한 고통에 대해 문제를 제기한다.

---

6) 변선환, 『만일 신이 존재하지 않는다면』, 280.
7) 앞의 책.

이반은 '죄 없는 어린이의 고난'에서 절정을 이루는 '비극적인 인간의 고난'에 대하여 "신은 도대체 왜 이 같은 부조리한 세계를 창조하였는가"라고 항변하며 독실한 기독교 신자 동생 알료사에게 설명을 요구한다. '인간은 고난을 통해 비로소 성숙해진다', '인간은 고난을 통해 잘못에 대한 대가를 치룰 때 마침내 자유로워진다', '지금 겪는 고난은 장차 받을 보상과 비교할 수 없다', '이 땅에 살면서 겪는 의인의 고난은 천국에 들어갈 수 있는 특권이다.' 이반은 이 같은 소위 '교훈설', '형벌설', '보상설', '조화설'과 같은 질문 이전에 이미 만들어져 제출된 답변,[8] 고뇌 없이 준비된 영혼 없는 답변들을 거부한다. "종말의 날에 의인은 눈물이 씻기고 축복에 들어가고 악인은 불의한 영화를 잃고 지옥의 고통을 받게 된다"는 기독교의 천국과 지옥에 대한 믿음과 보상에 대한 약속도 이반에게는 설득력 있는 정의로운 해답이 되지 못한다.[9] 이반은 한 어린아이의 고난과 죽음이 구체적인 행위와 상황, 고통과 비명과 통곡의 사건 속에서 발생했건만 정작 고통당한 어린아이는 제외되고 신이 대신하는 공적 해결은 참다운 해결, 올바른 보응이 될 수 없다는 주장이다.[10] 한 어린아이가 당한 고통과 죽음은 복수로도 회복시킬 수 없으며, 아이의 어머니라 할지라도 아이를 대신해 용서할 수 없다고 말한다. 어린아이의 흘린 눈물과 고통은 그 누구도 그 어떤 방식으로도 설령 어머니나 신이라 할지라도 대신할 수 없다는 의미다. 이반은 "세계의 인류가 작은 수난자의 보상되지 않는 피 위에 세워진 행복을 즐길 수 있다는 생각을 태연하게 허용할 수 있을까?"라며 알료사에게 묻는다.

---

8) 앞의 책, 281.
9) 앞의 책, 281-282.
10) 앞의 책, 282.

그리고 알료사는 "아니 할 수 없습니다"라고 답한다.

세월호 침몰 사건이 발생한지 나흘째 되는 4월 10일, 대한민국에 있는 대부분의 교회는 부활 주일을 맞아 부활절 예배를 드렸다. 330여 명의 생명을 품은 채 진주 바다 속으로 그대로 가라앉는 세월호를 지켜볼 수밖에 없었던 충격이 여전한 채 이 나라의 기독교인들은 부활절 예배를 드려야만 했다. 이반이 알료샤에게 따지듯 사람들은 하나님의 말씀을 대언하는 목사에게 말없는 항변으로 묻는다. 부활절 주일 말씀을 설교하기 위해 강대상에 선 목사는 무언의 질문과 침묵의 항변에 대답해야만 했다. 언론은 '전원 모두 구조되었다'는 확인되지도 않은 허위 기사를 내보내고, 생명을 구조할 수 있는 인적 물적 자원을 가진 전능한 정부 당국은 국민 구조의 책임을 방기해 버렸고, 바닷물을 몽땅 마셔 버릴 수만 있다면 그렇게 했을 터인데 아무 것도 할 수 없는 자신들이 한스러운 유족들은 주변을 돌아보다 하늘을 향하고 목사를 향한다. 목적도 의미도 이유도 진실도 알 수 없는 우연히 급작스럽게 닥친 재앙, 그로 인해 준비하지 못한 주검과 준비되지 못한 상실, 부조리한 세상과 하나님 부재에 대한 질문은 독실한 기독교 수도사 알료샤에게, 가톨릭 신부 파늘루에게 그리고 세월호 사태의 목격자 이 시대의 개신교 목사들에게도 향한다. "세계의 인류가 작은 수난자의 보상되지 않는 피 위에 세워진 행복을 즐길 수 있다는 생각을 태연하게 허용할 수 있을까?" 이반이 규현이의 죽음에 질문하고 우리들의 이야기를 듣고자 기다린다.

3) 리외의 항변: 부조리한 세계에 저항합니다

변선환은 자신의 논문을 통해 도스토옙스키나 니체의 저작처럼 카뮈의 작품에 지면을 할애하지 않지만 실존주의 대표적인 문학가로서 카뮈가 그의 저작을 통해 제시하는 문제는 기독교 진리의 해석의 이전과 이후로 나누고 있다며 그의 작품의 중요성을 이야기한다.[11] 카뮈 이전의 사람들에게 기독교의 진리가 이해되었던 방식과 카뮈 이후의 오늘의 세대에게 기독교가 해석되는 방법은 매우 다르다는 것을 지적하는 것이다. 그만큼 카뮈가 작품을 통해 제기하는 문제는 기독교의 신학에 있어 간과할 수 없는 핵심적 문제가 된다는 것을 말한다. 카뮈의 주요 작품들 중 부조리의 세계를 대표하는 실존주의 작품은『페스트』,『이방인』,『시지포스의 신화』다.

카뮈의 작품『페스트』에서도 죄 없는 어린아이의 죽음을 둘러싸고 마치『카라마조프가의 형제들』에서 이반과 알료샤가 논쟁을 벌이는 것처럼 의사 리외와 가톨릭 신부 파늘루의 대립이 나온다. 194X년 알제리 해변가에 있는 프랑스의 한 도청소재지 오랑시에 페스트가 퍼졌다. 오랑시를 점령한 페스트로 인해 오랑시 전체는 마치 거대한 감옥처럼 변하고 외부와 차단된 체 그 안에서 죽어가는 사람들을 치료하는 의사 베르나르 리외와 동료들 그리고 가톨릭 신부 판늘루가 있다. 이반이 어린아이의 죽음에 항변하고 저항하는 것처럼 리외는 저항적 입장을 취하는 반면 파늘루 신부는 알료사처럼 기독교의 진리를 대변하는 입장이다.

도스토옙스키의 이반이 어린아이의 고난에 대해 자신의 수첩에 적

---

11) 앞의 책, 224.

어둔 신문 기사나 이야기 그리고 일화에 관한 일반적인 이야기를 했다면, 카뮈의 리외와 판늘루는 페스트에 감염된 어린아이가 고통하며 괴로워하다 마침내 죽어가는 모습을 직접보고 경험한 구체적이고 실제적인 상황에 대하여 이야기한다. 인간이 고통당하는 이유 그래서 페스트로 인해 많은 사람들이 고통을 당하고 죽어가는 이유는 죄 때문이라고 굳게 믿고 설교한 판늘루 신부에게 의사인 리외는 고통의 몸부림 속에서 죽어간 아이를 보며 신부를 향해 "아 적어도 저 아이는 아무 죄가 없어요"라며 거칠게 항변한다. "하지만 우리가 이해할 수 없는 것을 우리는 사랑해야 할지 모릅니다"라며 대응하는 신부를 향해 리외는 저항한다. "아닙니다. 신부님, 저는 사랑에 대해 다른 생각을 가지고 있습니다", "아이들이 고문당하도록 이렇게 창조된 세상은 죽어도 거부하겠습니다."12)

세월호의 침몰을 지켜볼 수밖에 없었던 국민들은 바닷물 속으로 잠겨가는 사람들을 한 시라도 빨리 정부가 나서서 구조를 지시해줄 것을 기대했지만 가장 위급했던 7시간 동안 대통령의 소재를 알 수 없었다. 국민이 위기에 처했던 그 시간, 최고 지도자의 지도력이 가장 절실했던 그 때 이 나라 대통령은 어디에 있었으며 무엇을 했는지 국민들은 묻고 있다. 참사 후 맞은 첫 부활절 예배 성도들은 사람들이 아무 것도 할 수 없었기에 하나님의 도우심이 가장 절실했던 그 순간 하나님은 어디 계셨으며, 아이들의 턱까지 물이 차오르는 두려움에 살려달라고 기도하는 그 순간에 하나님은 무엇을 하고 계셨는지 무언의 항변을 한다. "가난한 학생들이 경주로 수학여행을 안 가고 배를 타고 제주도로 간 것이 잘못이다", "놀러가다 사고가 난 건데 누굴 원망하느냐, 교통사고

---

12)알베르 카뮈,『페스트』, 변광배, 더클래식, 2014. 217-218.

가 빈번하게 나는 것처럼 해상에서도 우연히 사고가 난 것뿐이다", "이 나라 국민들의 죄악에 대해 경고하는 하나님의 뜻이다." 목사의 답변에 일부는 아멘으로 답하고 일부는 침묵하고 리외와 이반과 같은 일부는 저항한다. "아이들이 고문당하도록 이렇게 창조된 세상은 죽어도 거부 하겠습니다."

4) 부조리한 세계, 새로운 진리의 가능성을 이야기하다

죄 없는 어린아이까지 고난당하는 세계와 이 같은 세계를 허용한 신, 힘없는 자가 흘린 희생의 피 위에 세워진 불의한 세상, 무의미하고 부조리한 고통의 실존에 대해 도스토옙스키는 '신의 부재'로 설명하는 가 하면 니체는 '신의 죽음'으로 그리고 하이데거는 '존재 상실'로 설명한 다. 이와 같이 전통적인 신 관념을 부인하는 실존주의자들의 반응을 변선환은 '무신론적 휴머니즘'이라 명명하며 이를 다시 두 유형의 무신 론자로 분류하여 설명한다. 첫 번째 유형은 소위 "전투적인 지성적 무신 론자"이고 두 번째 유형은 "대중적 무신론자"로 나눈다. 전투적인 "지성 적 무신론자"의 대표적 인물로 변선환은 프리드리히 니체와 카뮈 그리 고 도스토옙스키를 예로 들어 설명하며 지성적 무신론자는 무책임한 대중적 무신론자와는 다름을 주장한다. 변선환은 "전투적 지성적 무신 론자들"로서 니체의 "신의 죽음"의 의미,13) 카뮈와 도스토옙스키의 '신 의 부재'의 의미를 통해 그들이 어떻게 부조리한 세계와 운명에 대해 정직하게 대면하며 진지하게 질문하고 치열하게 고뇌하며 저항함으로 단순히 부조리의 피해자가 아닌 자신과 세계의 실존에 대해 주체적 주

---

13) 앞의 책, 222.

인으로서 삶과 죽음과 그 너머까지도 품을 수 있는 가능한 경로가 되는지를 살핀다. 따라서 무신론적 휴머니즘은 부조리한 세계와 운명을 의식함으로 주체적으로 질문을 제기하고 그 극까지 밀고 감으로 비로소 그 한계선상에서 만날 수 있는 새로운 진리의 가능성을 기대하게 한다.

니체는 자신의 저작 *The Gay Science #125*에서 신의 죽음을 선포한다. 니체는 무신론자들이 모여 있는 시장에서 '신이 죽었다'고 외치는 한 광인의 입을 통해 '신의 죽음', "우리가 신을 죽였다"고 선언하고 한다. 변선환은 니체가 '신 죽음', '인간이 신을 살해했다'고 선언했을 때 그가 말하고자 하는 것은 대중적 무신론자로서 단순히 신의 죽음을 말한 것이 아니라고 해명한다. 광인의 입을 통한 니체의 신 죽음의 선언은 당시 "기독교 신이라는 특정한 신의 죽음을 의미했다." 이는 "궁극적 실재에 대한 형이상학적 고찰"이나 이론적 탐구에 의한 증명이라기보다는 오히려 "유럽의 문화가 처한 상황과 그것이 나아갈 바에 대한 진단이자 처방이었다"고 판단된다.[14) 니체가 죽음을 선포한 신은 당시 유럽의 사상과 신앙 그리고 관습적이며 도덕적 가치 체계를 지탱해온 기독교 신으로서, 신의 죽음으로 인해 "신학적 철학적 과학적 신념의 근거가 붕괴되는 것을 의미한다." 따라서 기독교 신의 죽음이라는 사건은 단지 종교적 신념만이 붕괴된 것이 아니라 "우주가 모종의 구조와 질서, 목적을 가지고 있음을 보장하는 존재인 신이 죽어버렸다"는 것을 의미하며 "종교적 믿음 위에 지어진 다른 모든 것들이 그 중심부터 흔들리는 것"을 의미한다. [15) 따라서 니체가 '신 죽음'의 선포를 통해 당시의 사람들에게 긴급하게 촉구했던 것은 모든 "가치의 재평가(a revaluation of

---

footnote
14)키스 안셀 피어슨, 『How to Read 니체』, 웅진 지식하우스, 2005, 53.
15)키스 안셀 피어슨, 『How to Read 니체』, 웅진 지식하우스, 2005, 56.

all values)", 다시 말해 기존 가치의 전복을 원했던 것이다. 16)

변선환에 따르면, 신의 죽음을 선포함으로 니체가 의도한 것은 "성서적 계시의 기독교적인 신을 믿을 수 없다는 것이 아니라, 플라톤과 헤겔과 같은 철학자의 신과 낡은 교리의 신학적 사변이 만든 신"에 대한 거부라는 것이다. 다시 말해 '신'으로 상징되는 서양철학의 존재론적 '유일자'로서 서구 기독교가 창조하고 유럽 대륙을 지배해온 신에 대한 거부로서 "하나님은 우리의 로고스와 원리와 만나는 분이 아니라 파토스와 심정에서 만나 주시는 분"이라고 변선환은 설명한다.17) 이는 파르메니데스가 제기한 존재로부터 시작해서 플라톤과 아퀴나스와 헤겔에서 정점을 이룬 전체주의적이고 통일적 존재로서의 Geist, 존재자들의 총체적 원인과 목적으로서의 신, 존재신론(onto-theology)에 대한 거부를 의미하는 것이다. 총체적 질서와 규범화된 절대로서의 신은 우연적인 것, 부수적인 것, 주변적인 것, 부조리한 것 등은 배제해 버리고 무의미하고 무가치한 것으로 절하한다. 군주의 명령에는 절대적 진리로서 가치가 부가되지만 힘없는 어린아이가 흘리는 고통의 눈물과 죽음은 일말의 재고의 여지가 없는 무가치한 것으로 치부되는 총체적 계층 체제와 그 정점에서 군림하는 최고신에 대한 거부이다. 이는 다시 말해 서양 철학에서의 형이상학적 본질, 실체에 근거해서 철학자가 만든 신 관념에 대한 해체를 선포하는 것이라 설명한다. 따라서 니체의 신 죽음의 선포는 그 동안 유럽을 지배해온 신학적 철학적 문화적 사상과 가치에 대한 전면적 전복을 의미하며 새로운 가치를 창출에 대한 기대를

---

16) Jorg Salaquarda, "Nietzsche and the Judaeo-Christian tradition," in *The Cambridge Companion to Nietzsche*, eds. Bernd Magnus & Kathleen M. Higgins, (Cambridge University Press, 1999), 103.

17) 변선환, 「두 유형의 무신론자」, 『변선환 전집 5』, 226.

담고 있다고 할 수 있다.

카뮈는 자신의 작품『시지포스 신화』에서 그리스 신화의 두 주인공, 신들의 저주로 인해서 비극적 운명의 주인공이 된 시지포스와 오이디푸스의 삶을 이야기한다. 카뮈는 자체 무게로 인해 계속 굴러 내리는 거대한 바위 덩어리를 산꼭대기에 올려놓아야 하는 형벌을 신에게서 받은 시지포스의 운명과18) 신탁에 의해 자신의 아버지를 죽이고 어머니와 결혼해야 하는 저주받은 오이디푸스의 운명을 통해 불행한 인간의 실존을 묘사하며 불합리한 인간의 삶과 부조리한 운명을 고발하며 저항한다.19) 신에 의해 결정지어진 인간 운명의 우연성, 인간의 선택이 배제된 우연한 결과로서 굴레 씌워진 인간의 운명은 시지포스와 오이디푸스의 부조리한 운명처럼 죽음으로만 끝낼 수 있는 고통과 비극을 안겨준다. 카뮈는 신에 의해 독단적으로 개인의 삶이 결정되는 불합리한 인간의 운명에 대해 저항한다.

부조리에 저항하는 카뮈는 변선환이 지적한대로 적극적인 지성적 무신론자의 대표적인 인물이라고 할 수 있다. 카뮈는 시지포스의 저주

---

18) 굴러 내리는 거대한 바위를 산 위 정상에 올려놓아야하는 형벌을 신들로부터 받은 시지 포스, 시지포스는 두 팔로 무거운 바위를 지탱하며 천천히 온 힘을 다해 바위를 밀어 올려 간신히 산 정상 위에 올려놓는다. 땀과 흙으로 범벅이 된 얼굴을 훔치며 안도의 한숨을 돌리기도 전에 거대한 바위는 제 무게를 이기지 못해 다시 산기슭을 따라 굴러 내린다. 죽을 힘을 다해 이제 막 산 정상에 올려놓은 바위가 데굴데굴 구르는 모습을 허탈하게 바라보는 시지포스, 산 밑에 굴러 떨어진 바위를 다시 밀어 올리기 위해 시지포 스는 터덜터덜 무거운 발걸음을 옮겨 산을 내려간다. 밀어 올리면 다시 굴러 떨어지고 다시 밀어 올리면 또 다시 굴러 떨어지는 죽음으로서만 끝낼 수 있는 무한히 반복되는 이 저주받은 운명, 죽음으로서 이 저주받은 운명으로부터 자유로울 것인가, 아니면 삶으 로서 이 무의미한 반복을 계속할 것인가, 그리스 신화 속의 주인공 시지포스의 이야기를 토대로 한 카뮈의 작품이다.

19) 김종우,「오이디푸스를 통해 보는 부조리 인식:『카뮈의 신지포스 신화』읽기의 한 방식」 『한국프랑스학논집 』, 71, (2010), 47.

받은 운명, 오이디푸스의 부조리한 운명으로부터 벗어나기 위한 수단으로서 죽음이 아닌 '의식'을 말한다. 카뮈에게 부조리한 운명으로부터 벗어나는 유일한 길은 부조리를 의식하는 것이다. 다시 말해 "인간의 정신이라는 테두리 밖에서는 부조리가 있을 수 없기에," 인간이 인식하는 한에서만 부조리는 인식 안에 존재하며 세계 안에 존재한다. 그러기에 "부조리 역시 다른 것이나 마찬가지로 죽음과 더불어 끝난다"고 할 수 있으나 "인간은 자신을 소진함으로써 모든 것을 소진할 수 있을 뿐"[20]임을 카뮈는 지적한다. 이는 자신의 존재를 소멸시킴으로서만 부조리를 없앨 수 있다는 의미다. 따라서 "산다는 것은 부조리를 살아있게 만드는 것이다."[21]

카뮈는 죽음을 선택함으로서 무의미한 운명으로부터 벗어난다는 것은 '자신을 소진함으로써 부조리를 소진' 하는 것이기에, 결국은 벗어나고자하는 존재 자체를 무화시켜 버리는 해결은 진정한 해결이 될 수 없다고 본다.[22] 따라서 카뮈는 죽음이 아닌 의식, 다시 말해 인식의 중요성, 의식과 자각을 통한 저항을 주장한다. 인간은 부조리를 의식함으로서만이 주체적으로 행동할 수 있기 때문이다. 부조리한 세계, 불합리한 운명을 자각함으로서 고난의 수동적 피해자, 운명의 한탄자로부터 주체적으로 운명의 주인이 되는 것이며, 결정론적 운명론에 저항하

---

20) 모르방 르베스크, 『Camus: 알베르 카뮈를 찾아서』, 나남출판사, 1998, 103.

21) 앞의 책.

22) 김종우, 「오이디푸스를 통해 보는 부조리 인식: 『카뮈의 신지포스 신화』읽기의 한 방식」, 『한국프랑스학논집 』, 71, (2010), 54. 오이디푸스의 어머니이자 아내인 이오카스테는 아들과 결혼한 비극을 알고 난 후 자살을 선택한다. 여기서 오이디푸스는 이오카스테처럼 손쉬운 자살을 선택하는 대신 운명을 받아들임으로서 신에게 반항하기로 결정했다고 설명한다. "사람들은 자살이 반항을 뒤따를 것이라고 믿을 수 있다. 하지만, 이는 잘못된 것이다. 왜냐하면 자살은 반항의 논리적 귀결을 의미하지 않기 때문이다." 시지포스 신화 재인용.

는 자유자가 되는 것이다. 카뮈는 "멸시를 통해서 극복되지 않는 운명이란 없는 법"이라며, "행복한 시지포스를 상상해 보아야한다"고 조언한다. 23) 부조리를 의식함으로서만이 더 이상 굴레 지워진 운명의 노예가 아니라 저항적 주체로서 운명의 주인이 되는 것이다. 카뮈의 주인공, 시지포스의 항거는 신의 손에 의해 결정되는 인간의 운명을 "인간의 손아귀로 장악하기 위한 노력"이라고 한다.24)

니체처럼 카뮈가 거부하고 저항하는 신은 "초 감성적인 형이상학 세계의 초월적 존재자", 중세가 만든 "아리스토텔레스화한 신"25)이며, 군림하고 지배하는 군주신론적 신 이해로 전지전능한 힘으로 인간의 운명을 마음대로 통제하고 지배하는 신 이해를 의미한다. 노동을 위해 노예로 인간을 창조한 마루둑과 같은 이방신, 자녀의 성장과 성숙을 용납하지 않는 영원한 복종과 의존을 요구하는 가부장적인 신이다. 부조리한 운명과 세계에 대한 의식은 니체가 죽음을 선포한 신 그리고 그 신이 창조하고 유지해온 의미 체계와 가치 체제와는 전혀 새로운 가치와 의미를 추구하게 한다. 저항 주체로서 보는 부조리한 세계는 저주받은 운명의 굴레 속에서 바라보던 세계와는 다르기 때문이다. 인간은 부조리하고 불의한 세계와 운명을 의식함으로서만이 비로소 전복된 세계의 역설의 신, 십자가의 고통과 고난의 신을 만나게 한다.

『페스트』의 의사 리외는 신이 페스트를 통해 인간에게 형벌을 내렸다고 설교한 신부 파늘루에게 어린아이의 무죄함과 페스트의 형벌의 병립불가를 주장하며 항의한다. 카뮈가 고백한 것처럼26) 파늘루 신부

---

23) 모르방 르베스크, 『Camus: 알베르 카뮈를 찾아서』, 105.

24) 김종우, "오이디푸스를 통해 보는 부조리 인식", 11.

25) 변선환, "두 유형의 무신론자", 『변선환 전집 5』, 226.

26) 김종우, "판늘루 신부를 통해 본 알베르 카뮈의 종교관", 「프랑스문화예술연구」, 46.

는 죄 없는 어린아이가 고통 속에서 죽어가는 모습을 목도한 이후에 그동안 보여준 그의 단호한 신앙이 흔들리는 모습을 보인다. 페스트라는 악의 실존과 신에 대한 신앙이라는 모순 속에서 파늘라 신부는 설교를 통해 "형제님들, 때가 왔습니다. 모든 것을 믿거나 모든 것을 부정해야 합니다"[27]며 결단을 촉구한다. 파늘루 신부는 모순임에도 불구하고 신 앞에서 설명할 수 없는 악, 죄 없는 어린아이까지 무차별적으로 공격하는 페스트의 공포에 직면하여 신에 대한 무조건적인 신앙을 가질 것인지 아니면 모순 앞에 신을 거부할 것인지 양자택일의 결단을 촉구한다. 모든 것을 믿거나 모든 것을 부정하거나, 양자택일의 선택 가운데 자신은 모든 것을 믿는 쪽, 즉 이해할 수 없는 악의 실존 속에서도 신을 사랑하고 신을 의지하는 것을 택한다고 고백한다.

의사 리외의 선택은 파늘루 신부와는 달랐다. 리외에게 모든 것을 믿는다는 것은 불의와 악을 받아들인다는 것이며 부조리를 용납한다는 것을 의미하는 것이기 때문이다. 리외는 자신에게 중요한 것은 죽어가는 사람들의 구원과 내세의 영생이 아니라, 현재 고통당하고 죽어가는 그들의 건강이라고 말한다. 그리고 자신이 할 수 있는 그들의 건강을 위해 치료에 최선을 다한다는 것이다. 신부 파늘루와 의사 리외의 선택은 비록 서로 달랐지만, 어린아이의 죽음 이후 두 사람이 공유한 한 가지 점은 바로 '사람들 사이의 연대'이다. 비록 파늘라 신부가 부조리에도 불구하고 전적으로 신을 믿는다고 하며 의사의 치료도 거부했지만, 그에게 나타난 한 가지 변화는 부조리한 인간의 고난 속에서 신의 사랑으로 어려움에 빠진 사람들과 연대하는 것이었다. 이에 대해 "페스트가

(2013) p. 45. 카뮈는 "인간의 고통을 앞에 두고 신앙이 흔들리는 사제의 이야기를 하려했다"고 고백한다.

27) 알베르 카뮈/변광배, 『페스트』, 더클래식, 2014, 226.

초월적 존재자를 전제로하는 관념적인 것이 아니라 인간 조건의 구체적인 산물임을", "페스트라는 인간 조건이 신의 징벌이 아니라 부조리한 인간 조건의 일부임을 인식"했기 때문이라고 설명한다.[28] 변화된 파늘루 신부는 청중을 향해 이전에 사용하던 "여러분"이란 칭호를 버리고 "우리들"이라는 칭호를 사용하며 청중과 연대하는 가운데서 하나님의 말씀을 나눴다. 비록 신앙에 있어서는 서로 달랐지만 이해할 수 없는 악과 부조리의 실존 한가운데서 신부 파늘루와 의사 리외는 페스트로 고통당하는 사람들과 함께 연대하면서 그들의 믿음과 신념을 나눴다.

변선환은 대중적 무신론자와는 달리 니체나 카뮈나 도스토옙스키와 같은 "전투적인 지성적 무신론자"는 기독교가 경계하며 대적해야 할 적이 아니라고 말한다. "무종교 시대의 종교 불감증에 걸린" 세속적이며 대중적인 무신론자, 종교인의 도구적 이성과 세속적 욕망이 만들어 낸 도깨비 방망이와 같은 신을 섬기는 피상적 유신론자와는 달리 소위 적극적 지성적 무신론자들은 니체의 광인처럼 진정으로 신을 갈구하는 자라는 것이다. 또한 야스퍼스의 말을 빌려 "니체의 기독교에 대한 공격이 공격을 위한 공격이 아니라, 기독교에 대한 준엄한 요청과 현실과의 사이가 너무나도 크고 넓기 때문에 생긴 그의 불만"[29]이라고 니체의 의도를 설명한다. 니체의 광인이 선포하는 하나님의 죽음은 단순한 신의 존재에 대한 부정이 아니며 살아계신 하나님을 찾는 갈급함이며 신을 향한 인간의 열정임을 지적한다. 불란서 가톨릭 실존주의 작가 베르나너스를 인용하여 "신이 버리는 인간은 신께 반역하며 신음하는 인간이 아니라 신을 막연히 형식적으로 믿는 이"라고 말하며 그들의 고뇌에

---

28) 김종우, "판늘루 신부를 통해 본 알베르 카뮈의 종교관", 47.
29) 변선환, 「두 유형의 무신론자」, 『변선환 전집 5』, 227.

대해 "성실하고 진지하게 고민하며 신과 싸우고 그의 옷깃을 놓지 않는 것"이라 표현하고 있다.

도스토옙스키의 이반 역시 신에 대한 저항은 "'자아절대주의'나 '권력 의지'으로부터가 아닌 '신을 절대적으로 확인하려는 강렬한 욕구'에서부터 생겨난 것"[30]이라고 해명한다. 그가 부인한 것은 신의 존재가 아니며 하나님의 피조물인 이 세계에 신의 정의가 절대적으로 실현되는 것을 진심으로 원했기 때문이라고 설명하며, "이반의 신과 불의한 세계에 대한 부정은 신과 정의에 대한 가장 강렬한 갈망과 표리 일체"가 된다고 설명한다.[31] 때문에 변선환은 이반과 같은 휴머니즘적인 신앙은 오히려 "뜨뜻미지근한 신앙보다는 참 신앙에 더욱 가깝다"고 평한다.[32] 신의 문제로 평생 고민했던 도스토옙스키는 자신의 저작들의 모든 주제는 '신'이었으며 신의 정의의 문제와 인간 사랑의 문제를 다루고 있음을 지적한다. "기독교도들의 초월적인 욕망은 '더 이상의 물음은 없고, 오직 영원한 대답과 주석만이 있는'는 곳을 지향한다는 비판"[33]역시 하나님을 마치 자동판매기처럼 여기는 많은 기복적 신앙에 빠진 종교인들이 들어야 할 따끔한 충고다.

변선환은 무신론적 휴머니즘, 소위 "전투적 지성적 무신론자"들과의 대화를 통해 인간의 실존과 무관한 추상적인 하나님이 아닌 부조리한 실존 한가운데서 고통 받는 사람들과 함께하시는 '우리를 위한 하나님'에 대한 이해를 추구한다. 실존주의 문학과 철학을 통해 새롭게 이야기

---

30) 변선환, 「만일 신이 존재하지 않는다면」 『변선환 전집 5』, 299.

31) 앞의 책.

32) 앞의 책.

33)알베르 카뮈/김화영 역, 『반항하는 인간』, 책세상, 2010, p. 44; 김종우, "판늘루 신부를 통해 본 알베르 카뮈의 종교관", 「프랑스문화예술연구」 46 (2013), 54. 재인용.

하는 주체적이고 저항적인 인간의 모습과 그들이 자각된 의식으로 부조리한 실존에 대응하는 새로운 이야기는 변선환과 같은 신학자들로 하여금 교조화된 신학의 경계를 넘어 책임적이고 대화적이며 실천적인 이야기 신학의 세계로 인도하고 있다. 무신론적 휴머니즘의 질문과 고뇌를 통과한 변선환의 이야기 신학은 사람의 목숨보다 이윤을 먼저 생각하고 생명과 정의와 민주보다 경제라는 선동적 구호를 외쳐 되는 하나님의 부재의 시대, 천박한 자본주의 시대가 조작하는 꼭두각시의 부흥 신학, 상품화된 시장 신학이 활개 치는 신학적 조류에 제동을 걸며, 참다운 인간사랑, 하나님 사랑의 길을 모색하게 한다.

II. 변선환이 이야기하다: 민중 이야기, 예수 이야기

변선환은 도스토옙스키와 카뮈와 니체의 작품 등 실존주의적 이야기를 통해 인간의 부당한 고통과 부조리한 실존 그리고 불의한 세계에 대해 질문을 제기하고 정직한 성찰과 응답을 촉구한다. 불의한 세계와 인간 실존에 관한 다양한 이야기를 나누는 동안 사람들은 문제를 공유하며 질문하고 자각하는 의식적 주체로 서게 되며 인간 자신과 세계 그리고 신에 대해 새로운 성찰을 갖게 된다. 역사의 이면으로 감춰버린 불의한 이야기, 억울한 약자들의 이야기를 찾아서 전하고 듣고 나누는 동안 수동적인 피해자였던 인간이 의식적이며 주체적 저항자로, 의미를 창출하는 주체자며 의미의 담지자로 거듭나게 된다는 의미다. 지금까지 들려지고 말해지지 않았던 이야기 곧 억눌리고 배제된 침묵의 소리가 이야기로 진술되어 들려질 때 마침내 힘에 의해 밀려난 왜곡된 역사가 폭로되고 감추어진 이면의 역사가 그 얼굴을 드러낸다는 의미다. 이는 권력에 의해 만들어져 권위에 의해 승인되고 전통을 통해 전수된 거짓된 정체성 이야기, 객관과 보편으로 포장된 왜곡된 역사와는 전적으로 다른 이야기, 말하고 듣지 못했던 새로운 이야기를 찾아내어 전하고 듣고 나누는 동안 새로운 정체성 이야기, 변화된 주체 이야기 그리고 전혀 다른 역사 이야기가 전개된다는 것이다.

가난한 민중을 향한 변선환의 관심과 사랑, 그리고 가난한 아시아인들의 이야기, 한국적 토착화 이야기로 그의 신학적 방향이 전환되어 전개되는 모습은 도스토옙스키의 사상이 전환되는 모습을 묘사하는 점에서도 암묵적으로 드러나고 있다. 즉, 변선환은 "후기 도스토옙스키에게서 하느님과 그리스도는 러시아 민중의 모습과 불가분리의 관계"[34]에 있음을 지적한다. 즉, 러시아 민중 속에 가장 순수한 그리스도교 정신이 숨겨져 있다는 깊은 확신을 가지게 된 도스토옙스키에게 러시아 민중은 "보고노모츠(신을 잉태한 민중)", "신을 잉태한 백성"[35]이었다. 비록 민중들이 거칠고 여러 면에서 많은 결함을 지닌 자들임에도 불구하고 도스토옙스키에게는 "민중이야 말로 새로운 신의 이름으로 세계를 구원하고 갱신시키기 위해서 부름 받은 이들"이었다.[36] 변선환은 러시아 민중이 메시아적 사명을 짊어지고 있다고 새롭게 자각한 도스토옙스키의 혁신적인 메시아 사상을 지적하며 민중이 지닌 위대한 종교성을 강조한다.[37] 변선환의 민중에 대한 관심과 사랑은 도스토옙스키처럼 그가 민중에게 부여한 위상과 지위에 잘 표현된다. 즉 "하늘을 향하여

---

34) 변선환,「만일 신이 존재하지 않는다면」『변선환 전집 5』, 325.

35) 앞의 책, 327.

36) 앞의 책, 329.

37) 앞의 책.

신음하며 절규하는 민중의 소리" 속에는 인류 "역사의 요청"이 담겼으며, 민중의 소리를 들을 때 우리는 "신의 소리"를 들을 수 있다고 변선환은 지적한다. 변선환은 세계의 구원은 신을 잉태한 가난한 사람들, 민중에게서 온다고 확신하며 민중은 빛과 구원의 담지자들이요, 생명의 담지자들일뿐만 아니라 살림의 에너지라고 강조한다.38)

이렇게 힘이 없어 삶보다는 죽음이 가까운 사람들, 죄 없는 어린아이의 고난으로 절정을 이루는 인간들의 고통과 불의한 세계에 대한 인식은 변선환의 구체적 삶의 자리로서 아시아와 한반도의 가난한 사람들, 민중에게로 이향된다. 마치 프리츠 부리의 실존주의적 관심인 '타자를 향한 무제약적 책임'이 변선환의 삶과 신학에서 구체화되듯이 아시아인으로서 더욱이 한국 신학자로서 변선환의 신학은 민중 메시야 이야기, 민중 그리스도 이야기로 민중에 대한 무체약적 관심과 책임으로서 표출된다. 또한 마치 도스토옙스키가 "근대 러시아의 비극은 지성인이 소박한 민중과 거룩한 대지를 떠난데 있다고 지적"하고 러시아 민중의 삶속에 간직된 러시아의 그리스도 품으로 돌아간 것처럼 변선환도 자신의 신학세계의 기반을 자신의 뿌리인 한반도 민중 이야기에서 찾는다.39)

지구 표면에서부터 심층부로 스며드는 고통 받는 사람들의 눈물이 죄 없는 한 어린아이의 고난과 죽음에서 절정을 이루듯이, 변선환에게 소외된 민중의 고통은 민중 신학만의 전유물이 아닌 모든 신학적 주제를 넘고 모든 제도권 종교를 초월해 절정을 이루는 핵심적 과제가 된다.40) 즉, 변선환에게 한국의 문화선교 및 신학적 방향은 기독교 문화

---

38) 앞의 책, 329-330.
39) 앞의 책, 325.
40) 변선환, 「한국에서의 문화선교신학의 과제」『한국적신학의 모색 변선환 전집 3』, 57-58.
변선환은 민중신학자 김용복 교수가 발제한 내용을 소개하면서 이에 동의하고 있는

가 아니라 "민중의 문화적 주체성과 민중 문화의 창조 운동을 지향하는" 방향이 되어야하며 진정으로 "민중의 영혼과 부딪히는 깊이 있는 한국적 신학으로 성숙되어야"함을 의미한다.[41] 때문에 변선환에게 민중 신학을 이야기하는 내용과 방향은 일방적으로 "사회 경제사적 해석에만 배타적으로 의존해서는 안 되며" 민중의 내면적 차원, 종교적 차원으로 깊어져야 함을 의미했다.[42] 기존의 민중 신학의 내용과 방향이 너무 사회 경제사적인 면에 치우쳐 있는 한계를 지적하면서 정신적이며 종교적 측면을 포괄하는 보다 성숙하고 총체적인 방향으로 나아가야 함을 지적한다.

변선환은 "한국교회가 그 고난에 가득 찬 식민지 시대에 살아남을 수 있었던 힘은 메시아니즘적인 종말론적 신앙에 굳게 서서 지극히 적은 자들의 하늘을 향한 신음소리와 절규를 들으려고 하였기 때문"이라고 지적한다.[43] 변선환에게 하늘을 향해 신음하고 절규하는 민중들의 이야기, 민중들의 억울한 통곡소리에 인간 고난의 절정이 드러나며, 그 때문에 민중들의 이야기 속에서만 진정한 "역사의 요청"을 발견할 수 있으며 민중의 절규 속에서 신의 뜻을 들을 수 있다. 이는 주변의 냉대와 무시 속에 오직 하늘을 향해서만 호소할 수 있었던 민중 이야기이며 그래서 오직 하나님만이 온전히 듣고 아는 이야기다. 그러기에 변선환은 "세계의 구원은 신을 잉태한 가난한 사람들, 민중에게 오는" 것이며, "민중은 빛과 구원의 담지자", "생명의 담지자"라 말한다. 이렇듯 변선환에게 있어 민중은 단지 고난의 역사 속에 고통당하는 단순한

자신의 신학적 입장을 피력하고 있다.

41) 앞의 책.

42) 앞의 책, 59-60.

43) 앞의 책, 56.

피해자가 아니라 진정한 역사를 요청하는 주체로 전환되며 전통 신학의 관심으로부터 제외된 객체화된 존재로서의 민중이 아닌 하나님 이야기의 주인공이며 신의 소리의 담지자로 변화된다.

이러한 변선환의 실존주의적 질문과 '타자에 대한 무제한적 책임'으로서의 응답은 서구 의존적인 방식을 버리고 자신의 기반인 아시아와 한반도의 정치 문화와 종교 한가운데서 실존하는 민중을 새롭게 인식하면서 '토착화'와 '상황화'라는 구체적 방식으로 자신의 신학을 구성하게 한다. 자신의 뿌리와 삶의 자리에 대한 주체적인 인식은 "다원적으로 공존하는 종교들"을 정직하고 용기 있게 직면하게 하고 이미 공존하고 있는 "종교적 문화적 상황에 대해 문제 삼는 토착화(Indigenization)적 과제"에 책임적으로 임하게 한다.44) 이에 더하여 변선환은 식민 지배로 인해 역사적으로 오랜 동안 고통당하고 있는 아시아인들의 빈곤과 인권 억압 등의 문제를 유발시키는 정치적 사회적 상황에 대해 책임적으로 임하는 상황화(Contextualization)를 신학적 과제로 삼는다.45) 이는 한편으로 '종교적 토착화론'과 다른 한편으로 '정치적 토착화론', 다시 말해 '토착화 신학'과 '민중신학'이라는 두 전위 신학이 대화를 통해 상호 변혁되고 상호 보충되면서 "종교해방신학"이라고 하는 변선환의 제3의 한국 신학의 터를 놓는다.46) 이렇듯 변선환의 "종교해방신학"은 그동안 신학이 서구 유럽 중심으로 이루어진 것에 대한 비판적 성찰이며, 한국 신학자로서 한국의 종교 문화적 토양과 고난 받는 민중의 실존에 대하여 주체적으로 신학함을 의미하며 이는 "제1세계 신학의 바벨론

---

44) 앞의 책, 61.

45) 앞의 책.

46) 변선환, 「한국개신교의 토착화: 과거, 현재, 미래」 『한국적신학의 모색 』 , 94.

포수"에서 해방한다는 책임적 과제를 수행하는 것이다.[47]

변선환에게 약자의 눈물과 고통, 고난당하는 민중의 이야기가 자신의 신학 세계를 구성하는 구심점이었기에 민중의 총체적 삶을 구성하는 정신적 종교와 정치 경제적 현실은 분리될 수 있는 것이 아니다. 변선환에게 한국의 종교 마당과 정치 마당은 토착화신학과 민중신학으로 분리되는 별개의 마당이 아니라, 민중의 호소와 탄식이 기도가 상달된 하늘과 민중의 억울한 눈물과 피가 스며든 땅을 의미하며, 5000년 민중의 생존을 이끌어온 정신적 육체적 삶의 실존적 모판이었다. 따라서 변선환이 전개하는 종교해방신학은 이와 같은 민중의 종교 문화 현실과 정치 경제 현실을 통합한 민중의 총체적 삶의 신학화이며, 민중신학과 토착화신학의 아우름으로서 민중의 정신적 육체적 삶의 실존적 터전을 다루는 그의 신학 세계다.

그래서 변선환에게 하나님은 우리와 함께 고난 받으시는 사랑과 긍휼의 하나님, 우리를 위한 하나님이시다. 변선환에게 하나님은 인간의 고난과 무관한 전적 타자로서의 하나님이 아닌 말구유에 누운 아기 예수, 십자가에 달린 젊은 청년 예수의 얼굴은 John A. T. Robinson이 말한 대로 모두 "하나님의 인간적인 얼굴"이다.[48] 그래서 변선환은 우리에게 "어리석은 갈릴리 사람들처럼 쓸데없이 하늘만 쳐다봐서는 안 된다"[49]고 충고한다. 그동안 오로지 하늘만을 향했던 기독교인들에게 이제 주변을 돌아보며 우리들 사이에 비천한 종의 모습으로 우리를 위해 사셨고 지금도 고난이 있는 곳에 현존하는 그리스도를 보도록 권유

---

47) 앞의 책, 75.
48) 변선환, 「그리스도는 누구냐」『그리스도론과 신론 변선환전집5』,107.
49) 앞의 책, 108.

한다. 다시 말해 긴 서구 전통신학의 역사를 통해 배타적으로 강조되어 온 천상의 그리스도, 우리와는 질적으로 다른 그리스도 그래서 그를 닮고 따르는 제자가 되기에도 너무 먼 그리스도의 모습으로부터, 여기 우리와 함께 하시며 우리의 동반자가 되시는 낮은 곳에 임하신 그리스도를 보도록 권유한다.

서구 신학자들이 자신들의 역사와 전통적 세계관 속에서 상상하고 묘사한 추상적이고 형이상학적인 신의 모습은 다종교적이고 정치적 경제적 압박가운데 있는 아시아의 사람들의 삶 가운데서는 구체적 변혁과 해방을 추동할 수 없는 이방 사상일 뿐이다.[50] 변선환에 따르면 아시아의 문화적 맥락 속에서 재해석되고 구성되는 노력 없이 "본질론적으로 그려진 예수 상이나 역사적 연구에 의해 객관적으로 그려진 예수 상은" 다종교적인 종교문화권에서 살아온 아시아인들에게는 쉽게 받아들여질수 없음을 지적한다.[51] 일본 작가 엔도가 기독교를 사랑의 종교, 잃어버린 한 마리 양을 찾아 헤매는 목자처럼 버림받은 약자를 사랑하는 어머니 종교로 재해석하고 재구성해서 묘사한 것처럼[52] 변선환에게 그리스도는 5000년 한반도의 구체적 종교 문화 역사 가운데 늘 함께해 오신 우리들의 하나님이시며, 가난한 자, 버림받은 자, 민중 가운데 함께 하시는 우리를 위한 그리스도시다.

구체적 실존 가운데 타자를 향한 무제약적 책임은 변선환으로 아시아 더 나아가 한반도의 다종교적인 문화 그리고 정치경제적 실존 가운

---

50) 변선환, 「세속화 이후의 미국의 기독론」, 『그리스도론과 신론: 변선환전집 5』, 146-147. 변선환은 서구신학에서 활발하게 논의되는 다양한 신학자들의 그리스도의 모습들, 기독론을 소개하며 한계를 비판한다. 예를 들어 과정신학에서의 우주적 그리스도론 등에 대해 설명하며 그 한계를 지적하고 있다.

51) 변선환, 「동양적 예수의 문화적 개척」, 『그리스도론과 신론: 변선환전집 5』, 184.

52) 앞의 책, 195.

데 고통받는 민중과 함께하시는 그리스도를 이야기하고 전하고 나누도
록 한다. 나사렛 예수 그리스도의 탄생과 생애와 가르침 그리고 죽음과
부활에서 자신의 모습을 드러내신 하나님은 불의한 세계 속에서 고통당
하는 민중, 부조리한 실존에서 신음하는 민중에게 다가가고 말 걸어오
는 하나님의 얼굴이다. 인간의 구체적 실존 특별히 힘없는 약자에게
자신을 드러내시는 예수 그리스도의 신비는 인간이 만든 그 어떤 범주
나 제도에 설령 그것이 종교라 할지라도 그 한계 내에 제한되지 않는다.
더욱이

인간을 사랑하는 하나님의 사랑과 은혜의 신비는 특정한 역사적 한
시점에 속에 폐쇄될 수 없다. 그리스도의 신비 속에 드러나는 하나님의
얼굴은 동서양의 차이를 넘고 배타적인 종교의 경계를 잇대며 하나님을
찾는 사람들, 다시 말해 하나님 외에는 의지하고 호소하고 탄식할 곳이
없는 힘없는 사람들, 그래서 오직 하나님께만 호소하고 탄식하는 민중
들을 대면하고 그들과 함께 하신다. 변선환은 절절한 가슴으로 이렇게
고백한다.

베들레헴의 말구유에 누우셨던 예수님! 부디 절대빈곤 속에서 허덕이고
있는 아시아의 민중들의 해방과 자유를 위한 싸움터에 아시아의 고난의
그리스도로 오소서. 교권주의자들이 들과 있는 "금관의 예수"로서가 아
니라 온 세상의 죄를 홀로 짊어지시고 십자가에 달리셨던 가시관을 쓰신
예수로. 주님! 부디 한국의 민중들을 찾아 주소서. 한국의 갈릴리와 한국
의 갠지스 강가 (경주)에 당신, 속히 나타나소서. 만약 당신이 아시아의
종교, 한국의 종교적, 정치적 상황에 나타나신다면 당신은 어떤 얼굴로
나타나실 것입니까? 신의 얼굴입니까? 인간(Man)의 얼굴입니까? 사람

(a man) 아니 민중의 얼굴입니까? 주여! 어서 오소서! 53)

III. 계속되어야 할 이야기
: 세월호를 이야기하자, 변선환을 이야기하자

동시에 야만의 기록이 아닌 문화의 기록이란 결코 없다. 그리고 문화의
기록 자체가 야만성을 넘어설 수 없는 것처럼 그것이 한 사람에게서 다른
사람에게로 넘어간 전승의 과정 역시 야만성을 벗어나지 못한다(발터
베냐민의 문예이론 중).

고대 그리스어에 "제물"을 뜻하는 파르마코스(Pharmakos)라는 용
어가 있는데 다른 말로 "희생양" "속죄양"을 의미한다. 르네 지라르에
따르면 일반적으로 알려진 것과는 달리 희생양 파르마코스는 신에게
바치기 위한 신성한 제물이 아니라 인간 집단을 위해 살해되는 희생
제물이었다고 한다. 고대 그리스 사회에서는 집단 내부의 갈등과 폭력
이 발발하게 되는 공동체 위기를 대비하여 인간 제물, 말하자면 파르마
코스를 미리 준비해 두었다는 것이다. 집단에 위기가 닥쳐 폭력이 극대
화되면 준비한 파르마코스에게 모든 죄를 뒤집어 씌워 줄에 매어 온
동네를 끌고 다니며 돌팔매질로 집단 내부에 누적된 불만과 폭력을 파
르마코스에게 분출시키고 마침내 집단의 만장일치로 살해했다는 것이
다.54)

---

53) 변선환, 「아래로부터의 그리스도론」 『그리스도론과 신론: 변선환전집 5』, 218.
54) 파르마코스, 희생 제물, 희생양, 속죄양에 관한 이론은 프랑스의 저명한 학자, 문예 평론
　　가이기도 하며 인류학자이기도하고 그 외에서 다양한 연구 분야에서 탁월한 공헌을

파르마코스를 선택하는 데에는 몇 가지 충족 요건이 맞아야 한다고 전한다. 충족되어야 할 가장 중요한 요건은 '보복할 힘이 없는 인간'이라야 한다. 그래서 자기 자신도 그리고 자신을 대신해서 보복해줄 연고가 없는 부랑아, 혹은 외지에서 온 이방인 그리고 신체적 증후를 가진 자로 낙인찍은 절름발이나 꼽추 등 불구자들이 파르마코스 차출되었다. 고대 그리스는 이렇게 공동체 내의 갈등과 폭력의 위기를 힘없는 파르마코스에게 분출시키고 살해함으로서 불의한 집단의 명맥을 이어왔다는 것이다. 파르마코스에 대한 잔인한 희생과 살해라는 야만적 이야기가 고대 그리스 원시 사회에만 국한된 이야기인지 우리로 생각하게 한다. 지금도 간혹 위기의 때가 닥치면 어김없이 이모저모 모든 죄를 뒤집어 씌운 희생양을 대중 앞에 끌고나와 살해하고 억울한 죽임을 당하는 야만의 역사, 대중들 모두가 공모자인 사악한 역사가 계속되고 있다. 지금도 끊임없이 파르마코스를 요청하고 살해하는 불의한 사회 구조는 조금도 변하지 않고 있다는 것을 21세기를 살아가는 우리는 슬픈 눈으로 지켜본다.

우리는 끝없는 이야기 속에 살고 있다. 과거부터 시작된 이야기는 지금도 계속되고 그리고 앞으로도 계속될 것이다. 인간이 이야기를 만들고 전달하고 이야기를 통해 역사를 형성하는가 하면, 누군가에 의해 만들어진 이야기가 인간의 정체성과 공동체의 역사를 규정하기도 한다. 발터 벤야민은 "동시에 야만의 기록이 아닌 문화의 기록이란 결코 없다"고 말한다. 그리고 "문화의 기록 자체가 야만성을 넘어설 수 없는 것처럼 그것이 한 사람에게서 다른 사람에게로 넘어간 전승의 과정 역

하고 있는 르네 지라르의 이론이다. 르네 지라르는 작품『폭력과 성스러움』, 『희생양』을 통해 잘 설명되어 있다. 지라르의 파르마코스에 대해『주간기독교』에 기고한 적이 있어 내용과 표현이 다소 중복되는 점이 있음을 밝힌다.

시 야만성을 벗어나지 못한다"는 사실을 지적한다. 지금까지 우리가 듣고 이야기하고 전달했던 이야기는 야만적이며 동시에 문화적인 이야기며 동시에 야만적 전승의 과정을 통해 전달받은 이야기라는 것이다. 일반적으로 우리에게 알려지고 전파되고 통용되는 이야기, 다시 말해 권력에 의해 허용된 승자들의 이야기는 객관적 보편적 진실과 진리로 통용되는 반면 약자들의 이야기, 파모티코스의 이야기는 때로 공공연하게 때로 암묵적으로 침묵을 강요당한다. 오늘도 우리는 누구의 이야기를 전하며 어떤 이야기를 하고 있는가, 역으로 누가 만든 이야기, 어떤 이야기가 나를 그리고 우리를 만들고 규정하고 있는가를 생각한다.

변선환 선생님이 돌아가신 지도 벌써 20년 그리고 세월호 침몰 사태가 발생한지 500일하고도 한 달이 더 지나고 있다. 변선환 선생님의 이야기와 세월호의 이야기는 서로 다른 이야기다. 시간과 공간이 다르고 사연도 다른 전혀 다른 이야기들이다. 그럼에도 두 이야기에는 공통점이 있다. 변선환의 이야기 그리고 세월호의 이야기는 결코 끝나지 않은 이야기이며 그래서 반드시 계속해서 이야기되고 또 다시 반복하고 거듭 이야기되어야 하는 이야기다. 20년이 지나도록 그리고 500일이 지나도록 해결되지 않은 이야기, 암묵적으로 침묵을 강요당하는 이야기, 그래서 용기를 내어 이야기하고 들어야 하고 끊임없이 반복해서 전달하고 전파되어야 할 이야기다. 그 것이 정치 권력이건 종교 권력이건 자본 권력이건 혹은 관료적인 권력이건 자신들보다 더 크고 불의한 힘에 의해 희생당한 희생자의 억울한 이야기, 그래서 실패한 패배자의 이야기다. 집단의 내부적 공모로 인해 제물이 된 파모티코스의 이야기, 불의한 세계 속에 고난당하는 부조리한 이야기, 바로 혁규의 이야기며, 21세기 민중 세월호의 이야기 그리고 변선환의 이야기다.

거창한 이론이 없어도 좋고 논리적 합리적 담론의 형식을 갖추지 않아도 좋다. 우리가 비록 수사학을 사용하는 웅변가가 아니고 객관적 합리적 역사가가 아니고 그리고 입담이 센 달변가가 아니어도 괜찮지 않겠는가. 어린 혁규의 눈물이 고여 있는 저 지구 심층부에서부터 민중들의 탄식과 호소가 서려있는 저 구름 위까지 기다랗게 이어진 경험의 사다리를 자유롭게 오르내리는 이야기꾼처럼 거절당한 패배자의 이야기도 좋고 돌팔매 속에 죽어나간 파모티코스, 희생양의 이야기도 좋다. 발터 베냐민의 이야기꾼처럼 이제 우리는 권력이 걸러내고 삭제해버린 이야기, 힘으로 눌러 가슴에 묻어둔 이야기, 그동안 말해지지 않고 들려지지 않았던 새로운 이야기, 다른 이야기를 하자. 이렇게 말해지고 들려지고 함께 나누는 동안 진실이 드러나며 역사의 이면이 전복되어 역사의 표면이 되고, 고난 받는 한낱 수동적 피해자가 역사의 주체가 되지 않겠는가. 예수께서 하셨던 그런 다른 이야기, 용기를 내야만 할 수 있는 그래서 조금은 두려운 이야기지만, 우리 이제 세월호를 이야기하고 그리고 변선환을 이야기하자. 종교개혁 500년을 앞둔 기독교의 일그러진 자화상이 드러나고, 진도 바다에 잠긴 혁규의 이야기가 역사의 표면으로 떠오르고 그리고 하나님의 인간적인 얼굴, 예수 그리스도의 십자가와 부활의 이야기가 새롭게 펼쳐진다.

고 변선환 학장 추모,
드류 대학 학술대회에 다녀와서*

이정배(감리교신학대학교)

故 변선환 교수(전 감신대 학장)

2012년 9월 26일부터 28일 까지 드류(Drew)대학에서는 한국의 신학자 변선환의 출교 20년을 재(再)의미화하는 학술 대회를 개최했다. 총 주제는 "기독교적 영성의 미래와 종교간 상호 관계성(대화)"이었고 이 모임을 故 변선환 박사를 추모하는 자리로 만든 것이다.

이를 위해 선생의 제자로서 미 연합 감리교회 감독이 된 정희수 박사의 헌신과 열정어린 수고가 컸고, 그의 제안을 수락한 미주 한인 감리교회 및 목회자들의 추모의 정 역시 큰 힘이 되었다. 아울러 선생을 졸업생으로 배출한 드류대학 역시 다른 한 손을 기꺼이 내주었다.

신학적 토론 없이 교회 밖으로 내몰린 선생의 입장을 안타깝게 여겨 금번 학술대회를 통째로 그에게 헌사했던 것이다.

---

* 2012년 9월 26일부터 28일까지 미국 Drew 대학교에서 있었던 감리교신학대학교 전 학장 故 변선환 박사 관련 세미나에 다녀온 감신대 이정배 교수의 후기 글.

널리 알려졌듯 드류대학과 선생의 인연은 남다른 점이 있다. 두 차례에 걸친 유학을 통해 1967년 이곳에서 석사학위를 마쳤고, 당시 교환교수였던 바젤대학의 스승 프릿츠 부리를 만났던 장소였던 탓이다. 이후 선생은 드류의 스승이었던 칼 마이켈슨을 선불교 신학자 야기 세이찌와 비교하며 역사의 종국성(Finality)을 주제로 부리 교수의 지도 하에 바젤대학 신학부에서 박사학위(1976)를 취득할 수 있었다. 1987년에는 드류대학교 보스보그 방문교수로 초빙되는 영광을 누리기도 했다.

이렇듯 재차 강조하는 바, 스승의 뒤를 이어 불교학을 전공한 학자로서 목회하다 UMC 감독으로 피택된 정희수 박사의 헌신과 드류대학교의 학문적 관심이 하나로 수렴되어 세계적인 학자들을 초빙하여 금번 학술대회를 성사시킬 수 있었다.

정 감독과 함께 본 대회를 실질적으로 주관한 제퍼리 콴(Kuan) 드류대학교 학장은 학술모임의 긍정적 결과물들을 향후 드류 신학부의 커리큘럼에 반영하겠다는 의지를 표명하기도 했다. 최초 아시아인 학장으로서 그의 지도력과 신학적 판단력은 드류대학의 학풍을 선도적으로 이끌 것이란 확신을 갖도록 하였다.

여하튼 중세 이후 전무후무한 종교재판으로 한 신학자가 사상적 열매도 맺지 못한 채 세상을 떠난 지 20년 가까운 세월이 지났으나 누구도 이런 현실을 주목하지 못한 정황에서 금번 학술대회는 한국의 기독교인들에게 고마움과 더불어 큰 자극과 반성을 가져다 줄 것이다.

드류대학에서의 조그만 날개 짓이 한국 기독교의 개혁을 위한 큰 바람이 될 수 있기를 간절히 바라면서 먼 거리 마다치 않고 달려와 힘이 되어준 일백여 동문들에게 감사의 인사를 올린다.

본 학술대회가 진행되는 내내 주변에서 들리는 소리는 미국 신학대학교에서 이런 모임이 열리게 된 것은 거의 기적과 같은 일이라는 것이었다. 출교 당한 졸업생을 추모하는 학술대회의 성격 자체도 놀랍거니와 이런 취지에 선뜻 동의하여 강연을 수락한 학자들의 면모 또한 대단했던 까닭이다.

일본인 산요(Sayo) 감독, 김해종 감독을 비롯한 아시아인으로서 전·현직 미국 연합감리교회 감독들 여럿이 자리했고, 한국에선 신경하 감독회장이 참여한 것도 놀라운 일로 여겨졌다. 이들 감독들은 설교와 예배를 주도하며 복음의 아시아적 시각을 말했고 변선환의 인간됨을 상세히 소개했다.

신경하 감독의 설교를 통역한 한국인 학생이 교환교수 시절 아이스크림을 받아먹던 제자 이세형 박사의 아들이란 것이 소개되면서 장중에 웃음꽃이 피기도 했다. 무엇보다 필자는 초청된 세계적 학자들 모두가 예외 없이 변선환 선생을 이런 저런 모임에서 만났고 그와의 개인적 경험을 갖고 있다는 사실에 놀라움을 금치 못했다.

자신의 강연을 시작하는 모두에 그들은 저마다 선생에 대한 기억을 정확히 서술했다. 예컨대 하버드대학 신학부의 다이아나 에크(Eck) 교수는 인도 불교 전공자로서 기독교 영성 형성에 지대한 공헌을 하고 있는 주목받는 감리교 평신도 신학자인데, 이미 선생은 1970대 말부터 그녀를 알고 있었던 것이다. 현재 드류대학 신학부의 교수로서 재직 중인 아시아 신학자 웨슬리 아리아자와의 교분은 너무도 잘 알려진 사실이다. 선생님의 학문적 깊이와 넓이를 가늠할 수 있는 부분이라 생각지 않을 수 없었다.

여기서 필자는 본 학술대회의 전모를 진행 과정에 따라 간략하게 소개함으로 참여치 못한 분들의 이해를 돕고자 하는 바, 독자들의 상상력이 보태져 본 대회의 실상을 더욱 여실히 느낄 수 있는 계기가 되었으면 좋겠다.

학술대회에 앞서 우리는 뜻 깊은 영상물을 보았다. 변선환 선생의 미망인으로 평생 대화파트너였던 철학자 신옥희 박사를 통해 인사말과 함께 그의 생애 전반을 돌아 볼 수 있는 내용이었다. 가족 관계를 비롯하여 북한에서 단신으로 피난했던 이야기, 종교재판 시기 그가 당했던 심적 고통 그리고 그의 죽음 이후 제자들과 아카이브를 만들어 선생의 전집을 만들고 매년 묘소에 참배 갔던 이야기들은 모두를 숙연하게 만들었다.

개인사를 통해 민족사를 접할 수 있었고 특별한 한국의 종교 전통을 알릴 수 있는 좋은 기회였다고 생각한다. 본래 함께 학술대회에 초대를 받았으나 건강상 함께 하지 못한 것이 대단히 아쉬웠다.

이 영상물은 신익상 박사가 그 선친과 함께 와서 만든 작품이었다. 변선환을 주제로 박사논문을 썼던 그는 금번 모임을 위해 선생님의 저작물을 연대기 순으로 재정리했고, 그것을 영역하는 수고도 마다하지 않았다.

이어진 첫 번째 모임(Plenary)은 종교간 대화 및 종교신학에 대한 변선환의 공헌을 조명하는 자리로서 제네바 WCC 종교대화 책임자였던 우코(H. Ucko)와 필자가 발표자로 나서야 했다.

우코 박사는 바젤 유학 시절 만났던 경험을 소개하며 필자가 보내준 선생님의 몇몇 영문 원고를 바탕 하여 의견을 개진했고, 유대인으로서 유대교와 기독교의 관계를 발전시켰다. 필자는 선생님의 학문적 발전

과정을 소개하며 선생님의 종교해방신학을 불이(不二)의 관점 하에 서구의 다양성(Multiplicity) 개념과 다석의 귀일(歸一) 사상을 관계시켜 새롭게 조명했다.

두 번째 모임의 발표자는 아시아 신학자로 정평 난 웨슬리 아리아자 교수와 하바드의 평신도 신학자 다이나나 엑크였다. 말한 대로 엑크 교수는 인도 철학 전공자로서 그 바탕 하에 기독교적 영성을 풀어낸 탁월한 신학자이다. 우리 시대에 이웃 종교를 모르는 사람을 종교맹이라 부를 만큼 대화와 상호 관계성을 중시하고 있었다. 아리아자는 때마침 *Your God, My God, Our God*이란 책을 출판했고 이에 근거한 신학, 즉 종교다원주의에 적합한 기독교 신학을 소개하였다. 책 제목이 말하는 '우리'의 하느님(Our God)이 바로 그를 적시한다.

세 번째 모임은 선생님에게서 직접적 영향을 받은 한국의 학자들이 자신들 신학 견해를 발표하는 시간이었다. 여성신학회 회장을 지낸 이은선 교수와 생태신학자인 연세대 전현식 교수가 참여했고, 시카고 신학교(CTS)에서 가르치는 제닝스(T. Jennings) 교수도 이 섹션에 참여했다.

이은선 교수는 불교와 기독교 대화만큼이나 유교와의 대화를 중시했고, 이런 학문의 길을 제시한 분이 바로 선생 자신이었음을 밝혔다. 유교가 정의의 개념을 현재만이 아닌 과거와의 관계에서 찾게 했고 서구적 젠더 개념의 극복을 위해 우주만물을 낳은 '어머니 됨'(Motherhood)의 영성을 제시했다.

전현식 박사는 불이(不二)적 개념을 통해 그것이 불교를 이해하는 사유 체계일 뿐 아니라 한국 자생적 종교인 동학을 이해하는 핵심 단어,

곧 '불연기연'이란 말로서 나타났다고 보았다. 아울러 동양 종교들을 관통하는 '不二'를 통해 한국적 생태신학의 가능성을 열수 있다는 평소 확신을 피력하였다.

제닝스 교수는 해체주의 철학을 기저로 바울을 좌파 신학자로 그리는 신학적 입장을 갖고 있는 바, 이번 대회에서는 그런 시각에서 이슬람과의 대화 중요성에 무게 중심을 두었다. 남감리교 신학대학에서 조직신학을 공부하고 내리교회 담임자로 있는 김홍규 박사는 학창시절 기억되는 변선환의 학자적 면모를 소개했고, 자신의 신학적, 목회적 삶에 있어 그가 차지했던 비중이 얼마나 컸던가를 회상해 주었다.

네 번째 모임에서는 '비교 신학의 미래'를 주제로 했고 이 분야의 두 전문가들, 현재 보스턴대학 방문교수로 있는 인도 신학자 탄자라(M.T. Thangaraj)와 베트남 출신의 세계적 가톨릭 신학자로서 조지타운 대학교 석좌교수로 재직 중인 피터 팬(P. Phan)이 바로 그들이다.

이 두 학자는 필자에게 다소 낯설지만 피터 팬 같은 경우는 상당한 양의 저술을 펴낸 가톨릭 세계에서는 대단한 학자로 평가되고 있는 모양이다. 클레아몬트 대학의 한국인 가톨릭 신학자 안셀름 민(A. Min)과 절친한 친구라고 하는 소리를 직접 들었다. 언어가 서툴러 정확히 이해는 못했으나 동서양 종교를 비교 신학의 관점에서 공정하게 대하려는 의도는 분명히 파악했다.

특수/상대 계시의 틀에서 동양종교를 열등하게 평가하는 상황에서 비교 신학적 시도는 상호간의 다름을 전제로 한 것으로 이전의 동일성 신학의 틀을 완전히 전복시킨 것이라 하겠다. 비교 신학을 통해 무엇을 목적하는 것인지 아직 알 수 없으나 필자의 생각으로는 토착화 신학이 비교 신학의 결말이 되면 좋겠다고 생각해 보았다.

다섯 번째 모임에서는 '종교 대화 신학, 해방 그리고 교회'를 주제로 미국에서 활동하는 앤드류 박(박승호) 교수와 한국인 제자를 많이 둔 드류의 조직신학자 캐더린 켈러(C. Keller) 교수가 자신의 시각을 제시했다. 민중신학의 한(限) 개념을 소개한 앤드류 박 교수는 정통 기독론 대신 예수론을 통해 예수의 십자가 고난이 세상의 고통을 해방시킬 수 있다는 논리를 폈다. 기독론을 통해서가 아니라 예수론에 의해 세상이 구원될 수 있다는 논리는 아프리카 학생의 비판에 직면해야 했다. 이미 비교 불가능한 고통을 받은 아프리카 선조들에게 예수 고통의 현실적 의미가 무엇인지 나아가 예수 고통 이전의 고통은 여전히 구원과 무관한 것인지 등에 대한 토론이 있었다.

한편 켈러 교수는 과정신학과 여성신학의 관점을 종합하여 탈식민지신학을 하는 학자로서 정평이 나있다. 많은 책을 썼으나 최근 『다중교리』 *Polydoxy*란 책을 통해 그는 다원주의와 다른 '다양성의 신학' (Theology of Multiplicity)이란 개념을 탈식민지 신학의 요체로 보고 있다. 여기서 다양성은 분리된 개체들의 복수성(Plurality) 또는 무차별적 관계성과도 구별되며 전체성(一者)으로 환원되지 않기에 오히려 주변부에 강조점을 둘 수 있고 피조된 것들(성육신) 간의 상호 관계성을 통해 얻는 신비(Unknown)를 계시의 원체험(에너지)으로 이해하였다.

마지막 패널에서는 주로 미국에서 활동하는 한국인 종교학자, 여성 신학자를 중심으로 종교간 대화 신학의 현재를 가늠하고 미래를 예견하는 주제가 상정되었다. 먼저 조지메이슨 대학의 종교학 주임을 역임한 노영찬 교수가 첫 순서를 맡았다. 본래 율곡의 성리학을 인도 신학자 파니카의 눈으로 독창적으로 해석했던 그는 이번에도 우주신인론(宇宙神人論)적 경험을 종교간 대화의 자리로 제시했다. 변선환의 스승 부리가 말한 비(非)케리그마화의 아시아적 실상을 우주신인론적인 아시아인들의 일상적 경험에서 찾았던 것이다. 이를 통해 종교간 대화 신학이 생태계의 문제까지도 해결할 수 있다고 확신했다.

변선환의 또 다른 여성 제자인 강남순 역시 패널의 주제에 맞게 종교간 상호관계성의 현재를 분석하고 미래를 전망해 주었고, 시카고신학교애서 조직신학을 가르치는 서보명 교수도 아시아적 시각을 견지한 채로 본 주제를 심화시켰다.

그리고 변선환의 종교해방신학을 주제로 박사논문을 썼던 신익상은 '不二(的)' 개념을 분석하였고 그 빛에서 변선환의 종교해방신학을 정리하였다. '不二的' 이라는 대승 불교적 개념이 향후 종교간 대화를 위해 크게 공헌할 수 있다는 확신을 피력한 것이다.

이런 여섯 차례 모임 전후로 두 번의 예배와 한 번의 성경공부가 있었다. 일본인 감독 산요는 80세를 넘긴 은퇴목사 답지 않게 동영상을 사용하여 메시지를 전달했다. 그날 설교 주제는 불교를 알지 못했더라면 기독교인이 될 수 없을 것이란 말로 기억된다. 특별히 십우도의 그림을 보여주면서 고통과 신비한 경험(Mysterium & Tremendum) 그리고 해방을 말하는 불교적 여정이 기독교를 이해하는데 있어 없어서는 아니될 유산이라는 취지였다.

한국서 초대된 신경하 감독님 역시 엠마오 도상에서 있었던 제자들의 이여기를 상기시키면서 부활의 주님이 제자들의 발걸음을 돌려놓았듯 한국 교회의 오류와 잘못(종교재판)을 바꿀 수 있는 힘을 갖자고 역설하였다.

어느 하루 성서연구를 인도했던 콴 학장 역시 욥기 본문을 예로 들어 종교간 만남이 오늘뿐 아니라 성서 시대에도 있었다고 강조했다. 욥기의 배경이 되고 있는 세계상이 고대 근동 지방의 종교 세계 없이는 이해될 수 없다고 하면서 오늘날 다양한 종교 문화들과 기독교의 공존을 당연시 한 것이다.

필자가 듣기로 중국계 말레이시아인인 콴 학장은 성서신학 영역에서 가장 진보적인 소리를 내는 학자라고 한다. 금번 변선환 선생을 추모하는 행사가 열린 것도 학자로서의 그의 학문적 소신 때문이라고들 말하고 있었다.

이외에도 몇몇 교수들이 인도하는 워크샵 그룹들이 운영되었으나 필자는 멀리서 온 동문, 후배들의 요청으로 그들과 신학적 대화를 하느라 참여치 못했다. 종교간 대화의 방법론, 종교간 대화 공동체, 다원주의와 힌두이즘, 과정신학과 불교, 종교간 대화와 생태학 등의 분과가 있었고, 참가자들이 주제를 자유롭게 선택하여 능동적으로 토론할 수 있는 좋은 기회였다고 생각한다.

특별히 필자가 좋아했고 많이 읽었던 생태신학자 J 맥다니엘을 만나서 좋았고 드류대학에서 고(故) 이정용 선생을 대신하여 연세대 철학과 출신으로 밴더빌트에서 학위한 이효동 교수가 동양사상, 아시아신학들을 가르치고 있어 반갑게 인사를 나누었다. 드류에 유학하는 아시아 학생들이 그의 영향 하에 아시아를 새롭게 발견하는 기회가 되었으면 좋겠다.

본 컨퍼런스가 거지반 끝날 무렵 정희수 감독을 통해 콴 학장에게 한국에서 모금된 2만 1천 불의 장학금이 전달되었다. 그리 큰 액수는 아니었으나 큰 비용을 들여 금번 학술대회를 개최한 드류대학 당국과 십시일반 정성을 모아준 동문들에게 고마운 마음을 전하는 자리가 되었다. 정희수 감독과 함께 학창 생활을 보낸 76학번들이 일만 불을 모금했고, 신옥히 사모님과 연세대 교목이자 드류 동문인 한인철 박사, 필자 부부 그리고 전현식 박사가 나머지 일만 일천 불을 만들었다.

장학금을 전달하면서 우리는 이것이 철학과 종교의 영역에서 변선환의 생각을 발전시키는 일에 관심하는 한국인 학생들에게 지급되기를 소망했고, 그리하겠다는 답을 얻었다. 하지만 콴 학장은 이 장학금을 종자돈으로 생각하고 더 모을 생각을 피력했고, 우리도 동의하였다. 변선환 아키브를 중심으로 향후 장학금을 모으는 일이 제자된 우리들에게 새로운 과제가 된 것이다.

아키브에는 여러 제자들이 조금씩 모아준 돈이 아직 조금 남아있다. 이것은 10월 초순 감신대 대학원 원우회가 주관하는『올꾼이 선생님 변선환』책읽기 행사를 위해 쓰여 질 것이다. 이후라도 변선환 선생의 생각을 잇는 학문적 작업을 위해 조그만 정성들이 모아질 수 있기를 간절히 바란다.

학술대회가 끝난 주일 저녁 드류 대학 내 감신 동문들 30여 명이 가족들과 함께 모였다. 옛 제자들의 얼굴을 드류 교정에서 다시 보니 너무도 기쁘고 감사했다. 공부하면서 교회를 섬기고 가족을 책임지는 이들의 열정을 느끼며 마음이 뭉클했다. 교환교수로 와 있는 이은재 교수도 기쁘게 만났다. 9시간을 달려온 조항백 목사, 박효원 목사와도 십 수 년만에 재회했고 미 감리회의 큰 재목이 될 장위헌 목사도 오랜만에 만났으며 23세의 나이에 물류회사의 경영책임자가 된 아들을 간증

하는 은희곤 목사와의 만남도 반가웠다. 목원대 출신의 걸출한 목사 조정래를 만난 것도 큰 수확이었다. 그가 네게 준『영어로 배우는 지혜』란 책을 잘 읽고 있다. 얼마 전까지만 해도 한인교회를 책임진 이들이 필자의 선배들이었는데 이제는 거지반 후배, 제자들이 저명한 한인 감리교회를 책임지고 있었다. 리더십이 젊어지고 있음을 실감한 것이다.

동문들이 모인날도 갈보리교회를 시무하는 도상원 목사가 후배들을 위해 추석 잔치상을 베풀었다. 필자의 첫 조교 이용연 목사를 15-16년 만에 다시 만났고, 교회 개척을 멋지게 해낸 김지성 목사를 만난 것도 큰 기쁨으로 기억될 것이다. 광범위한 스펙트럼을 갖고 교회사와 의학사를 공부하고 있는 김신권 목사도 크게 쓰일 재목이라 생각되었다. 여하튼 함께 손잡고 감신 교가 1-2절을 부르며 본 학술대회의 모든 일정을 끝냈다. 힘들었으나 감사한 경험이 되었다.

끝으로 김정두 목사께 한국인 참가자들은 감사해야 할 것이다. 비록 학위를 마치고 귀국했으나 본 대회를 위한 궂은 심부름은 그의 몫이었고, 우리 한국 신학자들이 그곳에 편히 머무를 수 있도록 모든 여건을 거듭 체크해 주었다. 콴 학장을 비롯한 그의 논문 주심교수였던 켈러 역시 김정두 박사의 부재를 크게 아쉬워했다.

성황리 개최된 본 학술대회를 마치며 참여한 한국 학자들이 서양 신학자들에게 무엇을 줄 수 있었는가를 끝으로 생각해 보았다. 그들로부터 많은 정보를 얻고 지혜를 구하고 있는 것이 현실이지만 그래도 금번 기회에 우리가 그들에게 준 것이 적지 않았음을 그들의 거듭된 질문 속에서 가늠할 수 있었다. 필자가 생각하는 바는 다음 네 가지 정도였다.

우선은 우리 한국 신학자들이 서양 신학자들의 학문적 토론 자리에 서 있다는 사실을 그들이 인식했다는 것이다. 그들이 논의하고 토론하는 내용을 근거로 한국적, 아시아적 시각을 첨가하였기에 우리의 신학적 작업에 대한 그들의 호기심이 결코 적지 않았던 것이다. 따라서 이후 한국적 신학의 가능성을 그들 역시 부정할 수 없을 것이란 확신을 갖게 하였다.

둘째로 이런 전제하에 서양신학자들에게 각인된 것은 새로운 형이상학이자 인식론으로서의 不二에 대한 신학적 서술이었다. 일자(一者) 내지 유일신론에 대한 비판을 근거로 다양성(Multiplicity)을 전면에 내세웠으되 '하나'의 개념을 부정할 수 없었던 그들로서 불이적 세계관은 다양성의 신학을 위해서도 유용한 개념인 것을 그들 스스로 인정하는 듯 보였다.

셋째로 서구적 주체성에 대한 아시아적 도전이 그들에 의해 수락되었다는 점이다. 주지하듯 서구적 주체성은 항시 현재적 지평에서 형성되어왔다. 하지만 인간 주체성은 자신의 과거, 전통의 영향사로부터 벗어날 수 없는 것도 사실이다. 이는 정의의 문제와도 연관되는 사안이다. 일반적으로 정의를 현재와 미래의 관계에서 이해하나, 정의는 과거(전통)와 오늘(미래)의 관계 속에서도 물어져야 할 주제인 것이다. 자신의 과거가 주체성 형성에 미치는 영향에 대한 탐구는 한나 아렌트의 문제의식인 바, 이는 인류의 미래를 위해 동양이 기독교 서구에 던지는 질문이기도 하다. 자신들이 극복했다고 하는 동양이 이제 서구의 미래를 위한 빛이 될 수도 있음을 인식해야 할 것이다.

이제 변선환 학장을 추모하는 드류대학의 학술대회는 끝났다. 이제는 그를 배출했고 그가 평생 사랑하며 몸 바쳐 일했던 한국에서 감신에서 그 일이 지속되어야 한다. 학문의 자리에서 흠 없고 부족함을 갖지 않은 이는 누구도 없다. 한국교회의 일반적 정서를 모르지 않았으나 그의 소리가 컸고 강했던 것은 교회가 다시금 개혁의 대상이 되었기 때문이다.

조만간 종교개혁 500주년이 다가온다. 들리는 소리로는 구텐베르크 시가지 여관과 호텔이 한국 교회들로 예약이 끝났다고 한다. 수많은 한국 교인들을 그곳 관광객으로 만들 모양이다. 독일 교회들도 의아해 하면서 자신들 나라를 위해 나쁘기 않다고 수용한 것 같다. 그러나 종교개혁 500주년을 이런 식으로 보낸다면 그것은 기독교의 수명을 앞당기는 일이다. 가톨릭교회도 개신교 축제에 맞설만한 대대적인 행사를 기획하고 있다고 하니 모두가 나락에 빠지는 형세이다.

제 십자가를 지고 예수를 따르는 기독교, 한국 교회를 찾을 길 없다면 우리가 여전히 기독교인으로 사는 것이 무슨 의미가 있을 것인지 묻고 싶다. 아시아의 종교성과 가난, 두 축을 부여잡고 아시아적 종교해방신학을 꿈꿨던 그의 열망이 다시 살아나길 소망한다.*

저자 소개

김승철

현직: 난잔(南山)종교문화연구소 제1종연구소원, 난잔대학인문학부, 교수

학위: Dr. Theol. (Universität Basel)

경력: 일본기독교학회 이사, *Zygon: Journal of Religion and Science* Editorial Advisory Board

저서: 『무주와 방랑: 기독교 신학의 불교적 상상력』(동연, 2015), 『벚꽃과 그리스도: 문학으로 보는 일본 기독교의 계보』(동연, 2012), 『神と遺傳子: 遺傳子工學時代におけるキリスト教』(教文館, 2009) 등.

김정숙

현직: 감리교신학대학 교수(여성신학)

학위: 게렛 신학대학 (Ph.D.)

논문: "21세기 페미니즘, 페미니스트 신학의 지형도" (2010) 외.

박광수

현직: 원불교 교무/ 원광대학교 원불교학과 교수 /종교문제연구소장

학위: 미국 위스콘신 매디슨 대학 Univ. of Wisconsion-Madison(불교학 철학박사)

경력: 원광대학교 교학대학 학장, 한국종교인평화회의 사무부총장, 아시아종교인평화회의(ACRP) 평화교육위원회 위원장

저서: *The Won Buddhism (Wonbulgyo) of Sot'aesan: A Twentieth-Century Religious Movement in Korea* (『少太山의 圓佛教: 20세기 한국 종교운동』)(San Francisco. London. Bethesda: International Scholars Press, 1997), *Religion in Korea*(공저), *Ministry of Culture and Tourism-Korean Conference on Religion & Peace* (Pub. by Religious Affairs Office, Ministry of Culture and Tourism, Seoul, Korea; printed by Color Point Co., 2003), 『한국 신종교의 사상과 종교문화』(2012, 집문당) 등이 있다.

박영식

현직: 서울신학대학교 교양학부 교수

학위: 독일 빌레벨트 베텔 신학대학교(Dr. Theol.)

저서: *Konvivenz der Religionen*(Frankfurt, 2006), 『고난과 하나님의 전능: 신정론의 물음과 신학적 답변』(동연, 2012), 『그날 하나님은 어디에 계셨는가: 세월호와 기독교 신앙의 과제』(새물결플러스, 2015).

박일준

현직: 감리교신학대학 기독교통합학문연구소 연구원

학위: 미국 드류(Drew)대학교(Ph.D in philosophical theology/religious philosophy)

경력: 현 한국문화신학회 총무, 기독교대안지성 강사, 에큐메니안 & 인문학밴드 대구와카레 신학위원장

저서: *A Philosophy of Sacred Nature* (공저, 2015), 『세상을 바꾼 철학자들』(공저, 2015), 『세월호 이후 신학: 우는자들과 함께 울라』(공저, 2015), 『종교와 철학 사이』(공저, 2013) 등.

서동은

현직: 경희대학교 후마니타스칼리지 교수

학위: 독일 도르트문트(Dortmund)대학교 철학박사

경력: 현 한국하이데거 학회 편집위원, 한국 해석학회 학술이사

저서: 『하이데거와 가다머의 예술 이해』, 『곡해된 애덤 스미스의 자유경제-세월호, 메르스, 공감의 경제학』, 『제3세대 토착화 신학』(공저), 『종교와 철학 사이』(공저), 『몸의 철학』(역서), 『시간의 개념』(역서) 등.

신익상

현직: 성공회대학교 신학연구원 연구교수

학위: 감신대(Ph.D)

경력: KCRP 종교간대화위원회 위원, 평화교회연구소 운영위원

저서: 『변선환 신학 연구』(2012), 『이제 누가 용기를 낼 것인가?』(2015), 『과학으로 신학하기』(역서, 2015), 『세월호 이후 신학: 우는자들과 함께 울라』(공저, 2015)등.

이한영

현직: 감리교신학대학교 외래교수

학위: 감리교신학대학교 종교철학 박사

경력: 교토대학교 문학연구과 초빙외국인학자, 연세대 한국기독교문화연구소 전문연
    구원

저역서:『융과 그리스도교』(2011),『앎과 영적 성장』(2013),『몸의 우주성』(2013)
    등 다수.

장의준

현직: 파이데이아 홍릉 시민대학원 교수 / 대안연구공동체 / 기독교대안지성 강사

학위: 스트라스부르(Strasbourg) 대학(프랑스) 철학 박사

저서:『좌파는 어디 있었는가? 메르스와 탈-이데올로기적 좌파의 가능성』(2015),
    『종교 속의 철학, 철학 속의 종교』(공저),『문명이 낳은 철학, 철학이 바꾼 역사
    1』(공저) 등.